中国水利统计年鉴2010

中华人民共和国水利部 编

中国水利水电出版社
www.waterpub.com.cn

图书在版编目（CIP）数据

中国水利统计年鉴. 2010 / 中华人民共和国水利部编. -- 北京 : 中国水利水电出版社, 2010.11
ISBN 978-7-5084-8055-8

Ⅰ. ①中… Ⅱ. ①中… Ⅲ. ①水利建设－统计资料－中国－2010－年鉴 Ⅳ. ①F426.9-54

中国版本图书馆CIP数据核字(2010)第218479号

责任编辑 王 丽 李金玲

书 名	**中国水利统计年鉴 2010**
作 者	中华人民共和国水利部 编
出版发行	中国水利水电出版社 （北京市海淀区玉渊潭南路 1 号 D 座 100038） 网址：www. waterpub. com. cn E－mail：sales@ waterpub. com. cn 电话：（010）68367658（营销中心）
经 售	北京科水图书销售中心（零售） 电话：（010）88383994、63202643 全国各地新华书店和相关出版物销售网点
排 版	中国水利水电出版社微机排版中心
印 刷	北京市兴怀印刷厂
规 格	210mm×297mm 16 开本 16.75 印张 652 千字
版 次	2010 年 11 月第 1 版 2010 年 11 月第 1 次印刷
印 数	0001—3000 册
定 价	**139.00** 元

《中国水利统计年鉴 2010》

编委会和编写人员名单

编　委　会

主　　任：矫　勇

副 主 任：周学文

委　　员：（以姓氏笔画为序）

邢援越　乔世珊　刘冬顺　关业祥　杨晓东　杨得瑞　李仰斌　李　鹰

束庆鹏　肖向红　张学俭　赵　卫　段　虹　顾洪波　顾斌杰　高　军

郭孟卓　董安建　程晓冰　蔡建元

编　写　人　员

主　　编：周学文

副 主 编：吴　强　黄　河

执行编辑：杜国志　王　瑜　乔根平

编辑人员：（以姓氏笔画为序）

王　瑜　叶莉莉　田　琦　付永杰　巩劲标　曲　鹏　乔根平　乔殿新

刘咏峰　刘金梅　许丽芬　阮本清　杜国志　杜崇玲　杨志军　李春明

张　岚　陆　煜　赵海宏　徐　岩　郭慧滨　韩　涛　潘云生　魏新平

英文翻译：谷丽雅　侯小虎　盛晓莉　王　玎

《China Water Statistical Yearbook 2010》

Editorial Board and Editorial Staff

编者说明

一、《中国水利统计年鉴 2010》系统收录了全国和各省、自治区、直辖市 2009 年水资源、水环境、水利建设投资、水利工程设施、水电等各方面的统计数据，以及新中国成立以来的全国主要水利统计数据，是一部全面反映中华人民共和国水利发展情况的资料性年刊。

二、本年鉴正文内容分为 9 个篇章，即：江河湖泊及水资源、江河治理、农业灌溉、供用水、水土保持、水利建设投资、农村水电、水文站网、从业人员情况。为方便读者使用，各篇章前均设有简要说明，概述本篇章的主要内容、数据来源、统计范围、统计方法以及历史变动情况。篇末附有主要统计指标解释。

三、本年鉴的全国性统计数据，如未作特殊说明均不包括香港特别行政区、澳门特别行政区和台湾省数据。

四、本年鉴在编辑上采用了以下方法。

（1）部分统计资料从 1949 年至 2009 年均被记录，但一些年份指标数据由于历史记录不详没有收录。

（2）分省统计资料均按当年各省的行政区域范围收集，行政区域范围变化后没有调整统计资料。例如：四川省的资料，在重庆市划出前，包括在内。

（3）部分统计资料按流域或水资源一级分区分组。

（4）历史数据基本保持原貌，未作改动。

（5）部分指标未单列新疆生产建设兵团数据，其数据含在“新疆”的数据中。

五、所使用的计量单位，大部分采用国际统一法定标准计量单位，小部分沿用水利统计惯用单位。

六、部分数据合计数量由于数字位数取舍而产生的计算误差，均未作机械调整。

七、凡带有续表的资料，有关注释均列在第一张表的下方。

八、符号使用说明：各表中的“空格”表示该项统计指标数据不足本表最小单位数、数据不详或无该项数据；“#”表示其中主要项；“*”或数字标示（如①等）表示本表下有注解。

EDITOR'S NOTES

A. *China Water Statistical Yearbook 2010*, as an annual reference book that introduces water resources development of the People's Republic of China, has systematically collected a wide range of statistical data of water resources, water environment, water investments in fixed assets, water projects and infrastructures, hydropower development etc. of the whole country and of each province, autonomous region and municipality directly under the administration of Central Government in 2009. In addition, the Yearbook provides main statistical data of water sector since the founding of the People's Republic of China in 1949.

B. The contents of the Yearbook include nine chapters:

1. Rivers, lakes and water resources
2. Control of rivers
3. Agricultural irrigation
4. Water supply and water use
5. Soil and water conservation
6. Investments in water development
7. Rural hydropower development
8. Hydrological network
9. Employees

To help readers clearly understand the statistical data, a brief introduction is placed before each chapter, to make a briefing on main contents, data sources, statistical scope and method, and historical changes. Moreover, explanation of main statistical indices is given at the end of each chapter.

C. In the Yearbook, if not have special explainatian, the national statistics excludes those of Hong Kong Special Administrative Region, Macao Special Administrative Region and Taiwan Province.

D. Following methods are adopted when statistical data are produced and the Yearbook is edited:

1. Some statistical data from 1949 to 2009 are recorded, however some yearly data are excluded because the historical record is incomplete.

2. Statistical data of each year are collected on the basis of scope of administrative region of each province, and no adjustment is made after the changes of division of administrative region. For example, the data of Chongqing are covered by Sichuan Province before Chongqing changed to the Municipality.

3. Some statistical data are grouped based on river basins or grade-Ⅰ water resources regions.

4. Historical data are kept unchanged.

5. Statistical data of Xinjiang cover that of the Xinjiang Production and Construction Corps.

E. Metric System is commonly applied for most of the data in the Yearbook as the unit of measurements, but in a few circumstances, units that widely used locally are adopted.

F. No automatic adjustment is made for calculation error of some total figures herein as a result of the dropping of a certain digit.

G. Where statistical data has continued table, the relevant annotations is listed at the bottom of the first table continued.

H. Notes on symbol-use: the space in tables of the Yearbook means that index data are less than the required minimum, or not quite clear or not available; # represents the main item; * or ① means that there are annotations at the bottom of the table.

目 录

CONTENTS

2 江河治理
Control of Rivers

3 农业灌溉
Agricultural Irrigation

4 供用水
Water Supply and Water Use

5 水土保持
Soil and Water Conservation

6 水利建设投资
Investments in Water Development

7 农村水电
Rural Hydropower Development

8 水文站网
Hydrological Network

9 从业人员情况
Employees

1 江河湖泊及水资源

Rivers, Lakes and Water Resources

简要说明

江河湖泊及水资源统计资料包括主要江河、湖泊、自然资源与水资源的状况、降水量、水资源量、水旱灾害及水质等。

1. 自然状况包括国土、气候等资料，国土和气候资料来源于《中国统计年鉴 2010》。

2. 降水量资料，按照水资源一级分区和地区整理。

3. 水资源量资料汇总了 1997 年以来的数据，按水资源一级分区和地区整理。

4. 主要河流、内陆水域、湖泊资料，按照主要河流水系整理。

5. 河流水质、湖泊水质资料按水资源一级分区整理。

6. 主要江河年径流量为 50 年平均值。

Brief Introduction

Statistical data of rivers, lakes and water resources includes main rivers and lakes, conditions of natural resources and water resources, precipitation, volume of water resources, flood or drought disasters, water quality, etc.

1. Condition of natural resources covers the summary of land and meteorological data, which comes from *China Statistical Yearbook 2010*.

2. Data of precipitation is sorted according to grade-Ⅰ water resources regions and regions.

3. Data of volume of water resources is collected from 1997 until present, and classified according to regions and grade-Ⅰ water resources regions.

4. Data of main rivers, inland water bodies and lakes is classified according to main watersheds.

5. Data of water quality in rivers and water quality in lakes is classified according to grade-Ⅰ water resources regions.

6. Data of mean annual runoff of main rivers are accumulated data of past 50 years.

1-1 中国主要河流水系表

Water System of Major Rivers in China

河 名	River	河长（千米）Length (km)	注 入 Running into
长 江	Yangtze River	6300	东海 East China Sea
黄 河	Yellow River	5464	渤海 Bo Hai
松花江	Songhua River	2308	黑龙江 Heilong River
珠 江	Pearl River	2214	南海 South China Sea
辽 河	Liaohe River	1390	渤海湾 Gulf of Bo Hai
海 河	Haihe River	1090	渤海湾 Gulf of Bo Hai
淮 河	Huaihe River	1000	长江 Yangtze River
滦 河	Luanhe River	877	渤海湾 Gulf of Bo Hai
闽 江	Minjiang River	541	东海 East China Sea
钱塘江	Qiantang River	428	东海 East China Sea
南渡江	Nandu River	311	琼州海峡 Qiongzhou Strait
浊水溪	Zhuoshuixi River	186	台湾海峡 Taiwan Strait

1-2 七大江河基本情况

Basic Conditions of Seven Major Rivers

河名 River	流域面积（平方千米）Drainage Area (km^2)	年径流量（亿立方米）Annual Runoff (10^8m^3)	多年平均[①] Average[①]						
			径流量（亿立方米）Mean Annual Runoff (10^8m^3)	人口（亿人）Population (10^8 persons)	耕地（千公顷）Cultivated Land (10^3hm^2)	人均占有年径流量（立方米每人）Annual Runoff per Capita (m^3/person)	耕地亩均占有年径流量（立方米）Annual Runoff per mu of Farmland (m^3)	粮食总产量（万吨）Total Yield of Grain Production (10^4t)	播种面积平均亩产（千克）Average Yield per mu of Cultivated Land(kg)
长　江 Yangtze River	1808500	9513	9280	3.79	23467	2449	2636	14334.42	279
黄　河 Yellow River	752443	661	628	0.92	12133	683	345	2757.98	160
松花江 Songhua River	557180	762	733	0.51	10467	1437	467	2920.97	224
辽　河 Liaohe River	228960	148	126	0.34	4400	371	191	1770.64	308
珠　江 Pearl River	453690	3338	3360	0.82	4667	1098	4800	2195.58	236
海　河 Haihe River	263631	228	288	1.10	11333	262	169	3731.24	221
淮　河 Huaihe River	269283	622	611	1.42	12333	430	330	6122.13	247

注　①是指50年平均值。

Note　① means the average of 50 years.

1-3 主要江河年径流量

Annual Runoff of Major Rivers

水系 Water System	河名 River	集水面积（平方千米） Catchment Area (km²)	河长（千米） Length of River (km)	多年平均① Average① 年径流量（亿立方米） Annual Runoff (10^8m^3)	年径流深（毫米） Depth of Annual Runoff (mm)	年均流量（立方米每秒） Mean Annual Runoff (m^3/s)
黑龙江 Heilong River	松花江 Songhua River	557180	2308	733	134	2320
	嫩江 Nenjiang River	282748	1369	225	80	713
	第二松花江 Second Songhua River	78723	799	165	210	517
	牡丹江 Mudan River	37023	726	84	228	267
辽河 Liaohe River	辽河 Liaohe River	228960	1390	126	55	400
	浑河 Hunhe River	11481	415	29	248	90
	太子河 Taizi River	13883	413	36	264	114
辽宁沿海 Coastal Rivers of Liaoning Province	大凌河 Daling River	23549	397	21	89	66
海滦河 Hai-Luan Rivers	滦河 Luanhe River	44750	877	48	109	152
	海河 Haihe River	263631	1090	228	87	723
	潮白河 Chaobai River	19559	467	19	109	61
	永定河 Yongding River	50830	681	20	45	65
	大清河 Daqing River	39244	483	44	113	140
	子牙河 Ziya River	46300	751	44	95	139
	漳卫南运河 Zhangweinan Canal	37200	959	42	128	133
黄河 Yellow River	黄河 Yellow River	752443	5464	628	84	1990
	洮河 Taohe River	25527	673	53	2080	168
	湟水 Huangshui River	32863	374	50	153	159
	无定河 Wuding River	30261	491	15	48	46
	汾河 Fenhe River	39471	694	27	67	84

注 ① 根据河口控制站1956～1979年资料推算。

Note ① The data is calculated based on the data of 1956-1979 of control stations in river mouthes.

1-3 续表 continued

水 系 Water System	河 名 River	集水面积（平方千米） Catchment Area (km^2)	河长（千米） Length of River (km)	多年平均[①] Average[①] 年径流量（亿立方米） Annual Runoff ($10^8 m^3$)	年径流深（毫米） Depth of Annual Runoff (mm)	年均流量（立方米每秒） Mean Annual Runoff (m^3/s)
黄河 Yellow River	渭河 Weihe River	134766	818	104	77	330
	伊洛河 Yiluo River	18881	447	35	184	110
	沁河 Qinhe River	13532	485	18	136	58
淮河 Huaihe River	淮河 Huaihe River	269283	1000	611	231	1940
	淮河水系 Huaihe River Water System	188497	1000	443	235	1400
	颍河 Yinghe River	39890	557	59	149	188
	史河 Shihe River	6850	211	35	511	111
	淠河 Pihe River	6450	248	39	601	123
	沂河 Yihe River	10315	220	34	331	108
	沭河 Shuhe River	6161	206	19	300	59
长江 Yangtze River	长江 Yangtze River	1808500	6300	9280	513	29460
	金沙江 Jinsha River	473242	2920	1520	321	4820
	雅砻江 Yalong River	128444	1190	586	456	1860
	岷江 Minjiang River	135868	711	921	678	2918
	嘉陵江 Jialing River	157928	1120	696	441	2210
	乌江 Wujiang River	87241	1020	530	608	1680
	湘江 Xiangjiang River	94660	856	759	802	2405
	资水 Zishui River	81422	653	239	849	759
	沅江 Yuanjiang River	89164	1033	667	748	2114
	澧水 Lishui River	18496	388	165	892	523
	汉江 Hanjiang River	159000	1565	557	350	1761
	赣江 Ganjiang River	80948	744	664	820	2105
	抚河 Fuhe River	15811	276	147	930	465

1-3 续表 continued

水 系 Water System	河 名 River	集水面积（平方千米）Catchment Area (km^2)	河长（千米）Length of River (km)	多年平均[①] Average[①] 年径流量（亿立方米）Annual Runoff (10^8m^3)	年径流深（毫米）Depth of Annual Runoff (mm)	年均流量（立方米每秒）Mean Annual Runoff (m^3/s)
珠江 Pearl River	柳江 Liujiang River	58270	775	527	904	1670
	北江 Beijiang River	46710	468	510	1092	1620
	东江 Dongjiang River	27010	520	257	950	815
韩江 Hanjiang River	韩江 Hanjiang River	30100	470	261	867	828
海南岛诸河 Rivers in Hainan Island	南渡河 Nandu River	7176	311	70	977	222
浙闽诸河 Rivers in Zhejiang and Fujian	钱塘江 Qiantang River	12156	428	364	874	1160
	瓯江 Oujiang River	17859	388	189	1058	599
	闽江 Minjiang River	60992	541	586	961	1870
河西内陆河 Inland Rivers of Hexi	昌马河 Changma River	13405	320	10	74	32
	黑河 Heihe River	10009	303	16	155	49
新疆内陆河 Inland Rivers of Xinjiang	乌伦古河 Wulungu River	32040	821	11	33	34
青海内陆河 Inland Rivers of Qinghai	格尔木河 Golmud River	18648	227	8	40	24

1-4 河流流域面积

Drainage Area of Rivers

流域名称	River	流域面积（平方千米）Drainage Area (km^2)	占外流河、内陆河流域面积合计（%）Percentage to Total (%)
合计	**Total**	**9559370**	**100.00**
外流河	**Out-Flowing Rivers**	**6150703**	**64.34**
黑龙江及绥芬河	Heilong River and Suifen River	875342	9.16
辽河、鸭绿江及沿海诸河	Liaohe River, Yalu River and Coastal Rivers	345207	3.61
海滦河	Hai-Luan Rivers	318161	3.33
黄河	Yellow River	752443	7.87
淮河及山东沿海诸河	Huaihe River and Coastal Rivers in Shandong	329211	3.44
长江	Yangtze River	1808500	18.92
浙闽台诸河	Rivers in Zhejiang, Fujian and Taiwan	239803	2.51
珠江及沿海诸河	Pearl River and Coastal Rivers	580640	6.07
元江及澜沧江	Yuanjiang River and Lancang River	240652	2.52
怒江及滇西诸河	Nujiang River and Rivers in West Yunnan	157156	1.64
雅鲁藏布江及藏南诸河	Yarlung Zangbo River and Rivers in South Tibet	396258	4.15
藏西诸河	Rivers in West Tibet	57340	0.60
额尔齐斯河	Irtysh River	50000	0.52
内陆河	**Inland Rivers**	**3408659**	**35.66**
内蒙内陆河	Inland Rivers in Inner Mongolia	300067	3.14
河西内陆河	Inland Rivers in Hexi	488301	5.11
准噶尔内陆河	Inland Rivers in Junggar Basin	316530	3.31
中亚细亚内陆河	Inland Rivers in Central Asia	93130	0.97
塔里木内陆河	Inland Rivers in Tarim Basin	1074810	11.24
青海内陆河	Inland Rivers in Qinghai	316285	3.31
羌唐内陆河	Inland Rivers in Qiangtang	721182	7.54
松花江、黄河、藏南闭流区	Closed-Drainage Area of Songhua River, Yellow River and Rivers in Southern Tibet	90353	0.95

注　本表数据来源于《中国统计年鉴 2010》。

Note　Figures in the table come from *China Statistical Yearbook 2010*.

1-5 内陆水域面积

Inland Water Area

单位：千公顷　　　　unit: $10^3 hm^2$

水域	Water Area	总水面 Total Water Area	#可养殖水面 Cultivatable Water Area	已养殖水面 Cultivated Water Area	尚可利用水面 Utilizable Water Area
合计	**Total**	**17471**	**6749**	**4669**	**2080**
河沟	Brook	5278	766	347	419
水库	Reservoir	2302	1884	1516	368
湖泊	Lake	7524	2151	824	1327
池塘	Pool	1922	1922	1858	64
其他	Others	445	26	124	

注　本表数据来源于《中国统计年鉴 2010》。

Note　Figures in the table come from *China Statistical Yearbook 2010*.

1-6 全国主要湖泊

Main Lakes in China

湖　名 Lake	主要所在地 Main Location	湖泊面积（平方千米） Area (km^2)	湖水贮量（亿立方米） Storage (10^8m^3)
青海湖 Qinghai Lake	青海 Qinghai	4200	742
鄱阳湖 Poyang Lake	江西 Jiangxi	3960	259
洞庭湖 Dongting Lake	湖南 Hunan	2740	178
太湖 Taihu Lake	江苏 Jiangsu	2338	44
呼伦池 Hulunchi Lake	内蒙古 Inner Mongolia	2000	111
纳木错 Namtso Lake	西藏 Tibet	1961	768
洪泽湖 Hongze Lake	江苏 Jiangsu	1851	24
色林错 Selincuo Lake	西藏 Tibet	1628	492
南四湖 Nansi Lake	山东 Shandong	1225	19
扎日南木错 Zharinanmucuo Lake	西藏 Tibet	996	60
博斯腾湖 Bostan Lake	新疆 Xinjiang	960	77
当惹雍错 Dangreyongcuo Lake	西藏 Tibet	835	209
巢湖 Chaohu Lake	安徽 Anhui	753	18
布伦托海 Buluntuohai Lake	新疆 Xinjiang	730	59
高邮湖 Gaoyou Lake	江苏 Jiangsu	650	9
羊卓雍错 Yamdrok Lake	西藏 Tibet	638	146
鄂陵湖 Eling Lake	青海 Qinghai	610	108
哈拉湖 Hala Lake	青海 Qinghai	538	161
阿雅格库木湖 Ayakkum Lake	新疆 Xinjiang	570	55
扎陵湖 Gyaring Lake	青海 Qinghai	526	47
艾比湖 Aibi Lake	新疆 Xinjiang	522	9
昂拉仁错 Anglarencuo Lake	西藏 Tibet	513	102
塔若错 Taruocuo Lake	西藏 Tibet	487	97
格仁错 Gerencuo Lake	西藏 Tibet	476	71
赛里木湖 Sayram Lake	新疆 Xinjiang	454	210
松花湖 Songhua Lake	吉林 Jilin	425	108
班公错 Palgon Lake	西藏 Tibet	412	74
玛旁雍错 Manasarovar Lake	西藏 Tibet	412	202
洪湖 Honghu Lake	湖北 Hubei	402	8
阿次克湖 Acike Lake	新疆 Xinjiang	345	34
滇池 Dianchi Lake	云南 Yunnan	298	12
拉昂错 Raksas Tal Lake	西藏 Tibet	268	40
梁子湖 Liangzi Lake	湖北 Hubei	256	7
洱海 Erhai Lake	云南 Yunnan	253	26
龙感湖 Longgan Lake	安徽 Anhui	243	4
骆马湖 Luoma Lake	江苏 Jiangsu	235	3
达里诺尔 Dalinuoer Lake	内蒙古 Inner Mongolia	210	22
抚仙湖 Fuxian Lake	云南 Yunnan	211	19
泊湖 Pohu	安徽 Anhui	209	3
石臼湖 Shijiu Lake	江苏 Jiangsu	208	4
月亮泡 Yueliangpao Lake	吉林 Jilin	206	5
岱海 Daihai Lake	内蒙古 Inner Mongolia	140	13
波特港湖 Botegang Lake	新疆 Xinjiang	160	13
镜泊湖 Jingpo Lake	黑龙江 Heilongjiang	95	16

1-6 续表 continued

湖　名 Lake	所 在 流 域 River Basin		水　型 Type of Lake
	内陆湖区 Inland Lake Area	外流湖区 Out-Flowing Lake Area	
青海湖 Qinghai Lake	柴达木区 Qaidam		咸水湖 Saltwater Lake
鄱阳湖 Poyang Lake		长江流域 Yangtze River Basin	淡水湖 Freshwater Lake
洞庭湖 Dongting Lake		长江流域 Yangtze River Basin	淡水湖 Freshwater Lake
太湖 Taihu Lake		长江流域 Yangtze River Basin	淡水湖 Freshwater Lake
呼伦池 Hulunchi Lake	内蒙古区 Inner Mongolia		咸水湖 Saltwater Lake
纳木错 Namtso Lake	藏北区 North Tibet		咸水湖 Saltwater Lake
洪泽湖 Hongze Lake		淮河流域 Huaihe River Basin	淡水湖 Freshwater Lake
色林错 Selincuo Lake	藏北区 North Tibet		咸水湖 Saltwater Lake
南四湖 Nansi Lake		淮河流域 Huaihe River Basin	淡水湖 Freshwater Lake
扎日南木错 Zharinanmucuo Lake	藏北区 North Tibet		咸水湖 Saltwater Lake
博斯腾湖 Bostan Lake	甘新区 Gansu-Xinjiang Region		咸水湖 Saltwater Lake
当惹雍错 Dangreyongcuo Lake	藏北区 North Tibet		咸水湖 Saltwater Lake
巢湖 Chaohu Lake		长江流域 Yangtze River Basin	淡水湖 Freshwater Lake
布伦托海 Buluntuohai Lake	甘新区 Gansu-Xinjiang Region		咸水湖 Saltwater Lake
高邮湖 Gaoyou Lake		淮河流域 Huaihe River Basin	淡水湖 Freshwater Lake
羊卓雍错 Yamdrok Lake	藏北区 North Tibet		咸水湖 Saltwater Lake
鄂陵湖 Eling Lake		黄河流域 Yellow River Basin	淡水湖 Freshwater Lake
哈拉湖 Hala Lake	柴达木区 Qaidam		咸水湖 Saltwater Lake
阿雅格库木湖 Ayakkum Lake	藏北区 North Tibet		咸水湖 Saltwater Lake
扎陵湖 Gyaring Lake		黄河流域 Yellow River Basin	淡水湖 Freshwater Lake
艾比湖 Aibi Lake	甘新区 Gansu-Xinjiang Region		咸水湖 Saltwater Lake
昂拉仁错 Anglarencuo Lake	藏北区 North Tibet		咸水湖 Saltwater Lake
塔若错 Taruocuo Lake	藏北区 North Tibet		咸水湖 Saltwater Lake
格仁错 Gerencuo Lake	藏北区 North Tibet		淡水湖 Freshwater Lake
赛里木湖 Sayram Lake	甘新区 Gansu-Xinjiang Region		咸水湖 Saltwater Lake
松花湖 Songhua Lake		黑龙江流域 Heilong River Basin	淡水湖 Freshwater Lake
班公错 Palgon Lake	藏北区 North Tibet		东淡西咸 Freshwater in the East and Saltwater in the West
玛旁雍错 Manasarovar Lake	藏南区 South Tibet		淡水湖 Freshwater Lake
洪湖 Honghu Lake		长江流域 Yangtze River Basin	淡水湖 Freshwater Lake
阿次克湖 Acike Lake	藏北区 North Tibet		咸水湖 Saltwater Lake
滇池 Dianchi Lake		长江流域 Yangtze River Basin	淡水湖 Freshwater Lake
拉昂错 Raksas Tal Lake	藏南区 South Tibet		淡水湖 Freshwater Lake
梁子湖 Liangzi Lake		长江流域 Yangtze River Basin	淡水湖 Freshwater Lake
洱海 Erhai Lake		西南诸河 Southwest Region	淡水湖 Freshwater Lake
龙感湖 Longgan Lake		长江流域 Yangtze River Basin	淡水湖 Freshwater Lake
骆马湖 Luoma Lake		淮河流域 Huaihe River Basin	淡水湖 Freshwater Lake
达里诺尔 Dalinuoer Lake	内蒙古区 Inner Mongolia		咸水湖 Saltwater Lake
抚仙湖 Fuxian Lake		珠江流域 Pearl River Basin	淡水湖 Freshwater Lake
泊湖 Pohu		长江流域 Yangtze River Basin	淡水湖 Freshwater Lake
石臼湖 Shijiu Lake		长江流域 Yangtze River Basin	淡水湖 Freshwater Lake
月亮泡 Yueliangpao Lake		黑龙江流域 Heilong River Basin	淡水湖 Freshwater Lake
岱海 Daihai Lake	内蒙古区 Inner Mongolia		咸水湖 Saltwater Lake
波特港湖 Botegang Lake	甘新区 Gansu-Xinjiang Region		淡水湖 Freshwater Lake
镜泊湖 Jingpo Lake		黑龙江流域 Heilong River Basin	淡水湖 Freshwater Lake

1-7 湖 泊 面 积

Area of Lakes

湖 区	Area of Lakes	湖水面积（平方千米）Area of Lakes (km^2)	湖水贮量（亿立方米）Reserve of Lakes (10^8m^3)	#淡水贮量 Reserve of Fresh Water	占湖泊淡水总贮量（%）As Percentage of Total Lake Reserve of Fresh Water (%)
合 计	**Total**	**75610**	**7510**	**2150**	**100.0**
青藏高原	Tibet Plateau	36560	5460	880	40.9
东部平原	Eastern Plain	23430	820	820	38.1
蒙新高原	Mongolia and Xinjiang Plateau	8670	760	20	0.9
东北平原	Northeast Plain	4340	200	160	7.4
云南高原	Yunnan Plateau	1100	240	240	11.2
其 他	Others	1510	30	30	1.4

注 本表数据来源于《中国统计年鉴 2010》。

Note Figures in the table come from *China Statistical Yearbook 2010*.

1-8 各地区湖泊面积和贮水量①

Area and Storage of Lakes by Regions①

地区	Region	湖泊数量（个）Number of Lake (unit)	外流湖区 Out-Flowing Lake	内陆湖区 Inland Lake	湖泊面积（平方千米）Lake Area (km^2)	外流湖区 Out-Flowing Lake	内陆湖区 Inland Lake	湖水贮量（亿立方米）Reserve of Lakes (10^8m^3)	外流湖区 Out-Flowing Lake	#淡水贮量 Reserve of Fresh Water	内陆湖区 Inland Lake	#淡水贮量 Reserve of Fresh Water
合　计	**Total**	**2305**	**1097**	**1208**	**71787**	**30650**	**41137**	**7043**	**2145**	**1806**	**4943**	**455.5**
河　北	Hebei	16	6	10	187	92	95	5	2	2	3	
内蒙古	Inner Mongolia	258		258	4244		4244	174			174	0.5
辽　宁	Liaoning	3	3		70	70		2	2	2		
吉　林	Jilin	43	43		679	679		133	133	133		
黑龙江	Heilongjiang	57	57		1617	1617		55	55	54		
上　海②	Shanghai	7	7		75	75		2	2	2		
江　苏	Jiangsu	106	106		6385	6385		97	97	97		
浙　江	Zhejiang	36	36		88	88		3	3	3		
安　徽	Anhui	92	92		2976	2976		65	65	65		
江　西	Jiangxi	71	71		4411	4411		270	270	270		
山　东	Shandong	2	2		1326	1326		22	22	22		
湖　北	Hubei	182	182		2417	2417		44	44	44		
湖　南	Hunan	185	185		3871	3871		206	206	206		
云　南③	Yunnan	30	30		1108	1108		288	288	288		
西　藏	Tibet	778	103	675	25111	2876	22235	3427	630	326	2842	300
青　海	Qinghai	241	132	109	11778	2401	9377	1710	300	269	1410	140
新　疆	Xinjiang	137	2	135	5072	54	5018	520	8	8	512	15
其　他④	Others	61	40	21	372	204	168	20	18	15	2	

注　① 面积大于或等于 $1km^2$，不包括时令湖。

② 淀山湖跨上海市、江苏省，面积统计在上海市内。

③ 草海系贵州省湖泊，已统计在云南省内。

④ 指四川、甘肃、宁夏、山西、陕西、广东、广西、河南、台湾。

Note　① Area larger or equal to 1 km^2, excluding seasonal lakes.

② Dianshan Lake covers both Shanghai Municipality and Jiangsu Province; its data is included in the data of Shanghai.

③ Caohai is lake placed in Guizhou Province, but its data is included in Yunnan Province.

④ It refers to Sichuan, Gansu, Ningxia, Shanxi, Shaanxi, Guangdong, Guangxi, Henan and Taiwan.

1-9 海区海域及渔场面积

Sea Area and Areas of Fishing Ground

名称	Sea	海域总面积（千公顷）Sea Area (10^3hm^2)	大陆架渔场面积（千公顷）Area of Fishing Ground of Continental Shelf (10^3hm^2)	深度（米）Depth (m)	
				平均 Average	最大 Maximum
合计	**Total**	**472700**	**280000**		
渤海	Bo Hai	7700	7700	18	70
黄海	Yellow Sea	38000	35300	44	140
东海	East China Sea	77000	54900	370	2719
南海	South China Sea	350000	182100	1212	5559

注　本表数据来源于《中国统计年鉴 2010》。

Note　Figures in the table come from *China Statistical Yearbook 2010*.

1-10 民族自治区自然资源情况

Natural Resources in Ethnic Minority Autonomous Regions

项　目	Item	2007	占全国百分数（%） Percentage in National Total (%)
总面积（万平方千米）	**Total Area (10^4km^2)**	**612**	**64**
牧区、半农半牧区草原面积（万公顷）	Area of Grasslands in Pastoral and Semi-pastoral Areas (10^4hm^2)	30000	75
森林面积(万公顷)	Area of Forest (10^4hm^2)	5648	42
森林蓄积量(亿立方米)	Stock Volume of Forests (10^8m^3)	52	52
水力资源缊藏量(亿千瓦)	Hydropower Resources (10^8kW)	4	66

注　本表数据来源于《中国统计年鉴2009》。

Note　Figures in the table come from *China Statistical Yearbook 2009*.

1-11　2009年自然状况及水资源

Natural Conditions and Water Resources in 2009

项　目	Item	2009
国土	**Territory**	
国土面积（万平方千米）	Area of Territory ($10^4 km^2$)	960
海域面积（万平方千米）	Area of Sea ($10^4 km^2$)	473
海洋平均深度（米）	Average Depth of Sea (m)	961
海洋最大深度（米）	Maximum Depth of Sea (m)	5377
岸线总长度（千米）	Length of Coastline (km)	32000
大陆岸线长度	Mainland Shore	18000
岛屿岸线长度	Island Shore	14000
气候	**Climate**	
热量分布(积温≥0℃)	Distribution of Heat (Accumulated Temperature≥0℃)	
黑龙江北部及青藏高原	Northern Heilongjiang and Tibet Plateau	2000～2500
东北平原	Northeast Plain	3000～4000
华北平原	North China Plain	4000～5000
长江流域及以南地区	Yangtze River Drainage Area and the Area to the South of it	5800～6000
南岭以南地区	Area to the South of Nanling Mountain	7000～8000
降水量(毫米)	**Precipitation (mm)**	
台湾中部山区	Mid-Taiwan Mountainous Region	≥4000
华南沿海	Coastal Region in South China	1600～2000
长江流域	Yangtze River Basin	1000～1500
华北、东北	North and Northeast China	400～800
西北内陆	Northwest Inland Area	100～200
塔里木盆地、吐鲁番盆地和柴达木盆地	Tarim Basin, Turpan Basin and Qaidam Basin	≤25
气候带面积比例(国土面积=100)	**Percentage of Climatic Zones to Total Arca of Territory**	
湿润地区(干燥度＜1.0)	Humid Zone(aridity<1.0)	32
半湿润地区(干燥度=1.0～1.5)	Semi-Humid Zone (aridity 1.0-1.5)	15
半干旱地区(干燥度=1.5～2.0)	Semi-Arid Zone (aridity 1.5-2.0)	22
干旱地区(干燥度＞2.0)	Arid Zone (aridity>2.0)	31
水资源总量(亿立方米)	**Total Water Availability ($10^8 m^3$)**	**24180.2**
地表水资源量	Surface Water	23125.2
地下水资源量	Groundwater	7267.0
地表水与地下水资源重复量	Duplicated Measurement between Surface Water and Groundwater	6212.1
降水总量(亿立方米)	**Total Precipitation($10^8 m^3$)**	**55965.5**

注　1. 气候资料为多年平均值。
2. 岛屿面积未包括香港、澳门特别行政区和台湾省。
3. 本表部分数据来源于《中国统计年鉴2010》。

Note　1. Climate data is the average of many years.
2. Island area does not include that of Hong Kong Special Administrative Region, Macao Special Administrative Region and Taiwan Province.
3. Part of figures in the table come from *China Statistical Yearbook 2010*.

1-12 2009年各地区降水量与2008年和常年值比较

Comparison of Precipitation of 2009 with 2008 and Normal Year by Regions

地区	Region	降水量（毫米）Precipitation (mm)	与2008年比较增减（%）Increase or Decrease Comparing to 2008(%)	与常年值比较增减（%）Increase or Decrease Comparing to Normal Year(%)
合 计	**Total**	**591.1**	**-10.0**	**-8.0**
北 京	Beijing	448.7	-29.6	-25.0
天 津	Tianjin	604.3	-5.7	5.1
河 北	Hebei	462.6	-17.0	-13.0
山 西	Shanxi	498.7	6.9	-2.0
内蒙古	Inner Mongolia	231.6	-16.4	-17.9
辽 宁	Liaoning	550.3	-11.2	-18.8
吉 林	Jilin	554.3	-6.4	-9.0
黑龙江	Heilongjiang	625.1	32.0	17.2
上 海	Shanghai	1322.5	6.8	21.3
江 苏	Jiangsu	1031.7	3.8	3.7
浙 江	Zhejiang	1597.5	5.1	-0.4
安 徽	Anhui	1194.0	4.2	1.8
福 建	Fujian	1435.4	-10.2	-14.4
江 西	Jiangxi	1392.0	-9.4	-15.0
山 东	Shandong	689.3	-3.2	1.4
河 南	Henan	753.8	2.1	-2.3
湖 北	Hubei	1066.3	-12.1	-9.6
湖 南	Hunan	1253.1	-10.2	-13.6
广 东	Guangdong	1578.6	-26.3	-10.8
广 西	Guangxi	1293.7	-28.1	-15.8
海 南	Hainan	2275.1	8.6	30.1
重 庆	Chongqing	1029.6	-13.3	-13.1
四 川	Sichuan	901.0	-8.7	-7.9
贵 州	Guizhou	949.9	-25.0	-19.4
云 南	Yunnan	963.2	-27.8	-24.7
西 藏	Tibet	534.5	-13.4	-6.5
陕 西	Shaanxi	702.1	18.6	7.0
甘 肃	Gansu	261.7	-4.5	-13.1
青 海	Qinghai	373.6	15.2	28.6
宁 夏	Ningxia	235.2	-6.0	-18.5
新 疆	Xinjiang	144.1	-2.8	-6.9

1-13 2009 年各水资源一级区降水量与 2008 年和常年值比较

Comparison of Precipitation of 2009 with 2008 and Normal Year in Grade-Ⅰ Water Resources Regions

水资源一级区	Grade-Ⅰ Water Resources Region	降水量（毫米） Precipitation (mm)	与 2008 年比较增减（%） Increase or Decrease Comparing to 2008 (%)	与常年值比较增减（%） Increase or Decrease Comparing to Normal Year (%)
合　计	**Total**	**591.1**	**-10.0**	**-8.0**
松花江区	Songhua River	538.3	15.6	6.7
辽河区	Liaohe River	418.2	-17.2	-23.3
海河区	Haihe River	489.8	-9.5	-8.5
黄河区	Yellow River	440.4	1.5	-1.2
淮河区	Huaihe River	801.9	-8.8	-4.4
长江区	Yangtze River	998.7	-7.6	-8.1
其中：太湖区	Among Which: Taihu Lake	1347.6	10.9	14.2
东南诸河区	Rivers in Southeast	1525.5	-2.9	-8.3
珠江区	Pearl River	1353.6	-25.1	-12.6
西南诸河区	Rivers in Southwest	953.4	-16.5	-12.4
西北诸河区	Rivers in Northwest	150.4	-8.8	-6.7

1-14 2009 年主要城市降水量

Monthly Precipitation of Major Cities in 2009

单位：毫米 unit: mm

城 市	City	1月 Jan.	2月 Feb.	3月 Mar.	4月 Apr.	5月 May	6月 June	7月 July	8月 Aug.	9月 Sept.	10月 Oct.	11月 Nov.	12月 Dec.	全年 Total of the Year
北 京	Beijing		18.0	7.4	32.2	14.7	95.5	196.6	60.9	23.3	5.9	26.1		480.6
天 津	Tianjin		15.2	12.9	47.4	9.2	166.2	171.7	75.8	49.9	12.2	5.7		566.2
石家庄	Shijiazhuang		10.2	5.5	7.0	47.1	49.1	67.1	288.2	119.2	11.1	94.4		698.9
太 原	Taiyuan		9.9	4.4	8.9	55.5	10.6	155.0	185.4	130.5	10.3	53.0	1.6	625.1
呼和浩特	Hohhot			14.5	15.3	31.8	15.4	77.5	55.6	48.7	0.8	5.4		265.0
沈 阳	Shenyang	12.2	36.7	13.1	104.8	44.4	109.2	122.1	63.1	26.4	92.8	15.8	17.1	657.7
长 春	Changchun	3.5	10.3	7.2	50.8	28.5	125.2	123.2	64.5	14.2	20.2	14.4	19.0	481.0
哈尔滨	Harbin	6.8	4.0	25.8	34.4	28	178.7	106.1	66.9	37.2	24.4	10.4	11.4	534.1
上 海	Shanghai	51.7	124.6	56.2	75.2	59.4	142.7	217.0	290.4	86.2	17.0	106.2	62.8	1289.4
南 京	Nanjing	32.2	112.8	48.3	59.2	56.0	168.7	485.4	102.7	102.9	3.2	113.7	78.4	1363.5
杭 州	Hangzhou	36.3	190.7	117.6	117.9	77.0	85.6	227.7	213.0	113.7	18.0	186.6	69.8	1453.9
合 肥	Hefei	29.3	84.4	67.8	64.9	119.4	160.2	128.6	91.5	19.3	12.8	115.6	58.1	951.9
福 州	Fuzhou	23.7	12.4	115.3	104.6	70.5	262.1	211.6	378.3	24.0	11.4	94.1	66.7	1374.7
南 昌	Nanchang	19.4	85.3	249.8	244.3	75.4	200.6	142.2	96.0	23.0	11.8	80.1	49.9	1277.8
济 南	Ji'nan		13.5	22.2	57.1	152.8	65.2	172.2	128.1	29.0	26.6	26.5	8.6	701.8
郑 州	Zhengzhou		30.1	17.3	49.2	82.9	49.8	125.2	270.2	80.4	9.6	46.7	1.1	762.5
武 汉	Wuhan	18.5	122.9	69.7	197.7	132.1	306.7	95.9	38.8	41.8	23.9	67.7	42.3	1158.0
长 沙	Changsha	17.9	103.6	140.9	217.0	130.7	198.5	194.8	54.1	5.4	34.9	44.0	74.8	1216.6
广 州	Guangzhou	5.4	0.6	207.7	108.8	210.9	273.7	221.6	230.1	39.0	26.4	101.2	47.2	1472.6
南 宁	Nanning	7.9	2.1	37.7	114.3	149.6	150.6	241.2	125.1	42.8	75.1	8.4	8.3	963.1
海 口	Haikou	3.7	15.0	215.2	211.6	245.3	244.3	242.4	427.2	566.5	443.5	5.9	7.6	2628.2
重 庆（沙坪坝）	Chongqing(Shapingba)	26.8	16.6	45.2	117.4	93.5	260.2	102.1	383.7	49.3	66.5	18.0	19.6	1198.9
成都（温江）	Chengdu(Wenjiang)	12.0	3.1	12.6	51.1	35.6	33.5	195.2	169.1	154.8	42.3	8.0	6.9	724.2
贵 阳	Guiyang	17.4	28.7	39.8	192.3	90.5	117.6	150.8	105.5	35.4	47.1	8.7	15.7	849.5
昆 明	Kunming	7.1		10.7	22.4	51.6	153.8	90.8	169.7	28.3	9.1	21.8	0.5	565.8
拉 萨	Lhasa		0.6	5.2	0.8	1.1	37.9	80.7	191.4	18.2	8.0		0.1	344.0
西 安	Xi' an		18.4	35.5	21.0	116.3	59	57.6	176.0	81.3	27.6	56.3	11.3	660.3
兰 州（皋兰）	Lanzhou(Gaolan)	1.0	3.4	1.3	12.3	9.6	11.3	20.4	79.7	33.5	8.6	4.7	0.1	185.9
西 宁	Xining	4.7	0.4	15.7	18.4	66.4	66.7	68.2	106.5	87.3	16.9	7.1	0.8	459.1
银 川	Yinchuan	0.4		6.6	3.2	27.2		13.9	77.1	18.3	15.1	17.6	0.6	180.0
乌鲁木齐	Urumqi	6.3	11.8	35.0	65.1	70.9	39.3	10.8	12.4	35.3	15.5	27.5	23.2	353.1

注 本表数据来源于《中国统计年鉴 2010》。

Note Figures in the table come from *China Statistical Yearbook 2010*.

1-15 各流域片年平均降水量、径流量

Mean Annual Precipitation and Runoff of River Basin

各流域片	River Basin	计算面积（平方千米） Calculated Area (km^2)	多年平均* Average* 年降水量（毫米） Annual Precipitation (mm)	年径流深（毫米） Annual Runoff (mm)	年降水总量（亿立方米） Annual Precipitation (10^8m^3)	年径流量（亿立方米） Annual Runoff (10^8m^3)
合计	**Total**	**9545322**	**648**	**284**	**61889**	**27115**
一、黑龙江流域片	Ⅰ. Heilong River Basin	903418	496	129	4476	1166
1. 嫩江	1. Nenjiang River	267817	450	94	1205	251
2. 第二松花江	2. Second Songhua River	78723	666	210	524	165
3. 松花江干流	3. Mainstream of Songhua River	210640	573	164	1206	346
松花江流域	Songhua River Basin	557180	527	137	2935	762
二、辽河流域片	Ⅱ. Liaohe River Basin	345027	551	141	1901	487
4. 辽河流域	4. Liaohe River Basin	228960	473	65	1082	148
5. 辽宁沿海诸河	5. Coastal Rivers of Liaoning Province	60740	639	207	388	126
三、海滦河流域片	Ⅲ. Hai-Luan Rivers Basin	318161	560	91	1781	288
6. 滦河(含冀东沿海诸河)	6. Luanhe River (Including Coastal Rivers in the East of Hebei Province)	54530	565	110	308	60
7. 海河北系	7. North System of Haihe River	83119	507	80	421	67
8. 海河南系	8. South System of Haihe River	148669	580	98	862	145
9. 徒骇马颊河	9. Tuhaimajia River	31843	597	52	190	17
海河流域	Haihe River Basin	263631	559	87	1473	228
四、黄河流域片	Ⅳ. Yellow River Basin	794712	464	83	3691	661
10. 湟水	10. Huangshui River	32863	502	153	165	50
11. 洮河	11. Taohe River	25527	603	208	154	53
12. 兰州以上干流区间	12. Mainstream above Lanzhou	164161	473	149	777	244
13. 兰州—河口镇	13. Lanzhou-Hekou Town	163415	271	9	443	14
黄河上游	Upper Reaches of Yellow River	385966	399	94	1539	362
14. 河口镇—龙门	14. Hekou Town-Longmen	111595	460	54	513	60
15. 汾河	15. Fenhe River	39471	530	67	209	27
16. 泾河	16. Jinghe River	45421	539	46	245	21
17. 洛河	17. Luohe River	26905	550	37	148	10
18. 渭河	18. Weihe River	62440	629	117	393	73
19. 龙门—三门峡干流区间	19. Mainstream of Longmen-Sanmenxia	16623	573	73	95	12

注 "*"是指 1956～1979 年数据平均。

Note "*"refers to average data in 1956-1979.

1-15 续表 continued

各流域片	River Basin	计算面积（平方千米）Calculated Area (km²)	多年平均* Average* 年降水量（毫米）Annual Precipitation (mm)	年径流深（毫米）Annual Runoff (mm)	年降水总量（亿立方米）Annual Precipitation (10^8m^3)	年径流量（亿立方米）Annual Runoff (10^8m^3)
20. 伊洛河	20. Yiluo River	18881	694	184	131	35
21. 沁河	21. Qinhe River	13532	642	136	87	18
22. 三门峡—花园口干流区间	22. Mainstream of Sanmenxia-Huayuankou	9202	648	133	60	12
黄河中游	Middle Reaches of Yellow River	344070	547	78	1881	267
23. 黄河下游	23. Lower Reaches of Yellow River	22407	674	130	151	29
黄河流域	Yellow River Basin	752443	475	88	3571	658
24. 鄂尔多斯内流区	24. Internal Flow Area of Erdos River	42269	284	8	120	3
五、淮河流域片	Ⅴ. Huaihe River Basin	329211	860	225	2830	741
25. 淮河上中游	25. Upper and Middle Reaches of Huaihe River	160837	889	234	1430	376
26. 淮河下游	26. Lower Reaches of Huaihe River	30337	1015	258	308	78
27. 沂沭泗河	27. Yi-Shu-Si Rivers	78109	836	215	653	168
淮河流域	Huaihe River Basin	269283	889	231	2390	622
28. 山东沿海诸河	28. Coastal Rivers of Shandong Province	59928	733	199	439	119
六、长江流域片	Ⅵ. Yangtze River Basin	1808500	1071	526	19360	9513
29. 金沙江	29. Jinsha River	490650	706	313	3466	1535
30. 岷沱江	30. Min-Tuo Rivers	164766	1083	627	1785	1033
31. 嘉陵江	31. Jialing River	158776	965	443	1532	704
32. 乌江	32. Wujiang River	86976	1164	620	1012	539
33. 长江上游干流区间	33. Mainstream of Upper Reaches of Yangtze River	100504	1169	653	1175	656
长江上游	Upper Reaches of Yangtze River	1001672	896	446	8570	4467
34. 洞庭湖水系	34. Water System of Dongting Lake	262344	1414	767	3709	2012
35. 汉江	35. Hanjiang River	155204	900	361	1396	560
36. 鄱阳湖水系	36. Water System of Poyang Lake	162274	1598	853	2593	1384
37. 长江中游干流区间	37. Mainstream of Middle Reaches of Yangtze River	57069	1243	550	1207	534
长江中游	Middle Reaches of Yangtze River	676891	1316	663	8905	4490
38. 太湖水系	38. Water System of Taihu Lake	37464	1105	366	414	137
39. 长江下游干流区间	39. Mainstream of Lower Reaches of Yangtze River	92473	1158	453	1071	419
长江下游	Lower Reaches of Yangtze River	129937	1143	428	1485	556
七、珠江流域片	Ⅶ. Pearl River Basin	580641	1544	807	8967	4685
40. 南北盘江	40. South and North Panjiang River	82480	1122	467	925	385
41. 红水河与柳黔江	41. Hongshui River and Liuqian River	115525	1480	782	1710	903
42. 北江	42. Beijiang River	44725	1757	1096	786	490

1-15 续表 continued

各流域片	River Basin	计算面积（平方千米）Calculated Area (km^2)	多年平均* Average* 年降水量（毫米）Annual Precipitation (mm)	年径流深（毫米）Annual Runoff (mm)	年降水总量（亿立方米）Annual Precipitation (10^8m^3)	年径流量（亿立方米）Annual Runoff (10^8m^3)
43. 东江	43. Dongjiang River	28191	1788	993	504	280
44. 珠江三角洲	44. Pearl River Delta	31443	1791	996	563	313
珠江流域	Pearl River Basin	444304	1469	751	6528	3338
45. 韩江	45. Hanjiang River	32457	1630	881	529	286
46. 粤东沿海诸河	46. Coastal Rivers of East Guangdong	13653	2058	1260	281	172
47. 桂南粤西沿海诸河	47. Coastal Rivers of South Gaungxi and West Guangdong	56093	1836	1032	1030	579
48. 海南岛和南海诸岛	48. Hainan Island and South China Sea Islands	34134	1755	908	599	310
八、浙闽诸河片	Ⅷ. Rivers in Zhejiang and Fujian	239803	1758	1066	4216	2557
49. 钱塘江(含浦阳江)	49. Qiantang River (Including Puyang River)	42156	1587	875	669	369
50. 浙东诸河	50. Rivers in East Zhejiang	18592	1442	715	268	133
51. 浙南诸河	51. Rivers in South Zhejiang	32775	1718	1062	563	348
52. 闽江	52. Minjiang River	60992	1710	961	1043	586
53. 闽东沿海诸河	53. Coastal Rivers of East Fujian	15394	1747	1156	269	178
54. 闽南诸河	54. Rivers in South Fujian	33913	1563	902	530	306
九、西南诸河片	Ⅸ. Rivers in Southwest	851406	1098	688	9346	5853
55. 藏南诸河	55. Rivers in South Tibet	155778	1689	1253	2631	1952
56. 藏西诸河	56. Rivers in West Tibet	57340	129	35	74	20
十、内陆诸河片	Ⅹ. Inland Rivers	3321713	154	32	5113	1064
57. 内蒙古内陆河	57. Inland Rivers in Inner Mongolia	308067	254	4	783	12
58. 河西内陆河	58. Inland Rivers in Hexi	488708	123	14	599	69
59. 准噶尔内陆河	59. Inland Rivers of Junggar	316530	168	40	532	125
60. 中亚细亚内陆河	60. Inland Rivers in Central Asia	93130	468	207	436	193
61. 青海内陆河	61. Inland Rivers in Qinghai	319286	138	23	441	72
62. 羌塘内陆河	62. Inland Rivers in Qiangtang	721182	170	34	1226	246

1-16 历年水资源量

Water Resources by Years

年份 Year	水资源总量（亿立方米） Total Available Water Resources (10^8m^3)	地表水资源量（亿立方米） Surface Water Resources (10^8m^3)	地下水资源量（亿立方米） Groundwater Resources (10^8m^3)	地表水与地下水资源重复量（亿立方米） Duplicated Measurement between Surface Water and Groundwater (10^8m^3)	降水总量（亿立方米） Total Precipitation (10^8m^3)	人均水资源量（立方米每人） Per Capita Water Resources (m^3/person)
1997	27855	26835	6942	5923	58169	2253
1998	34017	32726	9400	8109	67631	2723
1999	28196	27204	8387	7395	59702	2219
2000	27701	26562	8502	7363	60092	2194
2001	26868	25933	8390	7456	58122	2112
2002	28261	27243	8697	7679	62610	2207
2003	27460	26251	8299	7090	60416	2131
2004	24130	23126	7436	6433	56876	1856
2005	28053	26982	8091	7020	61010	2152
2006	25330	24358	7643	6671	57840	1932
2007	25255	24242	7617	6604	57763	1916
2008	27434	26377	8122	7065	62000	2071
2009	24180	23125	7267	6212	55966	1812

1-17 多年平均水资源量（按地区分）
Mean Annual Water Resources (by Regions)

地区	Region	平均年水资源总量（亿立方米）Mean Annual Total Available Water Resources (10^8m^3)	平均年地表水资源量（亿立方米）Mean Annual Surface Water Resources (10^8m^3)	平均年地下水资源量（亿立方米）Mean Annual Groundwater Resources (10^8m^3)	平均年地表水与地下水资源重复量（亿立方米）Duplicated Measurement between Surface Water and Groundwater (10^8m^3)	平均年产水模数（万立方米每平方千米）Mean Annual Water Generation Model ($10^4m^3/km^2$)
合　计	**Total**	**27460.3**	**26478.2**	**8149.0**	**7166.9**	**29.5**
北　京	Beijing	40.8	25.3	26.2	10.7	24.3
天　津	Tianjin	14.6	10.8	5.8	2.0	12.9
河　北	Hebei	236.9	167.0	145.8	75.9	12.6
山　西	Shanxi	143.5	115.0	94.6	66.1	9.2
内蒙古	Inner Mongolia	506.7	371.0	248.3	112.6	4.4
辽　宁	Liaoning	363.2	325.0	105.5	67.3	25.0
吉　林	Jilin	390.0	345.0	110.1	65.1	20.7
黑龙江	Heilongjiang	775.8	647.0	269.3	140.5	16.6
上　海	Shanghai	26.9	18.6	12.0	3.7	43.5
江　苏	Jiangsu	325.4	249.0	115.3	38.9	31.9
浙　江	Zhejiang	897.1	885.0	213.3	201.2	88.1
安　徽	Anhui	676.8	617.0	166.6	106.8	48.5
福　建	Fujian	1168.7	1168.0	306.4	305.7	96.3
江　西	Jiangxi	1422.4	1416.0	322.6	316.2	85.1
山　东	Shandong	335.0	264.0	154.2	83.2	21.9
河　南	Henan	407.7	311.0	198.9	102.2	24.4
湖　北	Hubei	981.2	946.0	291.3	256.1	52.8
湖　南	Hunan	1626.6	1620.0	374.8	368.2	76.8
广　东	Guangdong	2134.1	2111.0	545.9	522.8	100.7
广　西	Guangxi	1880.0	1880.0	397.7	397.7	79.1
四　川	Sichuan	3133.8	3131.0	801.6	798.8	55.2
贵　州	Guizhou	1035.0	1035.0	258.9	258.9	58.8
云　南	Yunnan	2221.0	2221.0	738.0	738.0	57.9
西　藏	Tibet	4482.0	4482.0	1094.3	1094.3	37.3
陕　西	Shaanxi	441.9	420.0	165.1	143.2	21.5
甘　肃	Gansu	274.3	273.0	132.7	131.4	6.9
青　海	Qinghai	626.2	623.0	258.1	254.9	8.7
宁　夏	Ningxia	9.9	8.5	16.2	14.8	1.9
新　疆	Xinjiang	882.8	793.0	579.5	489.7	5.4

注　本表数据来源于《中国水资源评价》。

Note　Figures in the table come from *China Water Resources Evaluation Report*.

1-18 2009年水资源量（按地区分）

Water Resources in 2009 (by Regions)

地区	Region	水资源总量（亿立方米）Total Available Water Resources (10^8m^3)	地表水资源量（亿立方米）Surface Water Resources (10^8m^3)	地下水资源量（亿立方米）Groundwater Resources (10^8m^3)	地表水与地下水资源重复量（亿立方米）Duplicated Measurement between Surface Water and Groundwater (10^8m^3)	降水总量（亿立方米）Total Precipitation (10^8m^3)	人均水资源量（立方米每人）Per Capita Water Resources (m^3/person)
合　计	**Total**	**24180.2**	**23125.2**	**7267.0**	**6212.1**	**55965.5**	**1812**
北　京	Beijing	21.8	6.8	17.8	2.7	73.6	124
天　津	Tianjin	15.2	10.6	5.6	1.0	72.0	124
河　北	Hebei	141.2	47.5	122.7	29.1	868.4	201
山　西	Shanxi	85.8	47.7	76.1	38.1	779.4	250
内蒙古	Inner Mongolia	378.1	263.4	214.4	99.6	2679.0	1561
辽　宁	Liaoning	171.0	138.0	87.6	54.6	800.7	396
吉　林	Jilin	298.0	252.8	97.3	52.0	1038.9	1088
黑龙江	Heilongjiang	989.6	845.6	313.4	169.4	2843.2	2587
上　海	Shanghai	41.6	34.6	9.9	3.0	83.9	216
江　苏	Jiangsu	400.3	306.0	110.8	16.5	1051.7	518
浙　江	Zhejiang	931.3	917.4	208.0	194.1	1655.0	1798
安　徽	Anhui	733.1	685.9	185.4	138.3	1665.4	1196
福　建	Fujian	800.8	799.6	244.7	243.4	1777.7	2208
江　西	Jiangxi	1166.9	1144.7	312.9	290.7	2323.9	2633
山　东	Shandong	285.0	173.8	180.7	69.5	1079.9	301
河　南	Henan	328.8	208.3	188.1	67.6	1247.9	347
湖　北	Hubei	825.3	794.4	263.4	232.6	1982.2	1443
湖　南	Hunan	1400.5	1393.8	351.7	345.0	2654.5	2186
广　东	Guangdong	1613.7	1604.1	407.6	398.0	2803.3	1674
广　西	Guangxi	1484.3	1484.3	256.8	256.8	3061.7	3057
海　南	Hainan	480.7	474.6	106.3	100.3	777.0	5564
重　庆	Chongqing	455.9	455.9	81.9	81.9	848.4	1595
四　川	Sichuan	2332.2	2330.6	580.0	578.4	4363.3	2849
贵　州	Guizhou	910.0	910.0	249.0	249.0	1673.4	2396
云　南	Yunnan	1576.6	1576.6	582.6	582.6	3691.2	3449
西　藏	Tibet	4029.2	4029.2	871.5	871.5	6426.1	138937
陕　西	Shaanxi	416.5	393.7	132.4	109.6	1443.6	1104
甘　肃	Gansu	209.0	201.8	123.6	116.4	1040.3	793
青　海	Qinghai	895.1	873.9	392.3	371.1	2669.3	16070
宁　夏	Ningxia	8.4	6.0	22.1	19.7	121.8	135
新　疆	Xinjiang	754.3	713.7	470.5	429.8	2369.0	3494

1-19 2009年水资源量（按水资源分区分）

Water Resources in 2009 (by Water Resources Regions)

单位：亿立方米 unit: $10^8 m^3$

水资源一级区	Grade-I Water Resources Region	水资源总量 Total Available Water Resources	地表水资源量 Surface Water Resources	地下水资源量 Groundwater Resources	地表水与地下水资源重复量 Duplicated Measurement between Surface Water and Groundwater	降水总量 Total Precipitation
合 计	**Total**	**24180.2**	**23125.2**	**7267.0**	**6212.1**	**55965.5**
松花江区	Songhua River	1488.1	1277.6	489.0	278.4	5031.7
辽河区	Liaohe River	276.3	205.2	145.7	74.6	1313.7
海河区	Haihe River	285.2	115.6	232.2	62.6	1565.5
黄河区	Yellow River	656.9	551.7	385.0	279.9	3501.2
淮河区	Huaihe River	799.8	543.5	390.4	134.0	2646.0
长江区	Yangtze River	8732.4	8608.2	2308.2	2184.0	17806.2
其中：太湖区	Among Which: Taihu Lake	249.4	223.3	49.5	23.3	499.7
东南诸河区	Rivers in Southeast	1619.6	1610.0	418.6	409.0	3174.0
珠江区	Pearl River	4075.1	4059.4	909.3	893.6	7821.5
西南诸河区	Rivers in Southwest	5042.0	5042.0	1223.9	1223.9	8047.8
西北诸河区	Rivers in Northwest	1204.9	1112.0	764.8	672.0	5057.8

1-20　2009 年河流水质状况（按水资源分区分）

Water Quality of Rivers of 2009 (by Water Resources Regions)

水资源一级区	Grade-Ⅰ Water Resources Region	评价河长（千米）Assessed Length of River (km)	分类河长占评价河长百分比（%）Percentage of Classed River Length in the Total Assessed Length (%)					
			Ⅰ类 Class-Ⅰ	Ⅱ类 Class-Ⅱ	Ⅲ类 Class-Ⅲ	Ⅳ类 Class-Ⅳ	Ⅴ类 Class-Ⅴ	劣Ⅴ类 Inferior to Class-Ⅴ
合　计	**Total**	**160696**	**4.6**	**31.1**	**23.2**	**14.4**	**7.4**	**19.3**
松花江区	Songhua River	15260	0.4	8.5	27.4	28.0	17.7	18.0
辽河区	Liaohe River	5228	5.2	28.7	8.7	10.6	9.8	37.0
海河区	Haihe River	12790	4.2	20.9	10.2	10.4	2.8	51.5
黄河区	Yellow River	14039	5.4	21.6	17.0	13.9	10.3	31.8
淮河区	Huaihe River	18684	1.0	13.2	24.7	24.1	12.2	24.8
长江区	Yangtze River	46580	6.3	32.1	25.3	14.8	6.6	14.9
其中：太湖区	Among Which: Taihu Lake	5582		3.4	8.4	19.1	18.5	50.6
东南诸河区	Rivers in Southeast	5171	3.3	37.6	27.6	12.0	2.7	16.8
珠江区	Pearl River	18501		35.3	32.5	14.1	6.8	11.3
西南诸河区	Rivers in Southwest	14643	2.5	65.6	27.2	1.9	0.2	2.6
西北诸河区	Rivers in Northwest	9800	22.3	61.1	11.3	1.5	0.3	3.5

1-21　2009年全国重点湖泊水质及富营养化状况

Water Quality and Eutrophication Condition of Lakes of 2009

湖泊名称 Lake	所属行政区 Region	评价面积 Assessed Area (km²)	总体水质类别 Water Quality			营养状况 Eutrophication Condition
			全年 Total of the Year	汛期 Flood Season	非汛期 Non-Flood Season	
昆明湖 Kunming Lake	北京 Beijing	1.9	II	II	II	中营养 Mesotropher
白洋淀 Baiyangdian Lake	河北 Hebei	113.5	V	V	V	中度富营养 Middleeutropher
千顷洼 Qianqingwa Lake	河北 Hebei	41.8	V	V	劣V Inferior to Class-V	中度富营养 Middleeutropher
查干湖 Chagan Lake	吉林 Jilin	400.2	劣V Inferior to Class-V	V	劣V Inferior to Class-V	轻度富营养 Lighteutropher
淀山湖 Dianshan Lake	上海 Shanghai	47.5	劣V Inferior to Class-V	劣V Inferior to Class-V	劣V Inferior to Class-V	中度富营养 Middleeutropher
太湖（含五里湖） Taihu Lake(Including Wuli Lake)	江苏、浙江、上海 Jiangsu, Zhejiang, Shanghai	2338.0	劣V Inferior to Class-V	劣V Inferior to Class-V	劣V Inferior to Class-V	中度富营养 Middleeutropher
洪泽湖 Hongze Lake	江苏 Jiangsu	2152.0	III	III	IV	中度富营养 Middleeutropher
骆马湖 Luoma Lake	江苏 Jiangsu	625.0	III	III	III	轻度富营养 Lighteutropher
白马湖 Baima Lake	江苏 Jiangsu	95.6	IV	IV	IV	轻度富营养 Lighteutropher
高邮湖 Gaoyou Lake	江苏 Jiangsu	1560.0	III	III	III	中度富营养 Middleeutropher
邵伯湖 Shaobo Lake	江苏 Jiangsu	200.0	II	II	III	中度富营养 Middleeutropher
大纵湖 Dazong Lake	江苏 Jiangsu	26.7	III	III	III	轻度富营养 Lighteutropher
宝应湖 Baoying Lake	江苏 Jiangsu	140.0	III	III	IV	轻度富营养 Lighteutropher
滆湖 Gehu Lake	江苏 Jiangsu	118.9	V	V	劣V Inferior to Class-V	中度富营养 Middleeutropher
洮湖 Taohu Lake	江苏 Jiangsu	61.7	V	V	V	中度富营养 Middleeutropher
石臼湖 Shijiu Lake	江苏 Jiangsu	126.9	III	III	IV	轻度富营养 Lighteutropher
固城湖 Gucheng Lake	江苏 Jiangsu	24.3	III	III	III	轻度富营养 Lighteutropher
西湖 Xihu Lake	浙江 Zhejiang	5.2	IV	IV	IV	轻度富营养 Lighteutropher
鉴湖 Jianhu Lake	浙江 Zhejiang	3.0	V	劣V Inferior to Class-V	V	中度富营养 Middleeutropher
八里湖 Bali Lake	安徽 Anhui	13.2	III	III	III	轻度富营养 Lighteutropher
城西湖 Chengxi Lake	安徽 Anhui	314.0	III	III	II	轻度富营养 Lighteutropher
城东湖 Chengdong Lake	安徽 Anhui	140.0	II	III	II	轻度富营养 Lighteutropher
高塘湖 Gaotang Lake	安徽 Anhui	50.0	IV	IV	III	轻度富营养 Lighteutropher

1-21 续表 continued

湖泊名称 Lake	所属行政区 Region	评价面积 Assessed Area （km^2）	总体水质类别 Water Quality			营养状况 Eutrophication Condition
			全年 Total of the Year	汛期 Flood Season	非汛期 Non-Flood Season	
天河湖 Tianhe Lake	安徽 Anhui	22.0	Ⅳ	Ⅳ	Ⅲ	轻度富营养 Lighteutropher
沱湖 Tuohu Lake	安徽 Anhui	70.4	Ⅳ	Ⅳ	Ⅲ	轻度富营养 Lighteutropher
华阳河湖群 Lakes around Huayang River	安徽 Anhui	703.0	Ⅱ	Ⅱ	Ⅱ	中营养 Mesotropher
巢湖 Chaohu Lake	安徽 Anhui	110.0	劣Ⅴ Inferior to Class-Ⅴ	劣Ⅴ Inferior to Class-Ⅴ	劣Ⅴ Inferior to Class-Ⅴ	中度富营养 Middleeutropher
鄱阳湖 Poyang Lake	江西 Jiangxi	2184.0	Ⅳ	Ⅳ	Ⅳ	中营养 Mesotropher
甘棠湖 Gantang Lake	江西 Jiangxi	3.6	Ⅴ	Ⅴ	Ⅳ	轻度富营养 Lighteutropher
赛城湖 Saicheng Lake	江西 Jiangxi	53.6	Ⅲ	Ⅲ	Ⅲ	中营养 Mesotropher
八里湖 Bali Lake	江西 Jiangxi	17.0	Ⅴ	Ⅴ	Ⅳ	轻度富营养 Lighteutropher
白水湖 Baishui Lake	江西 Jiangxi	1.9	劣Ⅴ Inferior to Class-Ⅴ	劣Ⅴ Inferior to Class-Ⅴ	劣Ⅴ Inferior to Class-Ⅴ	中度富营养 Middleeutropher
南门湖 Nanmen Lake	江西 Jiangxi	0.9	Ⅴ	Ⅴ	Ⅳ	轻度富营养 Lighteutropher
象湖 Xianghu Lake	江西 Jiangxi	3.0	劣Ⅴ Inferior to Class-Ⅴ	Ⅴ	劣Ⅴ Inferior to Class-Ⅴ	中度富营养 Middleeutropher
梅湖 Meihu Lake	江西 Jiangxi	0.4	Ⅴ	Ⅴ	Ⅴ	轻度富营养 Lighteutropher
青山湖 Qingshan Lake	江西 Jiangxi	3.1	劣Ⅴ Inferior to Class-Ⅴ	劣Ⅴ Inferior to Class-Ⅴ	Ⅴ	中度富营养 Middleeutropher
艾溪湖 Aixi Lake	江西 Jiangxi	4.0	劣Ⅴ Inferior to Class-Ⅴ	劣Ⅴ Inferior to Class-Ⅴ	劣Ⅴ Inferior to Class-Ⅴ	中度富营养 Middleeutropher
南四湖 Nansihu Lakes	山东 Shandong	1266.0	Ⅴ	Ⅴ	Ⅴ	轻度富营养 Lighteutropher
大明湖 Daming Lake	山东 Shandong	0.5	Ⅳ	Ⅳ	Ⅳ	中度富营养 Middleeutropher
洪湖 Honghu Lake	湖北 Hubei	395.4	Ⅳ	Ⅳ	Ⅳ	中营养 Mesotropher
长湖 Changhu Lake	湖北 Hubei	124.7	Ⅳ	Ⅲ	Ⅴ	中营养 Mesotropher
黄盖湖 Huanggai Lake	湖北 Hubei	26.0	Ⅲ	Ⅲ	Ⅳ	中营养 Mesotropher
斧头湖 Futou Lake	湖北 Hubei	27.0	Ⅱ	Ⅱ	Ⅱ	中营养 Mesotropher
梁子湖 Liangzi Lake	湖北 Hubei	256.3	Ⅲ	Ⅲ	Ⅲ	中营养 Mesotropher
大冶湖 Daye Lake	湖北 Hubei	65.0	Ⅲ	Ⅲ	Ⅲ	轻度富营养 Lighteutropher
武山湖 Wushan Lake	湖北 Hubei	16.1	Ⅴ	Ⅴ	Ⅴ	轻度富营养 Lighteutropher
龙感湖 Longgan Lake	湖北 Hubei	89.6	Ⅲ	Ⅲ	Ⅲ	轻度富营养 Lighteutropher
洞庭湖 Dongting Lake	湖南 Hunan	1677.0	劣Ⅴ Inferior to Class-Ⅴ	Ⅴ	劣Ⅴ Inferior to Class-Ⅴ	轻度富营养 Lighteutropher

1-21 续表 continued

湖泊名称 Lake	所属行政区 Region	评价面积 Assessed Area （km^2）	总体水质类别 Water Quality			营养状况 Eutrophication Condition
			全年 Total of the Year	汛期 Flood Season	非汛期 Non-Flood Season	
星湖 Xinghu Lake	广东 Guangdong	5.4	Ⅳ	Ⅳ	Ⅳ	中营养 Mesotropher
西湖 Xihu Lake	广东 Guangdong	2.0	Ⅴ	Ⅴ	Ⅴ	中营养 Mesotropher
湖光岩 Huguangyan Lake	广东 Guangdong	3.6	Ⅲ	Ⅲ	Ⅱ	中营养 Mesotropher
邛海 Qionghai Lake	四川 Sichuan	26.9	Ⅲ	Ⅱ	Ⅲ	中营养 Mesotropher
马湖 Mahu Lake	四川 Sichuan	7.0	Ⅲ	Ⅲ	Ⅲ	中营养 Mesotropher
程海 Chenghai Lake	云南 Yunnan	78.8	劣Ⅴ Inferior to Class-Ⅴ	劣Ⅴ Inferior to Class-Ⅴ	劣Ⅴ Inferior to Class-Ⅴ	中营养 Mesotropher
泸沽湖 Lugu Lake	云南 Yunnan	51.0	Ⅰ	Ⅰ	Ⅰ	贫营养 Oligotrophic
滇池 Dianchi Lake	云南 Yunnan	300.0	劣Ⅴ Inferior to Class-Ⅴ	劣Ⅴ Inferior to Class-Ⅴ	劣Ⅴ Inferior to Class-Ⅴ	中度富营养 Middleeutropher
阳宗海 Yangzonghai Lake	云南 Yunnan	31.0	劣Ⅴ Inferior to Class-Ⅴ	劣Ⅴ Inferior to Class-Ⅴ	Ⅳ	中营养 Mesotropher
抚仙湖 Fuxian Lake	云南 Yunnan	212.0	Ⅱ	Ⅱ	Ⅱ	中营养 Mesotropher
星云湖 Xingyun Lake	云南 Yunnan	39.0	劣Ⅴ Inferior to Class-Ⅴ	劣Ⅴ Inferior to Class-Ⅴ	劣Ⅴ Inferior to Class-Ⅴ	轻度富营养 Lighteutropher
杞麓湖 Qilu Lake	云南 Yunnan	42.3	劣Ⅴ Inferior to Class-Ⅴ	劣Ⅴ Inferior to Class-Ⅴ	劣Ⅴ Inferior to Class-Ⅴ	中度富营养 Middleeutropher
异龙湖 Yilong Lake	云南 Yunnan	42.0	劣Ⅴ Inferior to Class-Ⅴ	劣Ⅴ Inferior to Class-Ⅴ	劣Ⅴ Inferior to Class-Ⅴ	中度富营养 Middleeutropher
洱海 Erhai Lake	云南 Yunnan	250.0	Ⅲ	Ⅳ	Ⅲ	中营养 Mesotropher
纳木错 Namtso Lake	西藏 Tibet	1920.0	Ⅴ	Ⅲ	Ⅳ	中营养 Mesotropher
普莫雍错 Pumoyongcuo Lake	西藏 Tibet	284.0	Ⅲ	Ⅲ	Ⅲ	中营养 Mesotropher
羊卓雍错 Yamdrok Lake	西藏 Tibet	638.0	Ⅴ	Ⅴ	Ⅴ	中营养 Mesotropher
青海湖 Qinghai Lake	青海 Qinghai	4247.0	Ⅱ	Ⅱ	Ⅳ	轻度富营养 Lighteutropher
沙湖 Shahu Lake	宁夏 Ningxia	8.2	劣Ⅴ Inferior to Class-Ⅴ	劣Ⅴ Inferior to Class-Ⅴ	劣Ⅴ Inferior to Class-Ⅴ	轻度富营养 Lighteutropher
乌伦古湖 Wulungu Lake	新疆 Xinjiang	1050.0	劣Ⅴ Inferior to Class-Ⅴ	劣Ⅴ Inferior to Class-Ⅴ	劣Ⅴ Inferior to Class-Ⅴ	中营养 Mesotropher
赛里木湖 Sailimu Lake	新疆 Xinjiang	454.0	Ⅱ	Ⅱ	Ⅱ	中营养 Mesotropher
艾比湖 Aibi Lake	新疆 Xinjiang	1070.0			劣Ⅴ Inferior to Class-Ⅴ	中营养 Mesotropher
博斯腾湖 Bostan Lake	新疆 Xinjiang	251.0	Ⅲ	Ⅳ	Ⅲ	轻度富营养 Lighteutropher

主要统计指标解释

地表水资源量 河流、湖泊以及冰川等地表水体中可以逐年更新的动态水量，即天然河川径流量。

地下水资源量 地下饱和含水层逐年更新的动态水量，即降水和地表水入渗对地下水的补给量。

水资源总量 当地降水形成的地表和地下产水总量，即地表径流量与降水入渗补给量之和。

降水量 从天空降落到地面的液态或固态（经融化后）水，未经蒸发、渗透、流失而在地面上积聚的深度。其统计计算方法为：月降水量是将全月各日的降水量累加而得；年降水量是将12个月的月降水量累加而得。

径流量 在一定时段内通过河流某一过水断面的水量。计算公式为：径流量=降水量-蒸发量。

内陆水域面积 江、河、湖泊、坑塘、塘堰、水库等各种流水或蓄水的水面占地面积。

流域面积 每条河流都有自己的干流和支流，干支流共同组成这条河流的水系。每条河流都有自己的集水区域，这个集水区域就称为该河流的流域，流域面积是该流域区域的总面积。

水质等级 水质等级根据《地表水环境质量标准》（GB 3838—2002）确定。依据地表水水域环境功能和保护目标，按功能高低依次划分为五类：

Ⅰ类：主要适用于源头水、国家自然保护区；

Ⅱ类：主要适用于集中式生活饮用水地表水源地一级保护区、珍稀水生生物栖息地、鱼虾类产场、仔稚幼鱼的索饵场等；

Ⅲ类：主要适用于集中式生活饮用水地表水源地二级保护区、鱼虾类越冬场、洄游通道、水产养殖区等渔业水域及游泳区；

Ⅳ类：主要适用于一般工业用水区及人体非直接接触的娱乐用水区；

Ⅴ类：主要适用于农业用水区及一般景观要求水域。

Explanatory Notes of Main Statistical Indicators

Surface water resources Dynamic quantity of water that is renewable year by year in surface water bodies such as, river, lake or glacier; it also means the quantity of natural river runoff.

Groundwater resources Quantity of recharge of precipitation and surface water to the saturated rock and clay, including infiltration recharge of precipitation and surface water bodies namely river courses, lakes, reservoirs, canal system and irrigation field.

Total Available water resources Total available surface and underground water that is formed by local precipitation, i.e. the sum of surface runoff and underground water infiltrated by precipitation recharge.

Precipitation Accumulative depth of water in liquid or solid (after melting) states from the sky to the ground without evaporation, infiltration and running off. Its calculation methods: monthly precipitation is the total sum of everyday rainfall in a month; annual precipitation is the total sum of rainfalls of twelve months.

Amount of runoff Water quantity runs through a water carrying section of a river during a fixed period of time. The calculation formula: runoff = precipitation – evaporation.

Inland water area Total land area occupied by running or stored water, including river, lake, pond, weir or reservoir etc.

Drainage area Each river has its own mainstream and tributaries that jointly form the water system of the river. Each river has its own water catchment area, and this catchment is called the river basin of the river. Area of river basin is the total area of the catchment area.

Classification of water quality Classification of water quality is based on Standard of Surface Water Environment Quality (GB 3838—2002). Water quality is classified into five levels in sequence from high to low in line with the objectives of environment functions and protection of surface water bodies.

Class-Ⅰ: Water is suitable for source water and national nature reserves;

Class-Ⅱ: Water is suitable for grade-I surface water source for centralized domestic drinking water supply, habitat of rare and endemic aquatic life, spawning ground for fish and shrimp, and feeding ground of juvenile and young fish;

Class-Ⅲ: Water is suitable for grade-II surface water source for centralized domestic drinking water supply, wintering or migratory passage of fish and shrimp, water bodies used for fishery such as aquiculture and swimming;

Class-Ⅳ: Water is suitable for industrial water use and recreation without direct contact with human body;

Class-Ⅴ: Water is suitable for water demand of agricultural area and general landscape.

2 江河治理

Control of Rivers

简要说明

江河治理统计资料主要包括水库数量、水库总库容、堤防长度与等级划分、水闸数量与类型、除涝面积以及除涝标准。

江河治理资料按水资源一级分区和地区分组。水库、堤防、水闸、除涝等历史数据汇总1973年至今的数据。

1. 水库统计范围为已建成水库，包括水利、电力、城建等部门建设的水库。因2007年湖南省对小型水库数量进行调减，因此对2000～2006年水库数量与库容进行相应调减。

2. 堤防统计范围为已建成或基本建成的河堤、湖堤、海堤、江堤、分洪区和行洪区围堤等各种堤防，生产堤、渠堤、排涝堤不做统计。

3. 水闸统计范围为江河、湖泊上的防洪、分洪、节制、挡潮、排涝、引水灌溉等各种类型水闸，水库枢纽等建筑物上的水闸不包括在内。水闸流量不够10立方米每秒，不做统计。

4. 洪灾、旱灾及防治状况历史资料汇总1949年以来的数据，按地区整理。

Brief Introduction

Statistical data of rivers training and control mainly includes number of reservoirs, total storage capacity, embankment length and grade division, number and types of sluices and gates, drainage area and standard.

The data of river training and control is divided into group in accordance with regions and basins. Historical data of reservoir, embankment, water gates, waterlogging prevention area is collected from 1973 until present.

1. The statistical scope of reservoir also includes reservoirs which do not built by water related department, such as electricity and urban construction. Due to the reduction for the number of small reservoirs of Hunan Province in 2007, the number of reservoir and storage capacity in 2000-2006 were reduced accordingly.

2. The statistical scope of embankment covers various types such as river embankment and levee, lake embankment, sea dyke, embankment for flood retention and discharge basins, excluding embankment for production, canal and drainage purposes.

3. The statistical scope of sluice and gate covers various types of sluice and gate on river or lake, such as those for flood control and flood diversion, control gate and tidal gate, and gate for drainage and irrigation. The gates built on the reservoirs are not included. The gates with a flow lower than 10 m^3/s are not included.

4. Historical data of flood disaster and drought disasters, their prevention and control is collected from 1949 until present and classified according to regions.

2-1 主 要 指 标
Key Indicators

指标名称 Item	单位	unit	2004	2005	2006	2007	2008	2009
水库 Reservoir	座	unit	84363	84577	85249	85412	86353	87151
总库容 Total Storage	亿立方米	10^8m^3	5541	5623	5841	6345	6924	7064
大型 Large Reservoir	座	unit	460	470	482	493	529	544
总库容 Total Storage	亿立方米	10^8m^3	4147	4197	4379	4836	5386	5506
中型 Medium Reservoir	座	unit	2869	2934	3000	3110	3181	3259
总库容 Total Storage	亿立方米	10^8m^3	796	826	852	883	910	921
小型 Small Reservoir	座	unit	81034	81173	81767	81809	82643	83348
总库容 Total Storage	亿立方米	10^8m^3	598	601	610	625	628	636
堤防 Embankment and Dyke	千米	km	277305	277450	280850	283770	286896	291420
保护耕地面积 Protected Cultivated Area	千公顷	10^3hm^2	43934	44121	45486	45518	45712	46547
保护人口 Protected Population	万人	10^4persons	53065	54174	55403	56487	57289	58978
水闸 Water Gate	座	unit	39313	39839	41209	41110	43829	42523
大型 Large Gate	座	unit	413	405	426	438	504	565
中型 Medium Gate	座	unit			3495	3531	4182	4661
小型 Small Gate	座	unit			37288	37141	39143	37297
除涝面积 Drainage Area	千公顷	10^3hm^2	21198	21340	21376	21419	21425	21584

2-2 历年已建成水库数量、库容和有效灌溉面积

Completed Reservoirs by Years

年份 Year	已建成水库 Completed Reservoirs 座数（座） Number (unit)	总库容（亿立方米） Total Storage Capacity (10^8m^3)	有效灌溉面积（千公顷） Effective Irrigated Area (10^3hm^2)	大型水库 Large Reservoir 座数（座） Number (unit)	总库容（亿立方米） Total Storage Capacity (10^8m^3)	有效灌溉面积（千公顷） Effective Irrigated Area (10^3hm^2)	中型水库 Medium Reservoir 座数（座） Number (unit)	总库容（亿立方米） Total Storage Capacity (10^8m^3)	有效灌溉面积（千公顷） Effective Irrigated Area (10^3hm^2)	小型水库 Small Reservoir 座数（座） Number (unit)	总库容（亿立方米） Total Storage Capacity (10^8m^3)	有效灌溉面积（千公顷） Effective Irrigated Area (10^3hm^2)
1973	72131	3650	11413	283	2767	4495	1833	436	2861	70015	447	4056
1974	74712	3549	13516	290	2644	5621	1860	488	3559	72562	417	4337
1975	73650	3624	14160	300	2667	5784	1982	504	3545	71368	453	4831
1976	78473	3888	16007	304	2879	7055	2057	331	3810	76112	478	5155
1977	81501	3948	16210	308	2887	7115	2129	558	3895	79064	503	5199
1978	84585	4012	16418	311	2896	7075	2205	585	4058	82069	531	5285
1979	86132	4081	16806	319	2945	7159	2252	593	4164	83561	543	5483
1980	86822	4130	15989	326	2975	6255	2298	605	4213	84198	550	5522
1981	86881	4169	15806	328	2989	6080	2333	622	4253	84220	558	5473
1982	86900	4188	15943	331	2994	6217	2353	632	4318	84216	562	5408
1983	86567	4208	15671	335	3007	6081	2367	640	4251	83865	561	5339
1984	84998	4292	15833	338	3068	6280	2387	658	4232	82273	566	5321
1985	83219	4301	15760	340	3076	6407	2401	661	4206	80478	564	5147
1986	82716	4432	15749	350	3199	6408	2115	666	4189	79951	567	5153
1987	82870	4475	15902	353	3233	6449	2428	672	4257	80089	570	5196
1988	82937	4504	15801	355	3252	6399	2462	681	4201	80120	571	5201
1989	82848	4617	15826	358	3357	6409	2480	688	4254	80010	572	5163
1990	83387	4660	15809	366	3397	6431	2499	690	4205	80522	573	5173
1991	83799	4678		367	3400		2524	698		80908	579	
1992	84130	4688		369	3407		2538	700		81223	580	
1993	84614	4717		374	3425		2562	707		81678	583	
1994	84558	4751		381	3456		2572	713		81605	582	
1995	84775	4797		387	3493		2593	719		81795	585	
1996	84905	4571		394	3260		2618	724		81893	587	
1997	84837	4583		397	3267		2634	729		81806	587	
1998	84944	4930		403	3595		2653	736		81888	598	
1999	85119	4499		400	3164		2681	743		82039	593	
2000	83260	5183		420	3843		2704	746		80136	593	
2001	83542	5280		433	3927		2736	758		80373	595	
2002	83960	5594		445	4230		2781	768		80734	596	
2003	84091	5657		453	4279		2827	783		80811	596	
2004	84363	5541		460	4147		2869	796		81034	598	
2005	84577	5623		470	4197		2934	826		81173	601	
2006	85249	5841		482	4379		3000	852		81767	610	
2007	85412	6345		493	4836		3110	883		81809	625	
2008	86353	6924		529	5386		3181	910		82643	628	
2009	87151	7064		544	5506		3259	921		83348	636	

2-3 2009年已建成水库数量和库容（按地区分）

Number and Storage Capacity of Completed Reservoirs in 2009 (by Regions)

地区	Region	已建成水库 Completed Reservoirs 座数（座）Number (unit)	总库容（万立方米）Total Storage Capacity (10^4m^3)	大型水库 Large Reservoir 座数（座）Number (unit)	总库容（万立方米）Total Storage Capacity (10^4m^3)	中型水库 Medium Reservoir 座数（座）Number (unit)	总库容（万立方米）Total Storage Capacity (10^4m^3)	小型水库 Small Reservoir 座数（座）Number (unit)	总库容（万立方米）Total Storage Capacity (10^4m^3)
合　计	**Total**	**87151**	**70636662**	**544**	**55062419**	**3259**	**9213526**	**83348**	**6360717**
北　京	Beijing	82	938716	4	880000	17	50388	61	8328
天　津	Tianjin	28	261544	3	223900	11	32256	14	5388
河　北	Hebei	1068	1613691	22	1387295	42	146685	1004	79711
山　西	Shanxi	731	567714	8	313503	57	164255	666	89957
内蒙古	Inner Mongolia	494	1632362	11	1276416	79	281566	404	74380
辽　宁	Liaoning	952	3598951	33	3279680	74	213052	845	106219
吉　林	Jilin	1642	3203667	16	2794657	99	272986	1527	136024
黑龙江	Heilongjiang	737	1751126	26	1295284	91	306888	620	148954
上　海	Shanghai								
江　苏	Jiangsu	909	1894007	8	1672671	42	120431	859	100905
浙　江	Zhejiang	4207	3962040	31	3272912	149	417222	4027	271906
安　徽	Anhui	4809	2805865	13	2208693	105	323347	4691	273825
福　建	Fujian	3120	1839831	20	1206534	153	386229	2947	247068
江　西	Jiangxi	9809	2936794	26	1741258	240	566483	9543	629053
山　东	Shandong	6283	2268031	37	1293994	210	610210	6036	363827
河　南	Henan	2352	4022690	23	3521310	108	302476	2221	198904
湖　北	Hubei	5801	10012741	63	8851376	253	711215	5485	450150
湖　南	Hunan	11824	3877723	26	2521122	300	741884	11498	614717
广　东	Guangdong	7424	4286749	34	2830092	305	850714	7085	605943
广　西	Guangxi	4370	3753260	38	2770864	185	536584	4147	445812
海　南	Hainan	995	952809	6	626658	72	219049	917	107103
重　庆	Chongqing	2831	556862	6	239447	59	147756	2766	169659
四　川	Sichuan	6752	2106476	11	1422070	109	288104	6632	396302
贵　州	Guizhou	2069	3542482	16	3216672	62	171983	1991	153827
云　南	Yunnan	5517	1289565	11	494760	181	448114	5325	346691
西　藏	Tibet	64	128948	3	108600	6	15437	55	4911
陕　西	Shaanxi	1012	765716	9	434860	58	226056	945	104800
甘　肃	Gansu	311	1029983	8	839280	38	141967	265	48736
青　海	Qinghai	157	3419393	7	3380600	10	20594	140	18199
宁　夏	Ningxia	224	260758	1	73500	28	128555	195	58703
新　疆	Xinjiang	577	1356169	24	884411	116	371042	437	100716

2-4 2009年已建成水库数量和库容（按水资源分区分）

Number and Storage Capacity of Completed Reservoirs in 2009 (by Water Resources Regions)

水资源一级区	Grade-Ⅰ Water Resources Region	已建成水库 Completed Reservoirs		大型水库 Large Reservoir		中型水库 Medium Reservoir		小型水库 Small Reservoir	
		座数（座） Number (unit)	总库容（万立方米） Total Storage Capacity (10^4m^3)	座数（座） Number (unit)	总库容（万立方米） Total Storage Capacity (10^4m^3)	座数（座） Number (unit)	总库容（万立方米） Total Storage Capacity (10^4m^3)	座数（座） Number (unit)	总库容（万立方米） Total Storage Capacity (10^4m^3)
合　计	**Total**	**87151**	**70636662**	**544**	**55062419**	**3259**	**9213526**	**83348**	**6360717**
松花江区	Songhua River	2304	5779261	44	4923041	185	577085	2075	279135
辽河区	Liaohe River	1241	4199797	41	3698196	121	361470	1079	140131
海河区	Haihe River	2094	3227656	34	2629698	150	428892	1910	169066
黄河区	Yellow River	2791	8419831	29	7400950	185	665837	2577	353044
淮河区	Huaihe River	8929	6208321	57	4772453	290	880808	8582	555060
长江区	Yangtze River	44948	24196415	174	18367944	1175	3027786	43599	2800685
其中：太湖区	Among Which: Taihu Lake	347	135221	5	80491	12	38401	330	16329
东南诸河区	Rivers in Southeast	7183	5697272	47	4410155	292	775893	6844	511224
珠江区	Pearl River	14922	10670267	83	7560251	637	1823700	14202	1286316
西南诸河区	Rivers in Southwest	1944	639185	6	315140	76	191420	1862	132625
西北诸河区	Rivers in Northwest	795	1598657	29	984591	148	480634	618	133432

2-5　2009 年已建成水库数量和库容（按水资源分区和地区分）

Number and Storage Capacity of Completed Reservoirs in 2009 (by Water Resources Regions and Regions)

地区	Region	已建成水库 Completed Reservoirs		大型水库 Large Reservoir		中型水库 Medium Reservoir		小型水库 Small Reservoir	
		座数（座） Number (unit)	总库容（万立方米） Total Storage Capacity (10^4m^3)	座数（座） Number (unit)	总库容（万立方米） Total Storage Capacity (10^4m^3)	座数（座） Number (unit)	总库容（万立方米） Total Storage Capacity (10^4m^3)	座数（座） Number (unit)	总库容（万立方米） Total Storage Capacity (10^4m^3)
松花江区	**Songhua River**	**2304**	**5779261**	**44**	**4923041**	**185**	**577085**	**2075**	**279135**
内蒙古	Inner Mongolia	47	1069024	3	1012300	13	50611	31	6113
吉　林	Jilin	1520	2959112	15	2615457	81	219586	1424	124069
黑龙江	Heilongjiang	737	1751126	26	1295284	91	306888	620	148954
辽河区	**Liaohe River**	**1241**	**4199797**	**41**	**3698196**	**121**	**361470**	**1079**	**140131**
内蒙古	Inner Mongolia	181	357555	7	239316	29	95018	145	23221
辽　宁	Liaoning	938	3597686	33	3279680	74	213052	831	104954
吉　林	Jilin	122	244555	1	179200	18	53400	103	11955
海河区	**Haihe River**	**2094**	**3227656**	**34**	**2629698**	**150**	**428892**	**1910**	**169066**
北　京	Beijing	82	938716	4	880000	17	50388	61	8328
天　津	Tianjin	28	261544	3	223900	11	32256	14	5388
河　北	Hebei	1068	1613691	22	1387295	42	146685	1004	79711
山　西	Shanxi	322	241359	4	127753	29	77443	289	36163
内蒙古	Inner Mongolia	23	22458			7	19944	16	2514
辽　宁	Liaoning	14	1264					14	1264
山　东	Shandong	391	72350			26	47370	365	24980
河　南	Henan	166	76273	1	10750	18	54806	147	10717
黄河区	**Yellow River**	**2791**	**8419831**	**29**	**7400950**	**185**	**665837**	**2577**	**353044**
山　西	Shanxi	409	326355	4	185750	28	86811	377	53794
内蒙古	Inner Mongolia	198	133216			22	98114	176	35102
山　东	Shandong	871	552551	3	430400	24	66384	844	55767
河　南	Henan	287	2575959	6	2509200	14	29252	267	37507
陕　西	Shaanxi	534	381347	5	109700	50	197853	479	73794
甘　肃	Gansu	128	806247	4	737300	12	45370	112	23577
青　海	Qinghai	140	3383398	6	3355100	7	13498	127	14800
宁　夏	Ningxia	224	260758	1	73500	28	128555	195	58703
淮河区	**Huaihe River**	**8929**	**6208321**	**57**	**4772453**	**290**	**880808**	**8582**	**555060**
江　苏	Jiangsu	413	1745834	5	1633491	18	61548	390	50795
安　徽	Anhui	2090	1713140	5	1429458	60	180330	2025	103352
山　东	Shandong	5021	1643131	34	863594	160	496456	4827	283081
河　南	Henan	1405	1106216	13	845910	52	142474	1340	117832

2-5 续表 continued

地区	Region	已建成水库 Completed Reservoirs 座数（座）Number (unit)	已建成水库 总库容（万立方米）Total Storage Capacity (10^4m^3)	大型水库 Large Reservoir 座数（座）Number (unit)	大型水库 总库容（万立方米）Total Storage Capacity (10^4m^3)	中型水库 Medium Reservoir 座数（座）Number (unit)	中型水库 总库容（万立方米）Total Storage Capacity (10^4m^3)	小型水库 Small Reservoir 座数（座）Number (unit)	小型水库 总库容（万立方米）Total Storage Capacity (10^4m^3)
长江区	**Yangtze River**	**44948**	**24196415**	**174**	**18367944**	**1175**	**3027786**	**43599**	**2800685**
上海	Shanghai								
江苏	Jiangsu	496	148172	3	39180	24	58883	469	50109
浙江	Zhejiang	329	122286	4	69291	12	38401	313	14594
安徽	Anhui	2534	1075037	8	779235	43	132174	2483	163628
江西	Jiangxi	9809	2936794	26	1741258	240	566483	9543	629053
河南	Henan	494	264242	3	155450	24	75944	467	32848
湖北	Hubei	5801	10012741	63	8851376	253	711215	5485	450150
湖南	Hunan	11563	3654721	25	2337722	290	711380	11248	605619
广西	Guangxi	72	27518	1	10783	3	8230	68	8505
重庆	Chongqing	2831	556862	6	239447	59	147756	2766	169659
四川	Sichuan	6752	2106476	11	1422070	109	288104	6632	396302
贵州	Guizhou	1579	2402347	14	2171112	43	114882	1522	116353
云南	Yunnan	2183	437499	5	173760	62	134152	2116	129587
陕西	Shaanxi	478	384369	4	325160	8	28203	466	31006
甘肃	Gansu	27	67352	1	52100	5	11980	21	3272
青海	Qinghai								
东南诸河区	**Rivers in Southeast**	**7183**	**5697272**	**47**	**4410155**	**292**	**775893**	**6844**	**511224**
浙江	Zhejiang	3878	3839754	27	3203621	137	378821	3714	257311
安徽	Anhui	185	17688			2	10843	183	6845
福建	Fujian	3120	1839831	20	1206534	153	386229	2947	247068
珠江区	**Pearl River**	**14922**	**10670267**	**83**	**7560251**	**637**	**1823700**	**14202**	**1286316**
湖南	Hunan	261	223002	1	183400	10	30504	250	9098
广东	Guangdong	7424	4286749	34	2830092	305	850714	7085	605943
广西	Guangxi	4298	3725742	37	2760081	182	528354	4079	437307
海南	Hainan	995	952809	6	626658	72	219049	917	107103
贵州	Guizhou	490	1140136	2	1045560	19	57101	469	37475
云南	Yunnan	1454	341829	3	114460	49	137979	1402	89390
西南诸河区	**Rivers in Southwest**	**1944**	**639185**	**6**	**315140**	**76**	**191420**	**1862**	**132625**
云南	Yunnan	1880	510237	3	206540	70	175983.4	1807	127714
西藏	Tibet	64	128948	3	108600	6	15437	55	4911
青海	Qinghai								
西北诸河区	**Rivers in Northwest**	**795**	**1598657**	**29**	**984591**	**148**	**480634**	**618**	**133432**
内蒙古	Inner Mongolia	45	50109	1	24800	8	17879	36	7430
甘肃	Gansu	156	156384	3	49880	21	84617	132	21887
青海	Qinghai	17	35995	1	25500	3	7096	13	3399
新疆	Xinjiang	577	1356170	24	884411	116	371042	437	100716

2-6 历年堤防长度、保护耕地、保护人口和达标长度

Length of Embankment and Dyke, Protected Farmland and Population, Conforming-to-Standard Embankment and Dyke by Years

年份 Year	长度（千米） Length (km)	保护耕地（千公顷） Protected Farmland (10^3hm^2)	保护人口（万人） Protected Population (10^4 persons)	累计达标堤防长度（千米） Accumulated Conforming-to-Standard Embankment and Dyke (km)	#1、2级堤防 Grade-Ⅰ and Grade-Ⅱ Embankment and Dyke	新增达标堤防长度（千米） Increase of Conforming-to-Standard Embankment and Dyke (km)	主要堤防 Key Embankment & Dyke		一般堤防 General Embankment & Dyke	
							长度（千米） Length (km)	保护面积（千公顷） Protected Farmland (10^3hm^2)	长度（千米） Length (km)	保护面积（千公顷） Protected Farmland (10^3hm^2)
1973	112966						48760		64206	
1974	145447	28891					47112	21416	98335	7475
1975	149141	29245					46041	19931	103100	9315
1976	158285	32204					46370	22521	111915	9683
1977	165774	32197					43110	20990	122664	11207
1978	164585	31924					44024	21235	120561	10689
1979	168276	32086					43349	20374	124927	11712
1980	170645	33621					43257	22363	127388	11258
1981	170644	33621					43256	22363	127388	11258
1982	170645	33621					43256	22363	127389	11258
1983	175499	33882					46125	22335	129374	11547
1984	178958	35459					53046	22912	125912	12547
1985	177048	31060					53739	20714	123309	10346
1986	185045	31665					55706	21279	129339	10387
1987	200175	32205					56067	21131	144108	11073
1988	203709	32330					56267	21115	147442	11215
1989	216979	31966					56634	20785	160345	11180
1990	225770	31616					57499	20954	168271	10661
1991	237746	29507					59536	18257	178210	11251
1992	242246	29565					60112	18521	182134	11044
1993	245130	30885					61140	18639	183990	12246
1994	245876	30246					61803	18337	184073	11910
1995	246680	30609					63423	18777	183257	11833
1996	248243	32686					64706	21638	183537	11048
1997	250815	40476					65729	26982	185086	13493
1998	258600	36289					69879	24840	188721	11449
1999	266278	38575					74021	26014	192257	12561
2000	270364	39595	46586				76769	27458	193595	12137
2001	273401	40671	47939	76532	15875	8369				
2002	273786	42862	50049	82395	21181	11426				
2003	275171	43875	51304	88030	22854	5634				
2004	277305	43934	53065	94634	22679	6647				
2005	277450	44121	54174	98147	23240	3856				
2006	280850	45486	55403	106334	23609	5883				
2007	283770	45518	56487	109349	24347	4243				
2008	286896	45712	57289	112837	25309	5115				
2009	291420	46547	58978	116739	26256	4515				

2-7 2009年堤防长度、保护耕地、保护人口和达标长度（按地区分）

Length of Embankment and Dyke, Protected Farmland and Population, Conforming-to-Standard Embankment and Dyke in 2009 (by Regions)

地区	Region	长度（千米） Length (km)	保护耕地（千公顷） Protected Farmland (10^3hm^2)	保护人口（万人） Protected Population (10^4persons)	累计达标堤防长度（千米） Accumulated Conforming-to-Standard Embankment and Dyke (km)	#1、2级堤防 Grade-Ⅰ and Grade-Ⅱ Embankment and Dyke	新增达标堤防长度（千米） Increase of Conforming-to-Standard Embankment and Dyke (km)	减少达标堤防长度（千米） Decrease of Conforming-to-Standard Embankment and Dyke (km)
合　计	**Total**	**291420**	**46547**	**58978**	**116739**	**26256**	**4515**	**653**
北　京	Beijing	1004	161	318	974	364		
天　津	Tianjin	4213	402	947	967	492	12	
河　北	Hebei	22025	3300	3136	1205	816		
山　西	Shanxi	4235	440	487	543	73	7	3
内蒙古	Inner Mongolia	5788	1524	943	2060	757	113	8
辽　宁	Liaoning	21555	1935	2019	8342	1357	994	85
吉　林	Jilin	7907	1250	1371	2487	1401	68	
黑龙江	Heilongjiang	12533	3018	1355	7176	170	26	8
上　海	Shanghai	3597	202	622	3597	1014		
江　苏	Jiangsu	52656	5876	7334	29486	5906	275	14
浙　江	Zhejiang	13588	1639	3858	7302	1724	400	121
安　徽	Anhui	20377	2382	3282	6943	1399	246	2
福　建	Fujian	5873	333	1277	2942	226	103	55
江　西	Jiangxi	9791	761	1202	2512	487	86	16
山　东	Shandong	15038	6650	6606	9153	2335	429	40
河　南	Henan	17239	8002	9058	6466	857	145	9
湖　北	Hubei	12721	1811	3129	4659	1970	53	37
湖　南	Hunan	5765	796	1617	3178	1718	116	56
广　东	Guangdong	16761	1094	3493	5086	1761	429	18
广　西	Guangxi	2805	270	824	603	97	63	22
海　南	Hainan	516	366	175	216	26	14	
重　庆	Chongqing	689	73	468	425	59	105	
四　川	Sichuan	3976	564	1407	1730	80	168	32
贵　州	Guizhou	1558	165	330	322	39	12	1
云　南	Yunnan	8385	380	675	1232	29	34	10
西　藏	Tibet	658	59	136	658	128	34	
陕　西	Shaanxi	6282	487	835	1566	326	249	67
甘　肃	Gansu	3505	217	438	1318	24	145	2
青　海	Qinghai	640	123	81	122	51	7	
宁　夏	Ningxia	577	310	309	511	19	32	40
新　疆	Xinjiang	9164	1957	1243	2958	551	150	7

2-8 2009年堤防长度、保护耕地、保护人口和达标长度（按水资源分区分）

Length of Embankment and Dyke, Protected Farmland and Population, Conforming-to-Standard Embankment and Dyke in 2009 (by Water Resources Regions)

水资源一级区	Grade-Ⅰ Water Resources Region	长度（千米） Length (km)	保护耕地（千公顷） Protected Farmland (10^3hm^2)	保护人口（万人） Protected Population (10^4 persons)	累计达标堤防长度（千米） Accumulated Conforming-to-Standard Embankment and Dyke (km)	#1、2级堤防 Grade-Ⅰ and Grade-Ⅱ Embankment and Dyke	新增达标堤防长度（千米） Increase of Conforming-to-Standard Embankment and Dyke (km)	减少达标堤防长度（千米） Decrease of Conforming-to-Standard Embankment and Dyke (km)
合 计	**Total**	**291420**	**46547**	**58978**	**116739**	**26256**	**4515**	**653**
松花江区	Songhua River	20595	4422	2902	10519	1559	208	8
辽河区	Liaohe River	25293	2542	2483	9522	2126	989	85
海河区	Haihe River	33792	5351	5863	6860	2613	27	6
黄河区	Yellow River	15525	10185	10013	4350	1361	430	91
淮河区	Huaihe River	67064	11846	13482	31412	5605	820	48
长江区	Yangtze River	74975	6367	12961	34522	8934	847	239
其中：太湖区	Among Which: Taihu Lake	14594	753	1794	12047	1205	1208	72
东南诸河区	Rivers in Southeast	18274	1708	4719	8813	1458	457	116
珠江区	Pearl River	22183	1851	4815	6520	1896	521	41
西南诸河区	Rivers in Southwest	4068	218	398	1162	142	60	10
西北诸河区	Rivers in Northwest	9652	2057	1340	3060	563	158	7

2-9　2009年堤防长度、保护耕地、保护人口和达标长度（按水资源分区和地区分）

Length of Embankment and Dyke, Protected Farmland and Population, Conforming-to-Standard Embankment and Dyke in 2009 (by Water Resources Regions and Regions)

地区	Region	长度（千米） Length (km)	保护耕地（千公顷） Protected Farmland (10^3hm^2)	保护人口（万人） Protected Population (10^4persons)	累计达标堤防长度（千米） Accumulated Conforming-to-Standard Embankment and Dyke (km)	#1、2级堤防 Grade-Ⅰ and Grade-Ⅱ Embankment and Dyke	新增达标堤防长度（千米） Increase of Conforming-to-Standard Embankment and Dyke (km)	减少达标堤防长度（千米） Decrease of Conforming-to-Standard Embankment and Dyke (km)
松花江区	**Songhua River**	**20595**	**4422**	**2902**	**10519**	**1559**	**208**	**8**
内蒙古	Inner Mongolia	1406	319	337	986	115	113	
吉林	Jilin	6656	1085	1210	2357	1274	68	
黑龙江	Heilongjiang	12533	3018	1355	7176	170	26	8
辽河区	**Liaohe River**	**25293**	**2542**	**2483**	**9522**	**2126**	**989**	**85**
内蒙古	Inner Mongolia	2520	442	303	1061	642		
辽宁	Liaoning	21522	1935	2019	8331	1357	989	85
吉林	Jilin	1251	165	161	130	127		
海河区	**Haihe River**	**33792**	**5351**	**5863**	**6860**	**2613**	**27**	**6**
北京	Beijing	1004	161	318	974	364		
天津	Tianjin	4213	402	947	967	492	12	
河北	Hebei	22025	3300	3136	1205	816		
山西	Shanxi	1279	119	147	251	73		2
内蒙古	Inner Mongolia	11		7				
辽宁	Liaoning	33			11		5	
山东	Shandong	3487	1055	878	3017	615	10	
河南	Henan	1741	314	430	435	252		4
黄河区	**Yellow River**	**15525**	**10185**	**10013**	**4350**	**1361**	**430**	**91**
山西	Shanxi	2956	321	341	292		7	1
内蒙古	Inner Mongolia	1688	755	270	13			8
山东	Shandong	1534	2728	2618	889	624	70	
河南	Henan	3606	5457	5492	539	347	19	
陕西	Shaanxi	2788	401	628	1067	310	196	40
甘肃	Gansu	1843	108	283	931	9	103	2
青海	Qinghai	534	105	73	108	51	3	
宁夏	Ningxia	577	310	309	511	19	32	40
淮河区	**Huaihe River**	**67064**	**11846**	**13482**	**31412**	**5605**	**820**	**48**
江苏	Jiangsu	37460	5059	5365	17833	3644	221	3
安徽	Anhui	8540	1794	2066	2869	608	124	
山东	Shandong	10017	2866	3110	5248	1096	349	40
河南	Henan	11046	2127	2941	5463	257	126	5

2-9 续表 continued

地区	Region	长度（千米）Length (km)	保护耕地（千公顷）Protected Farmland (10^3hm^2)	保护人口（万人）Protected Population (10^4persons)	累计达标堤防长度（千米）Accumulated Conforming-to-Standard Embankment and Dyke (km)	#1、2级堤防 Grade-Ⅰ and Grade-Ⅱ Embankment and Dyke	新增达标堤防长度（千米）Increase of Conforming-to-Standard Embankment and Dyke (km)	减少达标堤防长度（千米）Decrease of Conforming-to-Standard Embankment and Dyke (km)
长江区	**Yangtze River**	**74975**	**6367**	**12961**	**34522**	**8934**	**847**	**239**
上海	Shanghai	3597	202	622	3597	1014		
江苏	Jiangsu	15196	817	1969	11654	2262	54	12
浙江	Zhejiang	2530	274	443	1518	508	53	60
安徽	Anhui	10493	577	1190	3987	776	115	2
江西	Jiangxi	9791	761	1202	2512	487	86	16
河南	Henan	846	105	195	29			
湖北	Hubei	12721	1811	3129	4659	1970	53	37
湖南	Hunan	5697	783	1583	3110	1712	115	55
广西	Guangxi	230	16	15	8			
重庆	Chongqing	689	73	468	425	59	105	
四川	Sichuan	3976	564	1407	1730	80	168	32
贵州	Guizhou	1213	138	213	216	33	2	
云南	Yunnan	3059	124	225	280	16	4	
陕西	Shaanxi	3494	86	207	499	16	53	26
甘肃	Gansu	1430	36	91	295	3	37	
青海	Qinghai	13			5			
东南诸河区	**Rivers in Southeast**	**18274**	**1708**	**4719**	**8813**	**1458**	**457**	**116**
浙江	Zhejiang	11057	1365	3416	5784	1217	346	61
安徽	Anhui	1343	10	26	87	15	8	
福建	Fujian	5873	333	1277	2942	226	103	55
珠江区	**Pearl River**	**22183**	**1851**	**4815**	**6520**	**1896**	**521**	**41**
湖南	Hunan	68	12	34	68	6	1	1
广东	Guangdong	16761	1094	3493	5086	1761	429	18
广西	Guangxi	2575	253	809	595	97	63	22
海南	Hainan	516	366	175	216	26	14	
贵州	Guizhou	345	27	117	106	6	11	1
云南	Yunnan	1917	98	188	449		4	
西南诸河区	**Rivers in Southwest**	**4068**	**218**	**398**	**1162**	**142**	**60**	**10**
云南	Yunnan	3409	159	262	503	13	26	10
西藏	Tibet	658	59	136	658	128	34	
青海	Qinghai							
西北诸河区	**Rivers in Northwest**	**9652**	**2057**	**1340**	**3060**	**563**	**158**	**7**
内蒙古	Inner Mongolia	163	8	26				
甘肃	Gansu	232	73	64	92	12	4	
青海	Qinghai	93	18	8	9		4	
新疆	Xinjiang	9164	1957	1243	2958	551	150	7

2-10 历年水闸数量

Number of Water Gates by Years

单位：座 unit: unit

年份 Year	合计 Total	按过闸流量大小分 Classified According to Flow			按作用分 Classified According to Functions				
		大型 Large Gate	中型 Medium Gate	小型 Small Gate	分洪闸 Flood Diversion Gate	节制闸 Control Gate	排水闸 Drainage Gate	引水闸 Water Diversion Gate	挡潮闸 Tide Gate
1973	16942	160	1088	15694					
1974	21541	196	1286	20059					
1975	20998	224	1433	19341					
1976	23036	249	1513	21274					
1977	27073	256	1607	25210					
1978	25909	266	1732	23911					
1979	25694	241	1802	23651					
1980	26656	250	1783	24623					
1981	26834	252	1837	24745					
1982	24906	253	1949	22704					
1983	24980	263	1912	22805					
1984	24862	290	1941	22631					
1985	24816	294	1957	22565					
1986	25315	299	2032	22984					
1987	26131	299	2060	23772					
1988	26319	300	2060	23959					
1989	26739	308	2086	24345					
1990	27649	316	2126	25207					
1991	29390	320	2228	26842					
1992	30571	322	2296	27953					
1993	30730	325	2676	27729					
1994	31097	320	2740	28037					
1995	31434	333	2794	28307					
1996	31427	333	2821	28273					
1997	31697	340	2836	28521					
1998	31742	353	2910	28479					
1999	32918	359	3025	29534					
2000	33702	402	3115	30185					
2001	36875	410							
2002	39144	431							
2003	39834	416							
2004	39313	413							
2005	39839	405							
2006	41209	426	3495	37288					
2007	41110	438	3531	37141	2656	11663	14288	7562	4941
2008	41626	504	4182	36940	2647	11904	14381	7686	5008
2009	42523	565	4661	37297	2672	12824	14488	7895	4644

2-11 2009年水闸数量（按地区分）
Number of Water Gates in 2009 (by Regions)

单位：座 unit: unit

地区	Region	合计 Total	按过闸流量大小分 Classified According to Flow			按作用分 Classified According to Functions				
			大型 Large Gate	中型 Medium Gate	小型 Small Gate	分洪闸 Flood Diversion Gate	节制闸 Control Gate	排水闸 Drainage Gate	引水闸 Water Diversion Gate	挡潮闸 Tide Gate
合 计	**Total**	**42523**	**565**	**4661**	**37297**	**2672**	**12824**	**14488**	**7895**	**4644**
北 京	Beijing	325	13	34	278	6	198	104	17	
天 津	Tianjin	458	15	45	398	20	150	178	101	9
河 北	Hebei	1598	12	205	1381	80	729	408	331	50
山 西	Shanxi	218	2	33	183	35	105	9	69	
内蒙古	Inner Mongolia	112	5	16	91	33	20	3	56	
辽 宁	Liaoning	1177	61	320	796	34	314	187	592	50
吉 林	Jilin	445	2	16	427	39	29	271	106	
黑龙江	Heilongjiang	586	5	41	540	80	44	440	22	
上 海	Shanghai	389		52	337		276	59		54
江 苏	Jiangsu	3772	39	391	3342	128	2157	907	381	199
浙 江	Zhejiang	5197	13	272	4912	201	1547	1801	421	1227
安 徽	Anhui	2403	61	351	1991	283	885	1039	196	
福 建	Fujian	3749	19	209	3521	121	1009	1009	595	1015
江 西	Jiangxi	1181	30	271	880	128	313	407	333	
山 东	Shandong	1884	78	309	1497	115	1067	346	328	28
河 南	Henan	2665	21	278	2366	165	1082	1056	362	
湖 北	Hubei	3724	14	541	3169	287	626	1517	1294	
湖 南	Hunan	2331	9	74	2248	148	270	1376	537	
广 东	Guangdong	4517	91	532	3894	479	859	2148	543	488
广 西	Guangxi	2397	26	88	2283	70	37	608	166	1516
海 南	Hainan	237	2	18	217	2	39	106	82	8
重 庆	Chongqing	31	1	6	24	5	14	8	4	
四 川	Sichuan	140	5	22	113	15	54	50	21	
贵 州	Guizhou	1			1	1				
云 南	Yunnan	1543	5	158	1380	107	672	306	458	
西 藏	Tibet	76	2		74			9	67	
陕 西	Shaanxi	110	1	3	106	2	8	83	17	
甘 肃	Gansu	70	3	14	53		2	3	65	
青 海	Qinghai									
宁 夏	Ningxia	14		14					14	
新 疆	Xinjiang	1173	30	348	795	88	318	50	717	

2-12　2009 年水闸数量（按水资源分区分）

Number of Water Gates in 2009 (by Water Resources Regions)

单位：座　　　　unit: unit

水资源一级区	Grade- Ⅰ Water Resources Region	合计 Total	按过闸流量大小分 Classified According to Flow			按作用分 Classified According to Functions				
			大型 Large Gate	中型 Medium Gate	小型 Small Gate	分洪闸 Flood Diversion Gate	节制闸 Control Gate	排水闸 Drainage Gate	引水闸 Water Diversion Gate	挡潮闸 Tide Gate
合计	**Total**	**42523**	**565**	**4661**	**37297**	**2672**	**12824**	**14488**	**7895**	**4644**
松花江区	Songhua River	1001	7	55	939	106	70	714	111	
辽河区	Liaohe River	1278	65	332	881	64	327	187	650	50
海河区	Haihe River	3140	58	369	2713	153	1496	777	648	66
黄河区	Yellow River	803	16	93	694	51	218	205	329	
淮河区	Huaihe River	7298	150	1006	6142	474	3253	2719	673	179
长江区	Yangtze River	11845	80	1254	10511	805	3890	4480	2573	97
其中：太湖区	Among Which: Taihu Lake	2030	3	97	1930	18	1298	641	10	63
东南诸河区	Rivers in Southeast	7800	32	464	7304	309	1963	2271	1017	2240
珠江区	Pearl River	7753	121	694	6938	594	1113	3063	971	2012
西南诸河区	Rivers in Southwest	360	3	28	329	13	166	22	159	
西北诸河区	Rivers in Northwest	1245	33	366	846	103	328	50	764	

2-13 2009 年水闸数量（按水资源分区和地区分）

Number of Water Gates in 2009 (by Water Resources Regions and Regions)

单位：座 unit: unit

地区	Region	合计 Total	按过闸流量大小分 Classified According to Flow			按作用分 Classified According to Functions				
			大型 Large Gate	中型 Medium Gate	小型 Small Gate	分洪闸 Flood Diversion Gate	节制闸 Control Gate	排水闸 Drainage Gate	引水闸 Water Diversion Gate	挡潮闸 Tide Gate
松花江区	**Songhua River**	**1001**	**7**	**55**	**939**	**106**	**70**	**714**	**111**	
内蒙古	Inner Mongolia	29		2	27	2	2	3	22	
吉 林	Jilin	386	2	12	372	24	24	271	67	
黑龙江	Heilongjiang	586	5	41	540	80	44	440	22	
辽河区	**Liaohe River**	**1278**	**65**	**332**	**881**	**64**	**327**	**187**	**650**	**50**
内蒙古	Inner Mongolia	42	4	8	30	15	8		19	
辽 宁	Liaoning	1177	61	320	796	34	314	187	592	50
吉 林	Jilin	59		4	55	15	5		39	
海河区	**Haihe River**	**3140**	**58**	**369**	**2713**	**153**	**1496**	**777**	**648**	**66**
北 京	Beijing	325	13	34	278	6	198	104	17	
天 津	Tianjin	458	15	45	398	20	150	178	101	9
河 北	Hebei	1598	12	205	1381	80	729	408	331	50
山 西	Shanxi	62		4	58	12	11		39	
内蒙古	Inner Mongolia	5			5				5	
辽 宁	Liaoning									
山 东	Shandong	484	18	62	404	8	255	75	139	7
河 南	Henan	208		19	189	27	153	12	16	
黄河区	**Yellow River**	**803**	**16**	**93**	**694**	**51**	**218**	**205**	**329**	
山 西	Shanxi	156	2	29	125	23	94	9	30	
内蒙古	Inner Mongolia	4	1	2	1	1	2		1	
山 东	Shandong	153	12	10	131	19	4	56	74	
河 南	Henan	371		35	336	6	112	76	177	
陕 西	Shaanxi	86	1	3	82	2	6	61	17	
甘 肃	Gansu	19			19			3	16	
青 海	Qinghai									
宁 夏	Ningxia	14		14					14	
淮河区	**Huaihe River**	**7298**	**150**	**1006**	**6142**	**474**	**3253**	**2719**	**673**	**179**
江 苏	Jiangsu	2335	35	303	1997	123	1008	739	307	158
安 徽	Anhui	1630	46	242	1342	131	620	797	82	
山 东	Shandong	1247	48	237	962	88	808	215	115	21
河 南	Henan	2086	21	224	1841	132	817	968	169	

2-13 续表 continued

地区	Region	合计 Total	按过闸流量大小分 Classified According to Flow			按作用分 Classified According to Functions				
			大型 Large Gate	中型 Medium Gate	小型 Small Gate	分洪闸 Flood Diversion Gate	节制闸 Control Gate	排水闸 Drainage Gate	引水闸 Water Diversion Gate	挡潮闸 Tide Gate
长江区	**Yangtze River**	**11845**	**80**	**1254**	**10511**	**805**	**3890**	**4480**	**2573**	**97**
上　海	Shanghai	389		52	337		276	59		54
江　苏	Jiangsu	1437	4	88	1345	5	1149	168	74	41
浙　江	Zhejiang	1163	2	20	1141	18	604	539		2
安　徽	Anhui	756	13	106	637	147	254	242	113	
江　西	Jiangxi	1181	30	271	880	128	313	407	333	
河　南	Henan									
湖　北	Hubei	3724	14	541	3169	287	626	1517	1294	
湖　南	Hunan	2276	8	69	2199	146	270	1370	490	
广　西	Guangxi	1	1				1			
重　庆	Chongqing	31	1	6	24	5	14	8	4	
四　川	Sichuan	140	5	22	113	15	54	50	21	
贵　州	Guizhou									
云　南	Yunnan	712	2	79	631	54	327	98	233	
陕　西	Shaanxi	24			24		2	22		
甘　肃	Gansu	11			11				11	
青　海	Qinghai									
东南诸河区	**Rivers in Southeast**	**7800**	**32**	**464**	**7304**	**309**	**1963**	**2271**	**1017**	**2240**
浙　江	Zhejiang	4034	11	252	3771	183	943	1262	421	1225
福　建	Fujian	17	2	3	12	5	11		1	
安　徽	Anhui	3749	19	209	3521	121	1009	1009	595	1015
珠江区	**Pearl River**	**7753**	**121**	**694**	**6938**	**594**	**1113**	**3063**	**971**	**2012**
湖　南	Hunan	55	1	5	49	2		6	47	
广　东	Guangdong	4517	91	532	3894	479	859	2148	543	488
广　西	Guangxi	2396	25	88	2283	70	36	608	166	1516
海　南	Hainan	237	2	18	217	2	39	106	82	8
贵　州	Guizhou	1			1	1				
云　南	Yunnan	547	2	51	494	40	179	195	133	
西南诸河区	**Rivers in Southwest**	**360**	**3**	**28**	**329**	**13**	**166**	**22**	**159**	
云　南	Yunnan	284	1	28	255	13	166	13	92	
西　藏	Tibet	76	2		74			9	67	
青　海	Qinghai									
西北诸河区	**Rivers in Northwest**	**1245**	**33**	**366**	**846**	**103**	**328**	**50**	**764**	
内蒙古	Inner Mongolia	32		4	28	15	8		9	
甘　肃	Gansu	40	3	14	23		2		38	
青　海	Qinghai									
新　疆	Xinjiang	1173	30	348	795	88	318	50	717	

2-14 历年水旱灾害

Flood and Drought Disasters by Years

年份 Year	洪灾 Flood Disasters							旱灾 Drought Disasters		
	受灾（千公顷） Disaster-Affected Area (10^3hm^2)	成灾（千公顷） Damaged Area (10^3hm^2)	成灾率（%） Percentage of Damaged Area (%)	受灾人口（万人） Affected Population (10^4person)	死亡人口（人） Death Toll (person)	直接经济总损失（亿元） Total Direct Economic Loss (10^8yuan)	水利设施经济损失（亿元） Economic Loss of Water Facilities (10^8yuan)	受灾（千公顷） Disaster-Affected Area (10^3hm^2)	成灾（千公顷） Damaged Area (10^3hm^2)	成灾率（%） Percentage of Damaged Area (%)
1949	9282								52	
1950	6559	4710	71.8		1982			2398	589	24.6
1951	4173	1476	35.4		7819			7829	2299	29.4
1952	2794	1547	55.4		4162			4236	2565	60.6
1953	7187	3285	45.7		3308			8616	1341	15.6
1954	16131	11305	70.1		42447			2988	560	18.7
1955	5247	3067	58.5		2718			13433	4024	30.0
1956	14377	10905	75.9		10676			3127	2051	65.6
1957	8083	6032	74.6		4415			17205	7400	43.0
1958	4279	1441	33.7		3642			22361	5031	22.5
1959	4813	1817	37.8		4540			33807	11173	33.1
1960	10155	4975	49.0		6033			38125	16177	42.4
1961	8910	5356	60.1		5074			37847	18654	49.3
1962	9810	6318	64.4		4350			20808	8691	41.8
1963	14071	10479	74.5		10441			16865	9021	53.5
1964	14933	10038	67.2		4288			4219	1423	33.7
1965	5587	2813	50.3		1906			13631	8107	59.5
1966	2508	950	37.9		1901			20015	8106	40.5
1967	2599	1407	54.1		1095			6764	3065	45.3
1968	2670	1659	62.1		1159			13294	7929	59.6
1969	5443	3265	60.0		4667			7624	3442	45.1
1970	3129	1234	39.4		2444			5723	1931	33.7
1971	3989	1481	37.1		2323			25049	5319	21.2
1972	4083	1259	30.8		1910			30699	13605	44.3
1973	6235	2577	41.3		3413			27202	3928	14.4
1974	6431	2737	42.6		1849			25553	2296	9.0
1975	6817	3467	50.9		29653			24832	5318	21.4
1976	4197	1329	31.7		1817			27492	7849	28.5
1977	9095	4989	54.9		3163			29852	7005	23.5
1978	2820	924	32.8		1796			40169	17969	44.7
1979	6775	2870	42.4		3446			24646	9316	37.8
1980	9146	5025	54.9		3705			26111	12485	47.8
1981	8625	3973	46.1		5832			25693	12134	47.2

2-14 续表 continued

年份 Year	洪灾 Flood Disasters 受灾（千公顷）Disaster-Affected Area (10^3hm^2)	成灾（千公顷）Damaged Area (10^3hm^2)	成灾率（%）Percentage of Damaged Area (%)	受灾人口（万人）Affected Population (10^4person)	死亡人口（人）Death Toll (person)	直接经济总损失（亿元）Total Direct Economic Loss (10^8yuan)	水利设施经济损失（亿元）Economic Loss of Water Facilities (10^8yuan)	旱灾 Drought Disasters 受灾（千公顷）Disaster-Affected Area (10^3hm^2)	成灾（千公顷）Damaged Area (10^3hm^2)	成灾率（%）Percentage of Damaged Area (%)
1982	8361	4463	53.4		5323			20697	9972	48.2
1983	12162	5747	47.3		7238			16089	7586	47.2
1984	10632	5361	50.4		3941			15819	7015	44.3
1985	14197	8949	63.0		3578			22989	10063	43.8
1986	9155	5601	61.2		2761			31042	14765	47.6
1987	8686	4104	47.2		3749			24920	13033	52.3
1988	11949	6128	51.3		4094			32904	15303	46.5
1989	11328	5917	52.2		3270			29358	15262	52.0
1990	11804	5605	47.5		3589	239		18175	7805	42.9
1991	24596	14614	59.4		5113	779		24914	10559	42.4
1992	9423	4464	47.4		3012	413		32980	17049	51.7
1993	16387	8610	52.5		3499	642		21098	8659	41.0
1994	18859	11490	60.9	21523	5340	1797		30282	17049	56.3
1995	14367	8001	55.7	20070	3852	1653		23455	10374	44.2
1996	20388	11823	58.0	25384	5840	2208		20151	6247	31.0
1997	13135	6515	49.6	18067	2799	930		33514	20010	59.7
1998	22292	13785	61.8	18655	4150	2551	287	14237	5068	35.6
1999	9605	5389	56.1	13013	1896	930	132	30153	16614	55.1
2000	9045	5396	59.7	12936	1942	712	103	40541	26777	66.0
2001	7138	4253	59.6	11087	1605	623	98	38480	23702	61.6
2002	12384	7439	60.1	15204	1819	838	166	22207	13247	59.7
2003	20366	13000	63.8	22572	1551	1301	173	24852	14470	58.2
2004	7782	4017	51.6	10673	1282	714	113	17255	7951	46.1
2005	14967	8217	54.9	20026	1660	1662	249	16028	8479	52.9
2006	10522	5592	53.2	13882	2276	1333	208	20738	13411	64.7
2007	12549	5969	47.6	17698	1230	1123	177	29386	16170	55.0
2008	8867	4537	51.2	14047	633	955	172	12137	6798	56.0
2009	8748	3796	43.4	11102	538	846	148	29259	13197	45.1

2-15 2009年水旱灾害（按地区分）

Flood and Drought Disasters in 2009 (by Regions)

地区	Region	洪灾 Flood Disasters						旱灾 Drought Disasters	
		受灾（千公顷） Disaster-Affected Area (10^3hm^2)	成灾（千公顷） Damaged Area (10^3hm^2)	受灾人口（万人） Affected Population (10^4person)	死亡人口（人） Death Toll (person)	直接经济总损失（亿元） Total Direct Economic Loss (10^8yuan)	水利设施经济损失（亿元） Economic Loss of Water Facilities (10^8yuan)	受灾（千公顷） Disaster-Affected Area (10^3hm^2)	成灾（千公顷） Damaged Area (10^3hm^2)
合　计	**Total**	**8748.2**	**3795.8**	**11101.8**	**538**	**846.0**	**148.3**	**29258.8**	**13197.1**
北　京	Beijing							3.3	1.3
天　津	Tianjin								
河　北	Hebei	119.9	49.1	38.1	1	2.3	1.0	1543.9	1062.9
山　西	Shanxi	53.0	30.3	18.8	4	4.5	0.2	1384.0	966.1
内蒙古	Inner Mongolia	449.3	160.8	57.7	14	19.1	0.5	3890.1	1922.6
辽　宁	Liaoning	20.4	5.3	12.8		1.8	0.3	2083.7	971.8
吉　林	Jilin	37.0	15.5	13.5		2.3	0.4	2440.0	1471.3
黑龙江	Heilongjiang	1570.4	800.0	185.4		45.2	1.7	4871.7	1907.0
上　海	Shanghai	16.3	8.0	4.6		3.3			
江　苏	Jiangsu	329.4	71.0	186.5	3	10.4	1.1	598.5	198.9
浙　江	Zhejiang	430.8	220.0	967.3	8	116.4	23.7	22.5	5.7
安　徽	Anhui	522.8	194.7	746.8	8	42.4	5.7	909.0	52.0
福　建	Fujian	158.3	78.2	218.0	18	30.9	6.2	42.3	26.1
江　西	Jiangxi	482.6	300.7	922.0	9	52.7	12.4	621.3	261.0
山　东	Shandong	761.1	184.6	684.0	0	61.0	4.3	1174.7	814.7
河　南	Henan	100.0	32.8	120.5	0	6.1	0.6	1579.2	287.9
湖　北	Hubei	832.4	321.2	944.8	31	35.7	6.2	591.9	149.4
湖　南	Hunan	557.5	327.1	952.9	41	67.9	18.5	753.1	304.8
广　东	Guangdong	325.1	83.1	469.8	30	56.3	10.5	318.2	105.9
广　西	Guangxi	322.2	116.7	762.1	6	42.7	8.3	773.7	336.1
海　南	Hainan	106.4	85.0	312.1	10	10.0	3.3	13.3	1.9
重　庆	Chongqing	667.1	354.5	1656.2	145	111.3	9.2	136.6	46.9
四　川	Sichuan	319.4	118.5	920.8	69	41.4	21.8	742.8	241.7
贵　州	Guizhou	195.7	42.3	387.0	36	12.3	1.3	477.9	318.1
云　南	Yunnan	148.9	88.2	252.7	40	16.1	2.7	1036.7	416.0
西　藏	Tibet			4.0	5	1.3		27.2	9.8
陕　西	Shaanxi	60.7	24.7	67.7	11	6.6	2.1	800.0	333.3
甘　肃	Gansu	109.9	60.3	143.5	22	36.7	4.8	1542.0	494.7
青　海	Qinghai	12.8	3.7	9.5	3	5.9	0.5	33.9	17.0
宁　夏	Ningxia	30.0	15.3	29.4	16	1.0	0.2	307.7	106.0
新　疆	Xinjiang	8.6	4.3	13.4	8	2.4	0.7	539.6	366.2

2-16 历年除涝面积和治碱面积

Drainage and Saline Prevention Area by Years

单位：千公顷　　　　unit: 10^3hm^2

年份 Year	易涝面积 Waterlogging Area	除涝面积 合计 Total Drainage Area	3～5年 3～5 Years	5年以上 More than 5 Years	盐碱耕地面积 Area of Saline and Alkaline Farmland	盐碱耕地改良面积 Improved Area of Saline and Alkaline Farmland
1973	22016.00	15420.67	7032.67	8388.00	6754.00	3226.00
1974	23337.33	17370.00	7238.00	10132.00	6705.33	3652.67
1975	22080.67	16060.67	7042.67	9018.00	7062.00	3885.33
1976	22228.67	16688.67	7059.33	9629.33	7132.00	4186.00
1977	22277.33	16881.33	7219.33	9662.00	7262.00	4040.67
1978	22554.00	17281.33	7416.67	9864.67	7258.67	4131.33
1979	23218.00	17748.67	7539.33	10209.33	7302.00	4132.00
1980	23410.00	17847.33	7316.00	10531.33	7145.33	4235.33
1981	23776.67	17896.00	7174.00	10722.00	7243.33	4262.67
1982	23776.67	18092.67	7210.67	10882.00	7243.33	4265.33
1983	24066.00	18200.67	7194.67	11006.00	7357.33	4391.33
1984	24235.33	18399.33	7157.33	11242.00	7331.33	4474.00
1985	24086.67	18584.00	7217.33	11366.67	7692.00	4569.33
1986	24229.33	18760.67	7430.67	11330.00	7606.67	4623.33
1987	24337.33	18958.00	7521.33	11436.67	7636.00	4755.33
1988	24348.00	19064.00	7532.00	11532.00	7672.00	4830.00
1989	24425.33	19229.33	7566.00	11663.33	7538.67	4883.33
1990	24466.67	19336.66	7671.33	11665.33	7539.33	4995.09
1991	24424.00	19580.30	8004.00	11576.30	7617.83	5110.09
1992	24410.00	19769.76	7996.88	11772.88	7633.22	5210.21
1993		19883.48	8068.40	11815.08	7655.82	5304.62
1994		19678.55	8172.43	11506.12	7655.82	5350.83
1995		20055.64	8241.97	11813.67	7655.83	5433.91
1996		20278.74	8367.67	11911.07		5513.15
1997		20525.80	8540.54	11985.26		5612.25
1998		20680.73	8645.98	12034.75		5653.94
1999		20838.48	8878.23	11960.25		5736.82
2000		20989.70	8812.76	12176.94		5841.36
2001		21021.33	8841.33	12180.00		5750.67
2002		21097.11	8916.94	12180.17		5282.86
2003		21137.31	8918.54	12218.77		5864.59
2004		21198.00				5961.56
2005		21340.00	9272.60	12067.14		
2006		21376.31	9197.50	12178.80		
2007		21419.14	9208.24	12210.90		
2008		21424.55	9334.67	12089.87		
2009		21584.32	9370.59	12213.73		

2-17 2009 年除涝面积（按地区分）

Drainage Area in 2009 (by Regions)

单位：千公顷 unit: 10^3hm^2

地区	Region	除涝面积合计 Total Drainage Area	3～5 年 3～5 Years	5～10 年 5～10 Years	10 年以上 More than 10 Years	除涝面积 Drainage Area 新增 Newly-Increased	减少 Reduction
合 计	**Total**	**21584.32**	**9370.59**	**8423.36**	**3790.37**	**203.11**	**112.99**
北 京	Beijing	149.77			149.77		
天 津	Tianjin	386.33	107.71	212.72	65.90		1.09
河 北	Hebei	1647.51	801.78	759.94	85.79	0.18	
山 西	Shanxi	89.13	61.19	27.71	0.23	0.08	0.13
内蒙古	Inner Mongolia	277.00	157.76	84.87	34.37		
辽 宁	Liaoning	983.17	72.55	190.60	720.02	1.43	13.28
吉 林	Jilin	1021.32	141.20	353.41	526.71	0.20	
黑龙江	Heilongjiang	3315.97	2385.36	865.49	65.12	17.38	7.14
上 海	Shanghai	54.57	13.18	6.68	34.71	0.90	
江 苏	Jiangsu	2811.29	829.22	1245.78	736.29	28.53	17.48
浙 江	Zhejiang	496.61	129.41	191.70	175.50	2.14	1.70
安 徽	Anhui	2251.38	942.69	1219.94	88.76	15.54	3.49
福 建	Fujian	126.18	76.81	40.46	8.91	5.42	3.56
江 西	Jiangxi	370.61	180.02	174.39	16.20	2.66	0.99
山 东	Shandong	2623.40	1178.63	1314.36	130.41	21.40	7.23
河 南	Henan	1935.98	1371.42	557.73	6.83	77.20	49.43
湖 北	Hubei	1216.61	229.35	497.19	490.07	15.79	4.59
湖 南	Hunan	484.43	139.19	272.03	73.21	2.03	0.69
广 东	Guangdong	512.64	61.28	98.99	352.37	2.18	
广 西	Guangxi	208.76	120.20	87.49	1.07	1.04	0.15
海 南	Hainan	11.21	8.16	1.07	1.98	0.48	1.57
重 庆	Chongqing						
四 川	Sichuan	92.64	50.91	39.47	2.26	1.35	0.05
贵 州	Guizhou	52.38	30.59	19.50	2.30	1.91	
云 南	Yunnan	249.15	169.86	71.04	8.25	4.74	0.08
西 藏	Tibet	22.34	8.04	13.87	0.43		
陕 西	Shaanxi	130.82	71.42	54.17	5.23	0.55	0.34
甘 肃	Gansu	12.48	6.32	2.02	4.14		
青 海	Qinghai						
宁 夏	Ningxia	10.50	10.50				
新 疆	Xinjiang	40.16	15.86	20.75	3.55		

2-18 2009 年除涝面积（按水资源分区分）

Drainage Area in 2009 (by Water Resources Regions)

单位：千公顷 unit: 10^3hm^2

水资源一级区	Grade-Ⅰ Water Resources Region	除涝面积合计 Total Drainage Area	3～5 年 3～5 Years	5～10 年 5～10 Years	10 年以上 More than 10 Years	除涝面积 Drainage Area 新增 Newly-Increased	减少 Reduction
合 计	**Total**	**21584.32**	**9370.59**	**8423.36**	**3790.37**	**203.11**	**112.99**
松花江区	Songhua River	4265.94	2597.48	1143.76	524.70	17.38	7.14
辽河区	Liaohe River	1288.22	132.25	334.95	821.02	1.63	13.28
海河区	Haihe River	3218.15	1388.16	1493.88	336.11	16.90	5.93
黄河区	Yellow River	604.21	391.55	186.42	26.24	12.04	9.76
淮河区	Huaihe River	6722.79	3211.59	2961.93	549.27	92.33	46.35
长江区	Yangtze River	4126.06	1140.52	1873.19	1112.34	48.17	23.78
其中：太湖区	Among Which: Taihu Lake	486.67	50.43	137.24	299.00	6.56	4.68
东南诸河区	Rivers in Southeast	397.12	182.13	159.27	55.72	7.25	4.95
珠江区	Pearl River	816.96	239.05	218.45	359.46	4.48	1.75
西南诸河区	Rivers in Southwest	103.37	70.65	30.76	1.96	2.93	0.05
西北诸河区	Rivers in Northwest	41.50	17.20	20.75	3.55		

2-19 2009 年除涝面积（按水资源分区和地区分）

Drainage Area in 2009 (by Water Resources Regions and Regions)

单位：千公顷 unit: 10^3hm^2

地区	Region	除涝面积合计 Total Drainage Area	3～5 年 3～5 Years	5～10 年 5～10 Years	10 年以上 More than 10 Years	除涝面积 Drainage Area 新增 Newly-Increased	减少 Reduction
松花江区	**Songhua River**	**4265.94**	**2597.48**	**1143.76**	**524.70**	**17.38**	**7.14**
内蒙古	Inner Mongolia	106.86	89.85	17.01			
吉　林	Jilin	843.11	122.27	261.26	459.58		
黑龙江	Heilongjiang	3315.97	2385.36	865.49	65.12	17.38	7.14
辽河区	**Liaohe River**	**1288.22**	**132.25**	**334.95**	**821.02**	**1.63**	13.28
内蒙古	Inner Mongolia	126.84	40.77	52.20	33.87		
辽　宁	Liaoning	983.17	72.55	190.60	720.02	1.43	13.28
吉　林	Jilin	178.21	18.93	92.15	67.13	0.20	
海河区	**Haihe River**	**3218.15**	**1388.16**	**1493.88**	**336.11**	**16.90**	**5.93**
北　京	Beijing	149.77			149.77		
天　津	Tianjin	386.33	107.71	212.72	65.90		1.09
河　北	Hebei	1647.51	801.78	759.94	85.79	0.18	
山　西	Shanxi	32.48	22.68	9.57	0.23	0.08	
内蒙古	Inner Mongolia	0.91	0.91				
辽　宁	Liaoning						
山　东	Shandong	810.10	302.45	473.75	33.90	2.14	0.12
河　南	Henan	191.05	152.63	37.90	0.52	14.50	4.72
黄河区	**Yellow River**	**604.21**	**391.55**	**186.42**	**26.24**	**12.04**	**9.76**
山　西	Shanxi	56.65	38.51	18.14			0.13
内蒙古	Inner Mongolia	42.39	26.23	15.66	0.50		
山　东	Shandong	91.51	28.09	46.90	16.52	0.81	0.02
河　南	Henan	280.16	223.10	53.25	3.81	10.78	9.27
陕　西	Shaanxi	119.57	64.52	50.45	4.60	0.45	0.34
甘　肃	Gansu	3.43	0.60	2.02	0.81		
青　海	Qinghai						
宁　夏	Ningxia	10.50	10.50				
淮河区	**Huaihe River**	**6722.79**	**3211.59**	**2961.93**	**549.27**	**92.33**	**46.35**
江　苏	Jiangsu	2044.05	694.92	947.25	401.88	16.68	5.06
安　徽	Anhui	1716.42	822.71	828.81	64.90	14.29	3.03
山　东	Shandong	1721.79	848.09	793.71	79.99	18.45	7.09
河　南	Henan	1240.53	845.87	392.16	2.50	42.91	31.17

2-19 续表 continued

地区	Region	除涝面积合计 Total Drainage Area	3～5年 3～5 Years	5～10年 5～10 Years	10年以上 More than 10 Years	除涝面积 Drainage Area 新增 Newly-Increased	减少 Reduction
长江区	**Yangtze River**	**4126.06**	**1140.52**	**1873.19**	**1112.34**	**48.17**	**23.78**
上 海	Shanghai	54.57	13.18	6.68	34.71	0.90	
江 苏	Jiangsu	767.24	134.30	298.53	334.41	11.85	12.42
浙 江	Zhejiang	226.66	24.96	73.01	128.69	0.34	0.31
安 徽	Anhui	533.97	119.11	391.01	23.86	1.22	0.46
江 西	Jiangxi	370.61	180.02	174.39	16.20	2.66	0.99
河 南	Henan	224.24	149.82	74.42		9.01	4.27
湖 北	Hubei	1216.61	229.35	497.19	490.07	15.79	4.59
湖 南	Hunan	481.34	136.84	271.29	73.21	2.03	0.68
广 西	Guangxi	1.83	1.41	0.42			
重 庆	Chongqing						
四 川	Sichuan	92.64	50.91	39.47	2.26	1.35	0.05
贵 州	Guizhou	34.84	17.54	15.45	1.86	1.34	
云 南	Yunnan	102.56	71.82	27.62	3.12	1.59	0.01
陕 西	Shaanxi	11.25	6.90	3.72	0.63	0.10	
甘 肃	Gansu	7.71	4.38		3.33		
青 海	Qinghai						
东南诸河区	**Rivers in Southeast**	**397.12**	**182.13**	**159.27**	**55.72**	**7.25**	**4.95**
浙 江	Zhejiang	269.95	104.45	118.69	46.81	1.80	1.39
安 徽	Anhui	0.99	0.87	0.12		0.03	
福 建	Fujian	126.18	76.81	40.46	8.91	5.42	3.56
珠江区	**Pearl River**	**816.96**	**239.05**	**218.45**	**359.46**	**4.48**	**1.75**
湖 南	Hunan	3.09	2.35	0.74			0.01
广 东	Guangdong	512.64	61.28	98.99	352.37	2.18	
广 西	Guangxi	206.93	118.79	87.07	1.07	1.04	0.15
海 南	Hainan	11.21	8.16	1.07	1.98	0.48	1.57
贵 州	Guizhou	17.54	13.05	4.05	0.44	0.57	
云 南	Yunnan	65.56	35.43	26.53	3.6	0.22	0.02
西南诸河区	**Rivers in Southwest**	**103.37**	**70.65**	**30.76**	**1.96**	**2.93**	**0.05**
云 南	Yunnan	81.03	62.61	16.89	1.53	2.93	0.05
西 藏	Tibet	22.34	8.04	13.87	0.43		
青 海	Qinghai						
西北诸河区	**Rivers in Northwest**	**41.50**	**17.20**	**20.75**	**3.55**		
内蒙古	Inner Mongolia						
甘 肃	Gansu	1.34	1.34				
青 海	Qinghai						
新 疆	Xinjiang	40.16	15.86	20.75	3.55		

主要统计指标解释

已建成水库座数 在江河上筑坝（闸）所形成的能拦蓄水量、调节径流的蓄水区的数量。

大型水库：总库容在1亿立方米及以上。

中型水库：总库容在1000万（含1000万）～1亿立方米。

小型水库：库容在10万（含10万）～1000万立方米。

水库库容 从设计规模和统计角度规定如下。

（1）总库容：即校核水位以上的库容。包括死库容、兴利库容、防洪库容（减掉和兴利库容重复部分）之综合，称总库容。

（2）兴利库容：一般为正常高水位至死水位之间的库容。

（3）调洪库容或防洪库容：指校核洪水位与防洪限制水位（也叫汛期限制水位）之间的库容。防汛限制水位，是水库在汛期的下限水位，这个水位以上的库容在汛期专供滞蓄防洪标准内的洪水使用，洪水到来之前水库蓄水不允许超过此水位。

堤防长度 建成或基本建成的在江、河、湖、海岸边用于防洪、防潮的工程长度之总和，包括新中国成立前建成以及需要加固加高培厚的老堤防。但不包括单纯除涝河道的堤防和弃土形成的堤防，也不包括子埝和生产堤。所谓基本建成，是指按设计标准已经完成并能发挥设计效益，但还留有少量尾工的工程。

堤防保护人口 报告期堤防保护范围内的全部人口数。也就是假设河流在设计最大洪水通过时，如没有堤防或一旦堤防决口，所能淹及的最大范围内在报告期当年年末全部人口数。

堤防保护耕地面积 堤防保护范围内的耕地。即按设计最大洪水通过时，假设不修堤防的情况下，洪水所能淹及的最大范围内的耕地面积。

累计达标堤防长度 根据国家《防洪标准》（GB 50201—94）和江河防洪规划，已达到国家所认定的堤防等级的堤防长度。根据现行国家《防洪标准》规定，由于堤防保护的耕地面积和人口不同，以及城市、工矿企业、交通干线等防护对象的重要性程度不同，堤防工程的防洪标准不一样。达标堤防是指按国家标准堤防工程设计规范进行堤防工程标准设计，施工完成后达到设计规定要求的堤防。

堤防工程的级别 按防洪标准分为五个级别。堤防工程防护对象的防洪标准应按照现行国家标准《防洪标准》确定。

主要堤防 保护耕地面积在30万亩以上（包括30万亩）或保护重要工矿、企业、交通干线、国防设施、机场、主要城镇的河道堤防及海堤（海塘）。

水闸数量 水利工程中用以控制水流、水位、通航的水工建筑物的数量。关闭或开启闸门起到调节闸上、下游水位，控制泄流以达到防洪、引水、排水、通航、发电等作用。按流量划分：大型水闸指校核过闸流量1000立方米每秒及以上水闸；中型水闸指校核过闸流量100～1000立方米每秒的水闸；小型水闸指校核过闸流量10～100立方米每秒的水闸。流量不够10立方米每秒，不予统计。

分洪闸 为了保护河道下游堤防及重要城镇、工厂、矿区的安全，在河道遇到特大洪水时宣泄部分洪水进入湖泊、洼地等分洪区（或滞洪区）中，以消减洪峰，免除洪水泛滥所造成的灾害而在河岸边修的水闸。

节制闸 为控制河渠、湖泊水位，保证引水、供水要求而修建的水闸。这种闸一般是拦河、渠而修建的，又称拦河闸。

排水闸 为排除内涝积水在河道两岸修建的闸。或在分洪区（或滞洪闸）出口处设置的尾水闸、退水闸。

引水闸（渠首闸） 从河流、湖泊、水库中引水进行灌溉、发电等而在引水源口处设置的水闸，其功能主要是引水。

挡潮闸 在沿海河口附近修建的发挥排水、挡潮作用的水闸。

洪灾 因降水、融雪、冰凌、溃堤及风暴潮等造成的洪水泛滥、内涝、溃害和由暴雨造成的山洪、泥石流等灾害。由降雪、大风、冰雹等造成的灾害不属于洪涝灾害。

洪灾受灾面积 因洪灾造成农作物比正常年份减产的播种面积（含成灾、绝收面积）。

洪灾成灾面积 因洪涝灾害造成农作物比正常年减产三成或（含三成）以上的播种面积。农作物绝收面积是指因洪涝灾害造成的农作物比正常年减产八成（含八成）以上的播种面积。

旱灾 自然降水时空不均匀，在数量上不能满足正常供水的现象。即因降水、融雪等自然降水减少和上游来水、水利工程供水减少等农作物需用水得不到最基本的需要而产生的灾害。

旱灾受灾面积 “轻旱”与“重旱”、“干枯”面积之和。

旱灾成灾面积 “重旱”面积与“干枯”面积之和。

“轻旱”指对农作物正常生长有影响。旱作区：作物在播种后或生长期间，土壤墒情低于作物的需水量造成出苗率低于八成，作物叶子出现萎蔫或20厘米耕作层土壤相对湿度低于60%但大于等于40%。水稻区：田间严重缺水，稻田发生龟裂，禾苗出现枯萎死苗。

“重旱”指对作物生长和作物产量有较大影响。旱作区：出苗率低于六成；叶子枯萎或有死苗现象；20厘米耕作层土壤相对湿度小于40%。水稻区：田间严重缺水，稻田发生龟裂，禾苗出现枯萎死苗。

“干枯”指出苗率低于三成，作物大面积枯死或需毁种。

易涝面积　抗涝能力标准低的低洼涝耕地面积。2003年年报开始只统计“十五”现状数，即2001年初的时点数，包括未治理的易涝耕地面积和排涝设施严重老化毁损的易涝面积。

除涝面积　通过水利工程如围埝、抽水等对易涝面积进行治理，使易涝耕地免除淹涝称除涝面积。按除涝的标准分为3～5年、5～10年和10年以上。易涝面积虽经过治理，但标准尚未达到3年一遇标准的，不作为除涝面积统计。

盐碱耕地面积　土壤中含有盐碱、影响农作物生长甚至接近不能耕种的面积。

盐碱耕地改良面积　在新、老盐碱耕地上进行水利、农业和土壤改良等措施，在正常年景使农作物出苗率达到70%以上的面积。

Explanatory Notes of Main Statistical Indicators

Number of Completed Reservoirs The number of storage area that is formed by constructing dams (gates) to detain and store water resources and regulate water flow.

Large reservoir: the total storage capacity is over 100 million m^3 (including 100 million m^3).

Medium reservoir: the total storage capacity is between 10 million m^3 (including 10 million m^3) to 100 million m^3.

Small reservoir: the total storage capacity is between 0.1 million m^3 (including 0.1 million m^3) to 10 million m^3.

Storage capacity of reservoir It is defined on the basis of design scale and statistic perspective.

1. Total storage capacity: refers to storage capacity above the check water level, total storage capacity includes dead storage capacity, usable storage capacity, and flood control storage capacity (deducting the repeating part of usable storage).

2. Usable storage capacity: refers to storage capacity between normal high water level to dead water level.

3. Flood regulation capacity or flood control storage capacity: refers to storage capacity between check floodwater level to flood limited water level (also termed limited water level in flood season). Flood limited water level is the lower limit water level of reservoir in flood season. The storage capacity above the lower limit level is only used to detain floodwater in flood season in line with flood control standard; before floodwater comes, water level of reservoirs is not allowed to exceed this limit.

Length of Embankment The total length of embankment is the sum of completed or basically completed levees or dykes along the river and lake, sea dike, polder and flood control wall etc., including old embankment built before the founding of People's Republic of China in 1949 and those need to be strengthened, heightened and thickened, but excluding embankment purely for waterlogging control and spoil dike, as well as sub-cofferdam or production dikes. Basically completed embankment refers to the project with a few works to end up, but has been completed and generated benefit according to design.

Embankment protected population Total population protected by embankment during report period. In another word, the total population inundated by flood as a maximum at the end of the year when the design maximum flood passes river courses and if no embankment or break of embankment exist.

Embankment protected farmland Cultivated land under the protection of embankment, i.e. inundated farmland of flood as a maximum if design maximum flood passes and no embankment exists.

Accumulated length of up-to-standard embankment Total length of embankment that has reached national standard, in accordance of "National Standards for Flood Control" and river flood control planning. According to the current "National Standards for Flood Control", the flood control standards of embankment are given differently in accordance with protected cultivated area and population and importance of protected target such as city, industrial and mining enterprises or key transportation lines. The up-to-standard embankment refers to those designed and constructed according to national standards, and meet the requirement of original design after completion.

Classification of embankment project Classification of embankment is divided into five categories according to flood control standards; flood control standard of protected target of embankment are determined by the current National Standards for Flood Control.

Key embankment and dyke Embankment or levees along the river or sea dikes used for protecting farmlands of above 300,000 mu (including 300,000 mu), or important pastures land, and those areas less than 300,000 mu but where have important mine, enterprise, transportation line, national defense facilities, airport and key cities and towns.

Number of Water gates The number of hydraulic structures employed for controlling flow and water level and for navigation. When the gate is open or close, water level at upper and down stream and discharge can be controlled in order to realize flood prevention, water diversion, drainage, navigation, and power generation. According to water flow, large size refers to the gate with a check flow of 1000 m^3/s or above; medium size refers to gate with a check flow of 100～1000 m^3/s, and small size refers to gate with a check flow of 10～100 m^3/s. The gate with a check flow less than 10 m^3/s is not included.

Flood diversion gates Water gates are constructed beside river banks to protect the safety of dikes, major cities, factories, mines in lower reaches, and to drain water into lakes, low ground or flood detention basins to reduce flood peaks for preventing flood disasters when severe flood happens.

Control gate Water gates are built to control water level of rivers, canals or lakes to ensure water diversion and water supply. Water control gates are also termed barrage gates.

Drainage gates Water gates are located beside river banks to drain waterlogging, or constructed in the outlets of flood detention basins (flood retarding gates) as tail locks and waste locks.

Water diversion gates (head gates) Water gates are built in water sources to divert water from rivers, lakes and reservoirs to irrigate, generate hydropower, etc., and the main purpose is to divert water.

Tide gates Water gates are located in coastal estuaries to drain water or prevent tides.

Flood disasters Flood and inland inundation caused by rainfall, snow melting, river ice jam, dam failure, storm tide, etc., as well as mountain flood and debris flow caused by rainstorm. Those disasters induced by snow, strong wind and hailstorm are excluded from water disasters.

Flood affected area Crop farmland damaged by flood disasters, i.e. cultivated area where crops yield is less than normal years due to flood (including the area of no harvest).

Flood damaged area Cultivated area where crop yield is three times less or lesser than normal years due to flood. No yield area refers to the cultivated area where crops yield is eight times less or lesser than normal years.

Drought disasters It refers to the phenomenon that normal water supply cannot be met in quantity due to uneven precipitation distribution. In another ward, it refers to the disaster caused by water shortage and basic water need of crop cannot be satisfied because of decrease of natural precipitation, less coming water from upstream and shortage of water supply of waterworks.

Drought disaster affected area The sum of area in "moderate drought", "severe drought" or "dry out".

Drought damaged area The sum of area in "severe drought" or "dry out".

"Moderate drought" means normal growth of crop is affected. Dry crop area: percentage of seedling emergence is less than 80% because soil moisture content is lower than the water demand of crops. Leaves of crops wither or relative humidity of soil in 20cm plow layer is less than 60% but higher or equal to 40%. Paddy field: water is in severe shortage in the field, for field is cracked and rice seedlings is withered or died.

"Severe drought" means growth and production of crop is seriously affected. Dry crop area: percentage of seedling emergence is lower than 60%; leaves of crops wither or die; relative humidity of soil in 20cm plow layer is less than 40%. Paddy field: water shortage is very serious in the field, for field is cracked and rice seedlings is withered or died.

"Dry out" means percentage of seedling emergence is less than 30%, and crops die and need to be replanted.

Waterlogging area Farmland are low-lying and in a low waterlogging control capacity. Starting from 2003 annual report, only statistic of current status in the 10th Five-Year Plan Period is included, i.e. the data of early 2001 include waterlogging-prone farmland areas without control measures or with severely damaged or aged waterlogging control facilities.

Drainage area The controlled area of prone-waterlogging farmland by waterworks such as cofferdams and water pump. The standard of waterlogging control can be divided into 3～5 years, 5～10 years and above 10 years. The area of waterlogging farmland with control measures but has not reach to the standard of once in three years return period, are excluded from waterlogging control areas.

Area of saline and alkaline farmland The area cannot be or almost cannot be cultivated because the soil contains salt and alkaline that affects the growing of crops.

Improved area of saline and alkaline farmland Percentage of seedling emergence is at and above 70% in normal years in the old or new saline and alkaline farmland through measures of water conservation, agriculture and soil improvement.

3 农业灌溉

Agricultural Irrigation

简要说明

农业灌溉统计资料主要包括农田水利设施的数量和产生的效益，分为灌溉面积、灌区、机电排灌站以及节水灌溉面积等四大类。

农业灌溉资料按水资源一级分区和地区分组。

1. 灌溉面积统计范围：已建成或基本建成的灌溉工程、水利综合利用工程、农田水利工程的灌溉面积，包括水利、农业等部门建设的灌溉面积。

2. 按有效灌溉面积达到万亩以上的统计口径调整2008年数据。

3. 节水灌溉面积只统计利用工程措施节水的面积。

4. 万亩以上灌区、机电排灌站历史资料汇总1973年至今数据；灌溉面积、农田排灌机械、机电灌溉面积历史资料汇总1949年至今数据；机电井历史资料汇总1961年至今数据。

Brief Introduction

Statistical data of agricultural irrigation mainly covers number of farm irrigation facility and benefit generation, and is divided into four types of irrigated area, irrigation district, electromechanical irrigation station and water-saving irrigated area.

The data of agricultural irrigation is grouped in accordance with Grade-Ⅰ water resources regions and regions.

1. Statistical scope of irrigated area covers irrigation areas of completed irrigation projects or almost, multiple-purpose water projects, irrigation and drainage works. The data includes the irrigated area constructed by water departments and others.

2. As effective irrigated area up to ten thousand mu, the statistics of number of irrigation district and effective irrigated area in 2008 were adjusted.

3. Water-saving irrigated area only includes those with structure measures.

4. Historical data of irrigation district with an irrigated area up to ten thousand mu and electro-mechanical drainage station are collected from 1973 until present. Data of irrigated area, farmland mechanical equipment for irrigation and drainage, electro-mechanical irrigated area are collected from 1949 until present; the data of electro-mechanical wells are collected from 1961 until present.

3-1 主 要 指 标

Key Indicators

指标名称	Item	单位	unit	2004	2005	2006	2007	2008	2009
灌溉面积	Irrigated Area	千公顷	10^3hm^2	61511	61898	62559	63413	64120	65165
农田有效灌溉面积	Effective Irrigated Area	千公顷	10^3hm^2	56252	56563	57078	57782	58472	59261
占耕地面积	In Total Cultivated Area	%	%	43.26	43.50	43.89	47.47	48.03	48.69
林地灌溉面积	Irrigated Area of Forest Land	千公顷	10^3hm^2	1573	1637	1562	1598	1649	1775
牧草灌溉面积	Irrigated Area of Grassland	千公顷	10^3hm^2	1185	1172	1201	1225	1214	1247
农田有效实灌面积	Actual Irrigated Area	千公顷	10^3hm^2	47784	47969	49024	49937	50666	51807
占有效灌溉面积	In Total Effective Irrigated Area	%	%	84.95	84.81	85.89	86.42	86.65	87.42
节水灌溉面积	Water-Saving Irrigated Area	千公顷	10^3hm^2	20346	21338	22426	23489	24436	25755
万亩以上灌区数量	Irrigation District of 10,000 mu and above	处	unit	5800	5860	5894	5869	5851	5844
其中：30 万亩以上	Among Which: Irrigated Area up to 300,000 mu and above	处	unit	280	287	285	294	325	335
万亩以上灌区农田有效灌溉面积	Effective Irrigated Area with an Area of 10,000 mu and above	千公顷	10^3hm^2	25506	26419	28021	28341	29440	29562
其中：30 万亩以上	Among Which: Irrigated Area up to 300,000 mu and above	千公顷	10^3hm^2	13771	14310	14613	14667	15401	15575
机电排灌面积	Irrigated and Drainage Area with Mechinical and Electrical Equipment	千公顷	10^3hm^2	36979	37868	37563	38716	39277	40016
其中：机电提灌面积	Among Which: Lifting Irrigated Area	千公顷	10^3hm^2	32873	33517	33091	34265	34659	35581
排灌机械保有量	Registerred Irrigation and Drainange Mechinery and Equipment	千千瓦	10^3kW	82159	82469	85443	86684	85883	87530
固定机电排灌站	Fixed Irrigation and Drainage Stations	万处	10^4unit	49.42	48.99	47.33	44.35	44.62	44.65

3-2 历年万亩以上灌区数量和有效灌溉面积

Irrigation District with an Area above 10,000 mu by Years

年份 Year	合计 Total		50 万亩以上灌区 Irrigated Area up to 500,000 mu and above		30 万～50 万亩灌区 Irrigated Area from 300,000 to 500,000 mu	
	处数（处） Number (unit)	农田有效灌溉面积（千公顷） Effective Irrigated Area (10^3hm^2)	处数（处） Number (unit)	农田有效灌溉面积（千公顷） Effective Irrigated Area (10^3hm^2)	处数（处） Number (unit)	农田有效灌溉面积（千公顷） Effective Irrigated Area (10^3hm^2)
1973	5073	17494	74	4162	96	2931
1974	5802	19035	68	5410	69	1431
1975	5133	18922	68	5323	68	1709
1976	5288	19997	69	5591	74	1809
1977	5322	20303	71	5656	74	1872
1978	5249	20227	74	5751	74	1849
1979	5227	20219	72	5793	71	1789
1980	5289	20486	66	5737	72	1817
1981	5247	20363	66	5720	71	1777
1982	5252	20578	66	5788	72	1825
1983	5288	20941	67	5941	76	1789
1984	5319	20775	71	5994	69	1738
1985	5281	20777	71	5996	66	1670
1986	5299	20869	70	5988	71	1793
1987	5343	21144	70	6014	75	1889
1988	5302	21075	71	6066	75	1877
1989	5331	21177	72	6119	78	1933
1990	5363	21231	72	6048	76	1896
1991	5665	23292	73	6169	91	2186
1992	5531	23632	74	6184	92	2270
1993	5567	24483	74	6239	92	2318
1994	5523	22353	74	6288	98	2429
1995	5562	22499	74	6314	99	2444
1996	5606	22062	75	6150	108	2665
1997	5579	22495	77	6408	115	2862
1998	5611	22747	79	6692	114	2769
1999	5648	23580	90	7632	123	3093
2000	5683	24493	101	7883	141	3440
2001	5686	24766	108	8617	169	4054
2002	5691	25030	110	9158	168	4072
2003	5729	25244	112	9381	169	4084
2004	5800	25506	111	9714	169	4057
2005	5860	26419	117	10230	170	4080
2006	5894	28021	119	10520	166	4092
2007	5869	28341	120	10519	174	4148
2008	5851	29440	120	10768	205	4633
2009	5844	29562	125	10828	210	4747

3-3 2009年万亩以上灌区数量和有效灌溉面积（按地区分）

Irrigation District with an Area above 10,000 mu in 2009 (by Regions)

地区	Region	合计 Total		50万亩以上灌区 Irrigated Area up to 500,000 mu and above		30万～50万亩灌区 Irrigated Area from 300,000 to 500,000 mu	
		处数（处） Number (unit)	农田有效灌溉面积（千公顷） Effective Irrigated Area (10^3hm^2)	处数（处） Number (unit)	农田有效灌溉面积（千公顷） Effective Irrigated Area (10^3hm^2)	处数（处） Number (unit)	农田有效灌溉面积（千公顷） Effective Irrigated Area (10^3hm^2)
合 计	**Total**	**5844**	**29562**	**125**	**10828**	**210**	**4747**
北 京	Beijing	28	237			4	128
天 津	Tianjin	64	201			1	28
河 北	Hebei	140	1250	5	431	14	318
山 西	Shanxi	175	729	2	140	6	160
内蒙古	Inner Mongolia	160	1308	7	834	7	168
辽 宁	Liaoning	70	484	4	174	5	129
吉 林	Jilin	137	378	1	42	2	42
黑龙江	Heilongjiang	218	658	1	60	2	55
上 海	Shanghai	1	45	1	45		
江 苏	Jiangsu	215	1748	5	218	26	606
浙 江	Zhejiang	187	734	3	144	8	185
安 徽	Anhui	359	1862	9	1168	3	68
福 建	Fujian	177	339	1	35		
江 西	Jiangxi	310	741	2	87	11	162
山 东	Shandong	432	3032	16	1466	15	367
河 南	Henan	189	1748	12	915	10	252
湖 北	Hubei	378	2293	8	606	24	532
湖 南	Hunan	343	1121	3	129	9	211
广 东	Guangdong	321	883	2	151	1	20
广 西	Guangxi	283	659			7	119
海 南	Hainan	53	218	1	74		
重 庆	Chongqing	91	175			1	27
四 川	Sichuan	299	1465	5	799		
贵 州	Guizhou	66	86				
云 南	Yunnan	197	643	1	43	11	247
西 藏	Tibet	47	114			1	25
陕 西	Shaanxi	191	1022	7	613	5	105
甘 肃	Gansu	178	935	3	142	12	269
青 海	Qinghai	61	140	1	36		
宁 夏	Ningxia	20	367	3	307	1	29
新 疆	Xinjiang	454	3949	22	2169	24	499

3-4 2009年万亩以上灌区数量和有效灌溉面积（按水资源分区分）

Irrigation District with an Area above 10,000 mu in 2009 (by Water Resources Regions)

水资源一级区	Grade-I Water Resources Region	合计 Total		50万亩以上灌区 Irrigated Area up to 500,000 mu and above		30万～50万亩灌区 Irrigated Area from 300,000 to 500,000 mu	
		处数（处） Number (unit)	农田有效灌溉面积（千公顷） Effective Irrigated Area (10^3hm^2)	处数（处） Number (unit)	农田有效灌溉面积（千公顷） Effective Irrigated Area (10^3hm^2)	处数（处） Number (unit)	农田有效灌溉面积（千公顷） Effective Irrigated Area (10^3hm^2)
合　计	**Total**	**5844**	**29562**	**125**	**10828**	**210**	**4747**
松花江区	Songhua River	370	1052	2	102	4	96
辽河区	Liaohe River	164	903	6	264	10	243
海河区	Haihe River	422	3554	17	1654	24	593
黄河区	Yellow River	586	3601	22	2031	16	387
淮河区	Huaihe River	729	5093	20	1853	42	1016
长江区	Yangtze River	1830	7339	26	2214	56	1174
其中：太湖区	Among Which: Taihu Lake	27	122.28	1	44.63	1	23.21
东南诸河区	Rivers in Southeast	343	1036	4	179	8	185
珠江区	Pearl River	732	1976	4	267	10	193
西南诸河区	Rivers in Southwest	127	351			4	92
西北诸河区	Rivers in Northwest	541	4659	24	2264	36	768

3-5 2009年万亩以上灌区数量和有效灌溉面积（按水资源分区和地区分）

Irrigation District with an Area above 10,000 mu in 2009 (by Water Resources Regions and Regions)

地区	Region	合计 Total		50万亩以上灌区 Irrigated Area up to 500,000 mu and above		30万～50万亩灌区 Irrigated Area from 300,000 to 500,000 mu	
		处数（处） Number (unit)	农田有效灌溉面积（千公顷） Effective Irrigated Area (10^3hm^2)	处数（处） Number (unit)	农田有效灌溉面积（千公顷） Effective Irrigated Area (10^3hm^2)	处数（处） Number (unit)	农田有效灌溉面积（千公顷） Effective Irrigated Area (10^3hm^2)
松花江区	**Songhua River**	**370**	**1052**	**2**	**102**	**4**	**96**
内蒙古	Inner Mongolia	28	54				
吉　林	Jilin	124	340	1	42	2	42
黑龙江	Heilongjiang	218	658	1	60	2	55
辽河区	**Liaohe River**	**164**	**903**	**6**	**264**	**10**	**243**
内蒙古	Inner Mongolia	81	381	2	90	5	114
辽　宁	Liaoning	70	484	4	174	5	129
吉　林	Jilin	13	38				
海河区	**Haihe River**	**422**	**3554**	**17**	**1654**	**24**	**593**
北　京	Beijing	28	237			4	128
天　津	Tianjin	64	201			1	28
河　北	Hebei	140	1250	5	431	14	318
山　西	Shanxi	79	229			1	21
内蒙古	Inner Mongolia	1	1				
辽　宁	Liaoning						
山　东	Shandong	85	1349	10	1080	2	43
河　南	Henan	25	286	2	142	2	55
黄河区	**Yellow River**	**586**	**3601**	**22**	**2031**	**16**	**387**
山　西	Shanxi	96	500	2	140	5	139
内蒙古	Inner Mongolia	43	826	4	704	2	53
山　东	Shandong	46	157				
河　南	Henan	66	414	3	143	4	90
陕　西	Shaanxi	158	929	7	613	4	76
甘　肃	Gansu	111	307	2	87		
青　海	Qinghai	46	102	1	36		
宁　夏	Ningxia	20	367	3	307	1	29
淮河区	**Huaihe River**	**729**	**5093**	**20**	**1853**	**42**	**1016**
江　苏	Jiangsu	175	1563	5	218	23	542
安　徽	Anhui	181	1174	4	786	2	44
山　东	Shandong	301	1526	6	386	13	324
河　南	Henan	72	830	5	463	4	106

3-5　续表　continued

地区	Region	合计 Total		50 万亩以上灌区 Irrigated Area up to 500,000 mu and above		30 万～50 万亩灌区 Irrigated Area from 300,000 to 500,000 mu	
		处数（处） Number (unit)	农田有效灌溉面积（千公顷） Effective Irrigated Area (10^3hm^2)	处数（处） Number (unit)	农田有效灌溉面积（千公顷） Effective Irrigated Area (10^3hm^2)	处数（处） Number (unit)	农田有效灌溉面积（千公顷） Effective Irrigated Area (10^3hm^2)
长江区	**Yangtze River**	**1830**	**7339**	**26**	**2214**	**56**	**1174**
上　海	Shanghai	1	45	1	45		
江　苏	Jiangsu	40	185			3	64
浙　江	Zhejiang	24	47				
安　徽	Anhui	175	677	5	382	1	24
江　西	Jiangxi	310	741	2	87	11	162
河　南	Henan	26	218	2	166		
湖　北	Hubei	378	2293	8	606	24	532
湖　南	Hunan	336	1097	3	129	9	211
广　西	Guangxi	6	14				
重　庆	Chongqing	91	175			1	27
四　川	Sichuan	299	1465	5	799		
贵　州	Guizhou	41	54				
云　南	Yunnan	68	231			6	126
陕　西	Shaanxi	33	93			1	28
甘　肃	Gansu	2	3				
青　海	Qinghai						
东南诸河区	**Rivers in Southeast**	**343**	**1036**	**4**	**179**	**8**	**185**
浙　江	Zhejiang	163	686	3	144	8	185
福　建	Fujian	3	11				
安　徽	Anhui	177	339	1	35		
珠江区	**Pearl River**	**732**	**1976**	**4**	**267**	**10**	**193**
湖　南	Hunan	7	24				
广　东	Guangdong	321	883	2	151	1	20
广　西	Guangxi	277	645			7	119
海　南	Hainan	53	218	1	74		
贵　州	Guizhou	25	32				
云　南	Yunnan	49	175	1	43	2	53
西南诸河区	**Rivers in Southwest**	**127**	**351**			**4**	**92**
云　南	Yunnan	80	237			3	67
西　藏	Tibet	47	114			1	25
青　海	Qinghai						
西北诸河区	**Rivers in Northwest**	**541**	**4659**	**24**	**2264**	**36**	**768**
内蒙古	Inner Mongolia	7	47	1	40		
甘　肃	Gansu	65	625	1	54	12	269
青　海	Qinghai	15	38				
新　疆	Xinjiang	454	3949	22	2169	24	499

3-6 历年机电排灌站处数和装机容量

Installed Capacity of Mechanical and Electrical Irrigation and Drainage Stations by Years

年份 Year	机电排灌站装机容量（千千瓦） Installed Capacity of Mechanical and Electrical Irrigation and Drainage Stations (10^3kW)	固定机电排灌站 Fixed Irrigation and Drainage Stations				流动机装机容量（千千瓦） Installed Capacity of Mobile Equipment (10^3kW)	喷滴灌装机容量（千千瓦） Installed Capacity of Sprinkler and Drip (10^3kW)
		处数（处） Number (unit)	机械 Mechanical	电力 Electrical	装机容量（千千瓦） Installed Capacity (10^3kW)		
1975		343377	140838	202539	11285		
1976		384349	151489	232860	12730		
1977		405472	162486	242986	13933		
1978		415898	160142	255756	15028		
1979		431730	155529	276201	16494		
1980		524426	234029	290397	17976		
1981		472299	175243	297056	18043		
1982		470819	166225	304594	18566		
1983		475350	159120	316230	19055		
1984		478130	151055	327075	19249		
1985		462269	133519	328750	19148		
1986		455616	122806	332810	19182		
1987		462100	115602	346498	19558		
1988		461085	107156	353929	19854		
1989		465377			19978		
1990		473680			20065		
1991		481566			23213		
1992		493599			22200		
1993		493501			21142		
1994		494349			21086		
1995		495700			21061		
1996		498063			21418		
1997		502861			21530		
1998		503805			21797		
1999		513883			21987		
2000	41570	506067			21798	17837	1934
2001	46670	516743			23510	20891	2269
2002	43604	507397			22881	18170	2553
2003	43039	502165			21988	18316	2735
2004	43748	494172			21912	19016	2820
2005	43599	489921			22176	18515	2908
2006	44726	473349			24531	20196	
2007	45789	443504			23953	18590	3247
2008	44378	446151			22327	18379	3671
2009	45174	446494			24474	16688	4011

注 2006年流动机装机容量包含了喷滴灌装机容量。

Note The installed capacity of mobile equipment includes the installed capacity of sprinklers and drips in 2006.

3-7 2009年机电排灌站处数和装机容量（按地区分）

Installed Capacity of Mechanical and Electrical Irrigation and Drainage Stations in 2009 (by Regions)

地区	Region	机电排灌站装机容量（千千瓦）Installed Capacity of Mechanical and Electrical Irrigation and Drainage Stations (10^3kW)	固定机电排灌站 Fixed Irrigation and Drainage Stations		流动机装机容量（千千瓦）Installed Capacity of Mobile Equipment (10^3kW)	喷滴灌装机容量（千千瓦）Installed Capacity of Sprinkler and Drip (10^3kW)
			处数（处）Number (unit)	装机容量（千千瓦）Installed Capacity (10^3kW)		
合 计	**Total**	**45174**	**446494**	**24474**	**16688**	**4011**
北 京	Beijing	176	2503	86	5	84
天 津	Tianjin	998	1887	429	561	8
河 北	Hebei	835	3644	415	273	147
山 西	Shanxi	626	8753	550	3	74
内蒙古	Inner Mongolia	665	1804	210	5	451
辽 宁	Liaoning	904	6087	541	175	188
吉 林	Jilin	392	4484	264	51	78
黑龙江	Heilongjiang	1088	4288	281	160	647
上 海	Shanghai	218	7118	195	19	5
江 苏	Jiangsu	4495	65507	3228	1258	10
浙 江	Zhejiang	1283	58737	1014	235	34
安 徽	Anhui	3720	16059	1674	1928	119
福 建	Fujian	426	8581	342	28	55
江 西	Jiangxi	1324	26650	880	442	2
山 东	Shandong	10156	30747	1451	7887	818
河 南	Henan	1308	8957	504	391	413
湖 北	Hubei	3036	17251	1995	1012	29
湖 南	Hunan	4950	54290	3896	1033	21
广 东	Guangdong	1522	22207	1300	211	11
广 西	Guangxi	751	20304	486	239	26
海 南	Hainan	23	1028	20	3	0.3
重 庆	Chongqing	444	7794	297	147	0.02
四 川	Sichuan	1359	30053	971	381	8
贵 州	Guizhou	306	4179	174	132	0.5
云 南	Yunnan	702	12242	620	70	12
西 藏	Tibet	2	14	2		
陕 西	Shaanxi	812	11458	786	15	11
甘 肃	Gansu	1176	7123	1152	11	13
青 海	Qinghai	95	1003	93		2
宁 夏	Ningxia	534	1090	530	4	0.1
新 疆	Xinjiang	847	652	91	10	746

3-8 2009年机电排灌站处数和装机容量（按水资源分区分）

Installed Capacity of Mechanical and Electrical Irrigation and Drainage Stations in 2009 (by Water Resources Regions)

水资源一级区	Grade-Ⅰ Water Resources Region	机电排灌站装机容量（千千瓦） Installed Capacity of Mechanical and Electrical Irrigation and Drainage Stations (10^3kW)	固定机电排灌站 Fixed Irrigation and Drainage Stations		流动机装机容量（千千瓦） Installed Capacity of Mobile Equipment (10^3kW)	喷滴灌装机容量（千千瓦） Installed Capacity of Sprinkler and Drip (10^3kW)
			处数（处） Number (unit)	装机容量（千千瓦） Installed Capacity (10^3kW)		
合　计	**Total**	**45174**	**446494**	**24474**	**16688**	**4011**
松花江区	Songhua River	1596	8455	535	189	872
辽河区	Liaohe River	1099	6911	584	201	315
海河区	Haihe River	6639	15275	1330	4779	531
黄河区	Yellow River	4008	33958	3374	467	167
淮河区	Huaihe River	10990	69267	3936	5993	1061
长江区	Yangtze River	14989	218640	10661	4230	99
其中：太湖区	Among Which: Taihu Lake	1326	43438	1195	124	8
东南诸河区	Rivers in Southeast	1251	40503	873	290	88
珠江区	Pearl River	3563	51207	2993	521	49
西南诸河区	Rivers in Southwest	98	1430	89	9	0.4
西北诸河区	Rivers in Northwest	939	848	100	10	829

3-9 2009年机电排灌站处数和装机容量（按水资源分区和地区分）

Installed Capacity of Mechanical and Electrical Irrigation and Drainage Stations in 2009 (by Water Resources Regions and Regions)

地区	Region	机电排灌站装机容量（千千瓦）Installed Capacity of Mechanical and Electrical Irrigation and Drainage Stations (10^3kW)	固定机电排灌站 Fixed Irrigation and Drainage Stations 处数（处）Number (unit)	装机容量（千千瓦）Installed Capacity (10^3kW)	流动机装机容量（千千瓦）Installed Capacity of Mobile Equipment (10^3kW)	喷滴灌装机容量（千千瓦）Installed Capacity of Sprinkler and Drip (10^3kW)
松花江区	**Songhua River**	**1596**	**8455**	**535**	**189**	**872**
内蒙古	Inner Mongolia	160	38	6	1	153
吉 林	Jilin	349	4129	249	28	73
黑龙江	Heilongjiang	1088	4288	281	160	647
辽河区	**Liaohe River**	**1099**	**6911**	**584**	**201**	**315**
内蒙古	Inner Mongolia	155	495	29	3	123
辽 宁	Liaoning	901	6061	539	175	188
吉 林	Jilin	43	355	15	23	5
海河区	**Haihe River**	**6639**	**15275**	**1330**	**4779**	**530**
北 京	Beijing	176	2503	86	5	84
天 津	Tianjin	998	1887	429	561	8
河 北	Hebei	835	3644	415	273	147
山 西	Shanxi	147	2802	124		23
内蒙古	Inner Mongolia	38	21	0.4		37
辽 宁	Liaoning	2	26	1	0.2	1
山 东	Shandong	4319	2213	190	3910	218
河 南	Henan	125	2179	84	29	12
黄河区	**Yellow River**	**4008**	**33958**	**3374**	**467**	**167**
山 西	Shanxi	479	5951	426	3	51
内蒙古	Inner Mongolia	229	1221	174	1	55
山 东	Shandong	514	7066	196	308	10
河 南	Henan	288	2679	127	133	29
陕 西	Shaanxi	738	8869	719	8	11
甘 肃	Gansu	1132	6103	1112	11	9
青 海	Qinghai	93	979	91		2
宁 夏	Ningxia	534	1090	530	4	0.1
淮河区	**Huaihe River**	**10990**	**69267**	**3936**	**5993**	**1061**
江 苏	Jiangsu	2501	35641	1871	623	7
安 徽	Anhui	2357	8778	747	1495	115
山 东	Shandong	5323	21468	1064	3669	590
河 南	Henan	809	3380	254	207	348

3-9 续表 continued

地区	Region	机电排灌站装机容量（千千瓦）Installed Capacity of Mechanical and Electrical Irrigation and Drainage Stations (10^3kW)	固定机电排灌站 Fixed Irrigation and Drainage Stations 处数（处）Number (unit)	固定机电排灌站 Fixed Irrigation and Drainage Stations 装机容量（千千瓦）Installed Capacity (10^3kW)	流动机装机容量（千千瓦）Installed Capacity of Mobile Equipment (10^3kW)	喷滴灌装机容量（千千瓦）Installed Capacity of Sprinkler and Drip (10^3kW)
长江区	**Yangtze River**	**14989**	**218640**	**10661**	**4230**	**99**
上 海	Shanghai	218	7118	195	19	5
江 苏	Jiangsu	1995	29866	1357	635	3
浙 江	Zhejiang	502	27206	492	10	0.7
安 徽	Anhui	1319	6890	918	397	3
江 西	Jiangxi	1324	26650	880	442	2
河 南	Henan	86	719	40	23	24
湖 北	Hubei	3036	17251	1995	1012	29
湖 南	Hunan	4092	53786	3046	1025	21
广 西	Guangxi	15	335	8	6	0.4
重 庆	Chongqing	444	7794	297	147	
四 川	Sichuan	1360	30053	971	381	8
贵 州	Guizhou	218	2647	136	82	0.5
云 南	Yunnan	270	4860	226	45	
陕 西	Shaanxi	75	2589	67	7	
甘 肃	Gansu	37	876	33	0.1	3
青 海	Qinghai					
东南诸河区	**Rivers in Southeast**	**1251**	**40503**	**873**	**290**	**88**
浙 江	Zhejiang	781	31531	522	225	33
福 建	Fujian	45	391	8	37	
安 徽	Anhui	426	8581	343	28	55
珠江区	**Pearl River**	**3563**	**51207**	**2993**	**521**	**49**
湖 南	Hunan	858	504	850	8	0.2
广 东	Guangdong	1522	22207	1300	211	11
广 西	Guangxi	737	19969	478	233	26
海 南	Hainan	24	1028	20	3	0.3
贵 州	Guizhou	88	1532	38	50	
云 南	Yunnan	336	5967	308	16	12
西南诸河区	**Rivers in Southwest**	**98**	**1430**	**89**	**9**	**0.4**
云 南	Yunnan	96	1415	86	9	0.4
西 藏	Tibet	2	14	2		
青 海	Qinghai	0.1	1	0.1		
西北诸河区	**Rivers in Northwest**	**939**	**848**	**100**	**10**	**829**
内蒙古	Inner Mongolia	84	29	0.5		83
甘 肃	Gansu	7	144	7		
青 海	Qinghai	2	23	2		0.1
新 疆	Xinjiang	847	652	91	10	746

3-10 历年农田排灌机械保有量和装机容量

Registered Mechanical Equipment for Irrigation and Drainage by Years

单位：千千瓦 unit: 10^3kW

年份 Year	排灌机械保有量合计 Total Registered Machinery and Equipment for Irrigation and Drainage	#电动机 Motor	占保有量比重（%） Percentage in Total Registered (%)	配套机电井装机容量 Installed Capacity of Counterpart Wells	机电排灌站装机容量 Installed Capacity of Irrigation and Drainage Stations	#固定机电排灌站 Fixed Irrigation and Drainage Stations
1949	71					
1950	77					
1951	84					
1952	94					
1953	104					
1954	121					
1955	153					
1956	282					
1957	415	71	17			
1958	886					
1959	2299	383				
1960	3540	624				
1961	3948	1016				
1962	4521	1648	36			
1963	5101	2164				
1964	5579	2675				
1965	6674	3259	49			
1970	13421					
1971	14598	6299				
1972	18126	10218				
1973	25442	12867				
1974	28894	14798				
1975	34810	17064	49	15765		11285
1976	39850	19824	49	18200		12730
1977	42920	21084	49	18453		13933
1978	47224	24200	51	20732		15028
1979	51329	25988	51	20616		16494
1980	53840	27355	51	20740		17976
1981	54548	28563	52	21228		18043
1982	55618	29894	54	21907		18566
1983	57923	31731	55	22814		19055
1984	59575	32942	55	22857		19249
1985	59414	33192	56	23151		19148
1986	59793	34059	57	22774		19182
1987	62422	35459	57	23706		19558
1988	64367	36424	57	25378		19854
1989	66354	37400	56	25932		19978
1990	68055	38311	56	26594		20065
1991	70485	39907	57	26451		23213
1992	65968	39895	60	27257		22200
1993	65845	39806	60	27648		21142
1994	66905	40706	61	27988		21086
1995	68241	41764	61	29001		21061
1996	70196	43034	61	30468		21418
1997	72686			32215		21530
1998	75594			33606		21797
1999	77009			35242		21987
2000	77477			35908	41570	21798
2001	87999			41329	46670	23510
2002	81295			37692	43604	22881
2003	80780			37741	43039	21988
2004	82159			38411	43748	21912
2005	82469			38871	43599	22176
2006	85443			40718	44726	24531
2007	86684			40894	45789	23953
2008	85883			41505	44378	22327
2009	87530			42356	45174	24474

3-11　2009年农田排灌机械保有量和装机容量（按地区分）

Registered Mechanical Equipment for Irrigation and Drainage in 2009 (by Regions)

单位：千千瓦　　unit:10^3kW

地区	Region	排灌机械保有量 Registered Mechanical Equipment for Irrigation and Drainage	配套机电井装机容量 Installed Capacity of Counterpart Wells	机电排灌站装机容量 Installed Capacity of Irrigation and Drainage Stations
合　计	**Total**	**87530**	**42356**	**45174**
北　京	Beijing	576	400	176
天　津	Tianjin	1276	278	998
河　北	Hebei	9168	8333	835
山　西	Shanxi	1770	1144	626
内蒙古	Inner Mongolia	3929	3264	665
辽　宁	Liaoning	2322	1419	904
吉　林	Jilin	1456	1064	392
黑龙江	Heilongjiang	3421	2333	1088
上　海	Shanghai	218		218
江　苏	Jiangsu	5086	591	4495
浙　江	Zhejiang	1298	15	1283
安　徽	Anhui	4692	972	3720
福　建	Fujian	578	152	426
江　西	Jiangxi	1362	38	1324
山　东	Shandong	19044	8887	10156
河　南	Henan	10207	8899	1308
湖　北	Hubei	3252	216	3036
湖　南	Hunan	5012	63	4950
广　东	Guangdong	1607	86	1522
广　西	Guangxi	779	28	751
海　南	Hainan	26	3	23
重　庆	Chongqing	444		444
四　川	Sichuan	1476	117	1359
贵　州	Guizhou	315	9	306
云　南	Yunnan	750	48	702
西　藏	Tibet	11	9	2
陕　西	Shaanxi	2032	1219	812
甘　肃	Gansu	1893	717	1176
青　海	Qinghai	113	18	95
宁　夏	Ningxia	612	78	534
新　疆	Xinjiang	2806	1960	847

3-12　2009年农田排灌机械保有量和装机容量（按水资源分区分）

Registered Mechanical Equipment for Irrigation and Drainage in 2009 (by Water Resources Regions)

单位：千千瓦　　　　unit: 10^3kW

水资源一级区	Grade-I Water Resources Region	排灌机械保有量 Registered Mechanical Equipment for Irrigation and Drainage	配套机电井装机容量 Installed Capacity of Counterpart Wells	机电排灌站装机容量 Installed Capacity of Irrigation and Drainage Stations
合　计	**Total**	**87530**	**42356**	**45174**
松花江区	Songhua River	5591	3994	1596
辽河区	Liaohe River	3991	2892	1099
海河区	Haihe River	19583	12944	6639
黄河区	Yellow River	9146	5138	4008
淮河区	Huaihe River	23929	12939	10990
长江区	Yangtze River	16437	1448	14989
其中：太湖区	Among Which: Taihu Lake	1332	5	1326
东南诸河区	Rivers in Southeast	1419	167	1251
珠江区	Pearl River	3695	132	3563
西南诸河区	Rivers in Southwest	121	23	98
西北诸河区	Rivers in Northwest	3618	2679	939

3-13　2009年农田排灌机械保有量和装机容量（按水资源分区和地区分）

Registered Mechanical Equipment for Irrigation and Drainage in 2009 (by Water Resources Regions and Regions)

单位：千千瓦　　　　unit: 10^3kW

地区	Region	排灌机械保有量 Registered Mechanical Equipment for Irrigation and Drainage	配套机电井装机容量 Installed Capacity of Counterpart Wells	机电排灌站装机容量 Installed Capacity of Irrigation and Drainage Stations
松花江区	**Songhua River**	**5591**	**3994**	**1596**
内蒙古	Inner Mongolia	882	722	160
吉　林	Jilin	1288	939	349
黑龙江	Heilongjiang	3421	2333	1088
辽河区	**Liaohe River**	**3991**	**2892**	**1099**
内蒙古	Inner Mongolia	1523	1368	155
辽　宁	Liaoning	2300	1399	901
吉　林	Jilin	168	125	43
海河区	**Haihe River**	**19583**	**12944**	**6639**
北　京	Beijing	576	400	176
天　津	Tianjin	1276	278	998
河　北	Hebei	9168	8333	835
山　西	Shanxi	468	320	147
内蒙古	Inner Mongolia	120	82	38
辽　宁	Liaoning	22	20	2
山　东	Shandong	6696	2377	4319
河　南	Henan	1257	1133	125
黄河区	**Yellow River**	**9146**	**5138**	**4008**
山　西	Shanxi	1303	824	479
内蒙古	Inner Mongolia	1118	889	229
山　东	Shandong	1297	782	514
河　南	Henan	1526	1238	288
陕　西	Shaanxi	1871	1133	738
甘　肃	Gansu	1314	182	1132
青　海	Qinghai	105	12	93
宁　夏	Ningxia	612	78	534
淮河区	**Huaihe River**	**23929**	**12939**	**10990**
江　苏	Jiangsu	2732	231	2501
安　徽	Anhui	3321	964	2357
山　东	Shandong	11051	5727	5323
河　南	Henan	6825	6016	809

3-13 续表 continued

地区	Region	排灌机械保有量 Registered Mechanical Equipment for Irrigation and Drainage	配套机电井装机容量 Installed Capacity of Counterpart Wells	机电排灌站装机容量 Installed Capacity of Irrigation and Drainage Stations
长江区	**Yangtze River**	**16437**	**1448**	**14989**
上 海	Shanghai	218		218
江 苏	Jiangsu	2354	360	1994
浙 江	Zhejiang	503	1	502
安 徽	Anhui	1324	6	1319
江 西	Jiangxi	1362	38	1324
河 南	Henan	598	512	86
湖 北	Hubei	3252	216	3036
湖 南	Hunan	4154	63	4092
广 西	Guangxi	15		15
重 庆	Chongqing	444		444
四 川	Sichuan	1476	117	1359
贵 州	Guizhou	226	8	218
云 南	Yunnan	290	19	270
陕 西	Shaanxi	160	86	74
甘 肃	Gansu	60	23	37
青 海	Qinghai	0.02	0.02	
东南诸河区	**Rivers in Southeast**	**1419**	**167**	**1251**
浙 江	Zhejiang	795	14	781
福 建	Fujian	46	1	45
安 徽	Anhui	578	152	426
珠江区	**Pearl River**	**3695**	**132**	**3563**
湖 南	Hunan	858		858
广 东	Guangdong	1607	86	1522
广 西	Guangxi	765	28	737
海 南	Hainan	26	3	23
贵 州	Guizhou	89	1	88
云 南	Yunnan	350	14	336
西南诸河区	**Rivers in Southwest**	**121**	**23**	**98**
云 南	Yunnan	110	14	96
西 藏	Tibet	11	9	2
青 海	Qinghai	0.08		0.08
西北诸河区	**Rivers in Northwest**	**3618**	**2679**	**939**
内蒙古	Inner Mongolia	285	202	84
甘 肃	Gansu	519	512	7
青 海	Qinghai	8	6	2
新 疆	Xinjiang	2806	1960	847

3-14 历年机电井眼数和装机容量

Mechanical and Electrical Wells by Years

年份 Year	机电井眼数（万眼） Number of Mechanical and Electrical Wells (10^4unit)	#灌溉机电井 Mechanical and Electrical Wells for Irrigation	配套机电井眼数（万眼） Number of Counterpart Mechanical and Electrical Wells (10^4unit)	#灌溉机电井 Mechanical and Electrical Wells for Irrigation	配套机电井装机容量（千千瓦） Installed Capacity of Counterpart Mechanical and Electrical Wells (10^3kW)	#灌溉机电井 Mechanical and Electrical Wells for Irrigation
1961		11.44				
1963		11.27				
1964		13.83		10.51		
1965		19.42		19.42		
1966		22.84		15.26		
1969		74.87		43.41		
1970		91.89		62.70		
1971		113.31		80.67		
1972		134.91		100.76		
1973		170.02		130.35		
1974		194.62		157.09		
1975		217.46		181.75		15765
1976		240.73		203.32		18200
1977		254.59		210.88		18463
1978		265.87		221.83		20732
1979		273.25		229.37		20616
1980		269.10		229.06		20740
1981		266.47		229.77		21228
1982		271.46		234.31		21901
1983		278.12		241.30		22814
1984		279.86		240.31		22857
1985		277.00		237.04		23151
1986		276.65		236.39		22774
1987		282.31		243.02		23706
1988		291.83		251.90		25378
1989		305.47		263.29		25932
1990		314.92		273.11		26594
1991		324.64		283.27		26451
1992		335.39		294.58		27257
1993		342.48		302.16		27648
1994		345.59		306.30		27988
1995		355.91		316.98		29001
1996		373.00		332.55		30468
1997		399.84		355.07		32215
1998		417.88		371.75		33606
1999		434.06		386.67		35242
2000		444.81		398.96		35908
2001		454.66		409.23		41329
2002		465.57		418.35		37692
2003		470.94		422.43		37741
2004		475.58		426.24		38411
2005		478.57		428.20		38871
2006		485.85		436.53		40718
2007	511.80	484.90	461.39	438.84	46286	40894
2008	522.58	488.74	474.12	443.86	46571	41505
2009	529.31	493.82	482.56	450.80	49859	42356

注 2006 年以前只统计灌溉机电井，2006 年以后还包括供水机电井。

Note The statistics of mechanical and electrical wells are for irrigation only before 2006, and that also include wells for water supply after 2006.

3-15 2009年机电井眼数和装机容量（按地区分）

Mechanical and Electrical Wells in 2009(by Regions)

地区	Region	机电井眼数（眼）Number of Mechanical and Electrical Wells (unit)	#灌溉机电井 Mechanical and Electrical Wells for Irrigation	配套机电井眼数（眼）Number of Counterpart Mechanical and Electric Wells (unit)	#灌溉机电井 Mechanical and Electrical Wells for Irrigation	配套机电井装机容量（千千瓦）Installed Capacity of Counterpart Mechanical and Electric Wells(10^3kW)	#灌溉机电井 Mechanical and Electrical Wells for Irrigation
合　计	**Total**	**5293133**	**4938212**	**4825571**	**4507988**	**49859**	**42356**
北　京	Beijing	53305	40126	50747	39818	479	400
天　津	Tianjin	35120	26672	33167	25705	457	278
河　北	Hebei	960346	915511	932439	888536	9931	8333
山　西	Shanxi	95939	86023	88463	80198	1300	1144
内蒙古	Inner Mongolia	417813	394030	380779	359464	3591	3264
辽　宁	Liaoning	138148	133571	128802	124084	1809	1419
吉　林	Jilin	165894	138222	134144	122525	1158	1064
黑龙江	Heilongjiang	323160	242078	314615	235552	2867	2333
上　海	Shanghai	378		378		11	
江　苏	Jiangsu	41007	37275	29624	26067	661	591
浙　江	Zhejiang	15961	1998	15726	1766	129	15
安　徽	Anhui	192113	190289	129223	127761	1396	972
福　建	Fujian	25969	17858	19282	11376	211	152
江　西	Jiangxi	5359	5359	5305	5305	39	38
山　东	Shandong	1118096	1110783	966823	960328	8960	8887
河　南	Henan	1272719	1251562	1197189	1178844	9373	8899
湖　北	Hubei	12419	12269	11634	11537	1301	216
湖　南	Hunan	6784	5764	4489	3482	65	63
广　东	Guangdong	30794	27052	26137	26079	246	86
广　西	Guangxi	5332	3177	4668	2530	51	28
海　南	Hainan	843	780	417	405	4	3
重　庆	Chongqing	27191		26308		206	
四　川	Sichuan	50704	12213	49414	11541	976	117
贵　州	Guizhou	395	243	331	231	16	9
云　南	Yunnan	2850	2764	2653	2567	197	48
西　藏	Tibet	401	378	401	378	51	9
陕　西	Shaanxi	169483	165217	154932	151669	1245	1219
甘　肃	Gansu	48273	44781	44140	40893	778	717
青　海	Qinghai	1356	1356	1321	1321	18	18
宁　夏	Ningxia	7552	7539	7363	7359	78	78
新　疆	Xinjiang	67429	63322	64657	60667	2255	1960

3-16　2009年机电井眼数和装机容量（按水资源分区分）

Mechanical and Electrical Wells in 2009 (by Water Resources Regions)

水资源一级区	Grade-Ⅰ Water Resources Region	机电井眼数（眼）Number of Mechanical and Electrical Wells (unit)	#灌溉机电井 Mechanical and Electrical Wells for Irrigation	配套机电井眼数（眼）Number of Counterpart Mechanical and Electric Wells (unit)	#灌溉机电井 Mechanical and Electrical Wells for Irrigation	配套机电井装机容量（千千瓦）Installed Capacity of Counterpart Mechanical and Electric Wells(10^3kW)	#灌溉机电井 Mechanical and Electrical Wells for Irrigation
合　计	**Total**	**5293133**	**4938212**	**4825571**	**4507988**	**49859**	**42356**
松花江区	Songhua River	582231	470760	525032	431765	4678	3994
辽河区	Liaohe River	297269	284425	280774	268551	3359	2892
海河区	Haihe River	1533127	1458428	1450419	1379817	14982	12944
黄河区	Yellow River	595760	574051	551271	533141	5427	5138
淮河区	Huaihe River	1858963	1838114	1631832	1614891	13743	12939
长江区	Yangtze River	215290	142511	193406	122669	3704	1448
其中：太湖区	Among Which: Taihu Lake	574	180	549	171	17	5
东南诸河区	Rivers in Southeast	43132	20531	35642	13704	340	167
珠江区	Pearl River	37814	31703	32064	29705	317	132
西南诸河区	Rivers in Southwest	1077	1054	979	956	214	23
西北诸河区	Rivers in Northwest	128470	116635	124152	112789	3093	2679

3-17 2009年机电井眼数和装机容量（按水资源分区和地区分）

Mechanical and Electrical Wells in 2009 (by Water Resources Regions and Regions)

地区	Region	机电井眼数（眼）Number of Mechanical and Electrical Wells (unit)	#灌溉机电井 Mechanical and Electrical Wells for Irrigation	配套机电井眼数（眼）Number of Counterpart Mechanical and Electric Wells (unit)	#灌溉机电井 Mechanical and Electrical Wells for Irrigation	配套机电井装机容量（千千瓦）Installed Capacity of Counterpart Mechanical and Electric Wells(10^3kW)	#灌溉机电井 Mechanical and Electrical Wells for Irrigation
松花江区	**Songhua River**	**582231**	**470760**	**525032**	**431765**	**4678**	**3994**
内蒙古	Inner Mongolia	106004	102045	88990	85189	790	722
吉　林	Jilin	153067	126637	121427	111024	1021	939
黑龙江	Heilongjiang	323160	242078	314615	235552	2867	2333
辽河区	**Liaohe River**	**297269**	**284425**	**280774**	**268551**	**3359**	**2892**
内蒙古	Inner Mongolia	148062	141037	140842	134553	1433	1368
辽　宁	Liaoning	136380	131803	127215	122497	1789	1399
吉　林	Jilin	12827	11585	12717	11501	137	125
海河区	**Haihe River**	**1533127**	**1458428**	**1450419**	**1379817**	**14982**	**12944**
北　京	Beijing	53305	40126	50747	39818	479	400
天　津	Tianjin	35120	26672	33167	25705	457	278
河　北	Hebei	960346	915511	932439	888536	9931	8333
山　西	Shanxi	32463	29388	31127	28051	369	320
内蒙古	Inner Mongolia	8913	7937	8765	7913	97	82
辽　宁	Liaoning	1768	1768	1587	1587	20	20
山　东	Shandong	275514	274854	233504	232809	2388	2377
河　南	Henan	165698	162172	159083	155398	1241	1133
黄河区	**Yellow River**	**595760**	**574051**	**551271**	**533141**	**5427**	**5138**
山　西	Shanxi	63476	56635	57336	52147	931	824
内蒙古	Inner Mongolia	127707	121060	116270	110742	981	889
山　东	Shandong	75401	75361	67012	66972	782	782
河　南	Henan	159241	155692	149289	145695	1289	1238
陕　西	Shaanxi	152168	148198	143857	140680	1156	1133
甘　肃	Gansu	9277	8628	9222	8624	199	182
青　海	Qinghai	938	938	922	922	12	12
宁　夏	Ningxia	7552	7539	7363	7359	78	78
淮河区	**Huaihe River**	**1858963**	**1838114**	**1631832**	**1614891**	**13743**	**12939**
江　苏	Jiangsu	40147	36745	28798	25555	276	231
安　徽	Anhui	188984	188442	127053	126347	1386	964
山　东	Shandong	767181	760568	666307	660547	5789	5727
河　南	Henan	862651	852359	809674	802442	6292	6016

3-17 续表 continued

地区	Region	机电井眼数（眼）Number of Mechanical and Electrical Wells (unit)	#灌溉机电井 Mechanical and Electrical Wells for Irrigation	配套机电井眼数（眼）Number of Counterpart Mechanical and Electric Wells (unit)	#灌溉机电井 Mechanical and Electrical Wells for Irrigation	配套机电井装机容量（千千瓦）Installed Capacity of Counterpart Mechanical and Electric Wells(10^3kW)	#灌溉机电井 Mechanical and Electrical Wells for Irrigation
长江区	**Yangtze River**	**215290**	**142511**	**193406**	**122669**	**3704**	**1448**
上 海	Shanghai	378		378		11	
江 苏	Jiangsu	860	530	826	512	385	360
浙 江	Zhejiang	136	136	136	136	1	1
安 徽	Anhui	1791	1036	1400	716	9	6
江 西	Jiangxi	5359	5359	5305	5305	39	38
河 南	Henan	85129	81339	79143	75309	551	512
湖 北	Hubei	12419	12269	11634	11537	1301	216
湖 南	Hunan	6784	5764	4489	3482	65	63
广 西	Guangxi	32		32			
重 庆	Chongqing	27191		26308		206	
四 川	Sichuan	50704	12213	49414	11541	976	117
贵 州	Guizhou	294	242	230	230	14	8
云 南	Yunnan	1398	1395	1302	1299	20	19
陕 西	Shaanxi	17315	17019	11075	10989	89	86
甘 肃	Gansu	5499	5208	1733	1612	37	23
青 海	Qinghai	1	1	1	1	0.02	0.02
东南诸河区	**Rivers in Southeast**	**43132**	**20531**	**35642**	**13704**	**340**	**167**
浙 江	Zhejiang	15825	1862	15590	1630	128	14
福 建	Fujian	1338	811	770	698	1	1
安 徽	Anhui	25969	17858	19282	11376	211	152
珠江区	**Pearl River**	**37814**	**31703**	**32064**	**29705**	**317**	**132**
湖 南	Hunan						
广 东	Guangdong	30794	27052	26137	26079	246	86
广 西	Guangxi	5300	3177	4636	2530	50	28
海 南	Hainan	843	780	417	405	4	3
贵 州	Guizhou	101	1	101	1	2	1
云 南	Yunnan	776	693	773	690	15	14
西南诸河区	**Rivers in Southwest**	**1077**	**1054**	**979**	**956**	**214**	**23**
云 南	Yunnan	676	676	578	578	162	14
西 藏	Tibet	401	378	401	378	51	9
青 海	Qinghai						
西北诸河区	**Rivers in Northwest**	**128470**	**116635**	**124152**	**112789**	**3093**	**2679**
内蒙古	Inner Mongolia	27127	21951	25912	21067	290	202
甘 肃	Gansu	33497	30945	33185	30657	542	512
青 海	Qinghai	417	417	398	398	6	6
新 疆	Xinjiang	67429	63322	64657	60667	2255	1960

3-18 历年灌溉面积

Irrigated Area by Years

单位：千公顷 unit: 10^3hm^2

年份 Year	灌溉面积 总计 Total Irrigated Area	农田有效灌溉面积 Effective Irrigated Area	林地 Forestry	果园 Fruit Garden	牧草 Pasture Land	其他 Others	农田有效实灌面积 Actual Irrigated Area	旱涝保收面积 Harvest Area Guaranteed in Case of Flood and Drought
1949		15928.7						
1950		16706.7						
1951		18541.3						
1952		19335.3						
1953		22250.7						
1954		23222.7						
1955		24609.3						
1957		25004.7						
1962		28696.7						
1965		32036.0						
1972		40642.0						
1973		43810.7						
1974		45707.3						
1975		46120.7					39281.3	
1976		45463.3					40825.3	
1977		48186.7					40559.3	
1978		48053.3					41714.7	
1979		48318.7					41663.3	
1980		48888.0					39906.0	
1981		48600.0					39656.7	
1982		48663.3					40177.3	
1983		48546.0					39383.3	
1984		48400.0					39933.3	
1985		47932.7					38671.3	
1986		47872.7					39938.0	
1987		47966.7					39861.3	33349.3
1988		47980.7					41188.7	33570.7
1989		48337.3					40695.3	33994.0
1990		48389.3					41437.3	34365.3
1991		48951.3					42884.0	34720.0
1992		49464.0					43501.3	35374.0
1993		49839.3					42914.0	35631.3
1994		49938.0					43610.7	36140.0
1995		50412.7					44102.0	36636.0
1996		51160.7					44768.7	37187.3
1997		52268.7					46187.3	38102.0
1998		53400.0					47036.0	38760.7
1999		54366.0					47709.3	39375.3
2000	59341.6	55013.2	1072.8	1601.3	1001.3	653.0	47965.2	40164.3
2001	60025.4	55517.0	1136.5	1665.7	1035.9	670.1	48398.4	40532.2
2002	60753.1	55857.9	1252.0	1759.6	1194.9	660.9	48434.6	40594.9
2003	61056.1	55900.6	1468.2	1835.1	1186.7	665.5	47383.2	40852.5
2004	61511.2	56252.1	1573.3	1862.5	1185.0	638.3	47783.9	40740.6
2005	61897.9	56562.4	1636.6	1861.0	1172.0	672.5	47968.7	41337.7
2006	62559.1	57078.4	1562.1	1988.6	1201.2	728.8	49024.5	41335.0
2007	63413.5	57782.4	1598.4	2039.4	1225.5	767.8	49936.9	41745.7
2008	64119.7	58471.7	1648.9	2065.0	1214.4	719.7	50665.5	42024.9
2009	65164.6	59261.5	1774.7	2088.6	1246.9	793.0	51806.6	42358.2

3-19 历年人均农田有效灌溉面积和机电灌溉占有效灌溉比重

Effective Irrigated Area Owned Per Capita and Proportion of Mechanical & Electrical Irrigated Area by Years

年份 Year	人均有效灌溉面积（亩每人） Per Capita Effective Irrigated Area (mu/person)		机电排灌面积占有效灌溉面积的比重（%） The Proportion of Total Mechanical and Electrical Irrigated Area of Effective Irrigated Area (%)
	按总人口 Based on Total Population	按乡村人口 Based on Total Rural Population	
1949	0.44	0.53	1.6
1950	0.45	0.54	
1951	0.49	0.58	
1952	0.50	0.59	1.6
1953	0.57	0.67	
1954	0.58	0.68	
1955	0.60	0.71	
1957	0.58	0.69	4.8
1962	0.64	0.77	
1965	0.66	0.80	25.3
1972	0.70	0.83	
1973	0.74	0.87	
1974	0.76	0.89	
1975	0.75	0.89	51.8
1976	0.79	0.93	
1977	0.76	0.90	
1978	0.75	0.89	52.7
1979	0.74	0.89	54.4
1980	0.74	0.90	54.1
1982	0.72	0.87	54.1
1983	0.71	0.87	54.3
1984	0.70	0.87	54.1
1985	0.69	0.86	54.9
1986	0.68	0.80	55.0
1987	0.67	0.84	55.7
1988	0.66	0.83	55.8
1989	0.66	0.83	55.9
1990	0.63	0.81	56.3
1991	0.64	0.82	56.1
1992	0.64	0.82	57.4
1993	0.63	0.83	57.3
1994	0.63	0.83	57.4
1995	0.62	0.82	57.7
1996	0.63	0.83	58.2
1997	0.63	0.86	58.6
1998	0.64	0.88	59.1
1999	0.65	0.86	59.2
2000	0.65	0.87	59.3
2001	0.65	0.89	59.4
2002	0.66	0.90	59.5
2003	0.65	0.89	59.6
2004	0.65	0.90	58.4
2005	0.65	0.89	66.9
2006	0.65	0.90	65.8
2007	0.66	1.19	67.0
2008	0.66	1.22	67.2
2009	0.67	1.25	67.5

3-20　2009年灌溉面积（按地区分）

Irrigated Area in 2009 (by Regions)

单位：千公顷　　unit: 10^3hm^2

地区	Region	灌溉面积 总计 Total Irrigated Area	农田有效灌溉面积 Effective Irrigated Area	林地 Forestry	果园 Fruit Garden	牧草 Pasture Land	其他 Others	农田有效实灌面积 Actual Irrigated Area	旱涝保收面积 Harvest Area Guaranteed in Case of Flood and Drought
合　计	**Total**	**65164.6**	**59261.4**	**1774.7**	**2088.6**	**1246.9**	**793.0**	**51806.5**	**42358.2**
北　京	Beijing	324.8	218.7	31.9	62.5	3.1	8.6	203.7	197.5
天　津	Tianjin	381.6	347.4	10.4	17.3		6.5	287.1	232.3
河　北	Hebei	4976.9	4553.0	109.1	296.2	10.2	8.5	4149.8	3478.4
山　西	Shanxi	1291.5	1261.0	16.8	12.9	0.2	0.5	1017.3	723.5
内蒙古	Inner Mongolia	3689.4	2949.8	187.0	9.5	533.9	9.2	2335.2	1512.2
辽　宁	Liaoning	1707.6	1509.6	18.9	99.2	3.0	77.0	1163.7	1012.4
吉　林	Jilin	1707.4	1684.8	4.2	1.2	6.7	10.6	1157.5	1035.9
黑龙江	Heilongjiang	3414.9	3405.9	2.5	3.2	2.2	1.2	3031.1	1962.2
上　海	Shanghai	340.5	202.3	87.3	24.7		26.3	202.3	200.1
江　苏	Jiangsu	4051.2	3813.7	130.1	50.2	19.1	38.1	3479.7	3101.8
浙　江	Zhejiang	1550.5	1446.4	20.5	62.1		21.6	1408.6	1093.1
安　徽	Anhui	3517.8	3484.1	9.3	22.3		2.1	2969.6	2597.5
福　建	Fujian	1018.0	960.1	8.7	24.7	0.5	24.0	889.7	679.8
江　西	Jiangxi	1910.8	1840.4	14.7	39.8		15.9	1801.4	1485.4
山　东	Shandong	5484.1	4896.9	159.1	355.4	5.0	67.7	4236.1	3537.3
河　南	Henan	5120.8	5033.0	30.7	50.6	0.2	6.3	4539.7	4051.2
湖　北	Hubei	2475.0	2350.1	23.0	38.3	0.3	63.4	2014.1	1777.0
湖　南	Hunan	2819.2	2720.7	30.7	36.6	2.0	29.3	2555.2	2228.5
广　东	Guangdong	2252.9	1871.1	34.6	120.4		226.8	1704.7	1401.7
广　西	Guangxi	1545.4	1522.1	4.7	15.4	2.3	0.9	1226.0	1166.8
海　南	Hainan	249.3	243.2	1.5	3.9		0.7	185.5	148.2
重　庆	Chongqing	672.0	672.0					488.2	336.4
四　川	Sichuan	2612.7	2523.7	12.9	25.7	47.1	3.4	2090.4	1741.5
贵　州	Guizhou	1020.4	1016.0		0.3		4.2	695.9	633.7
云　南	Yunnan	1641.6	1562.1	19.4	44.9	5.7	9.4	1327.3	924.7
西　藏	Tibet	382.2	235.1	27.8	2.1	110.1	7.1	235.1	14.3
陕　西	Shaanxi	1422.6	1293.3	5.8	111.8	1.5	10.3	1101.7	831.9
甘　肃	Gansu	1417.0	1264.2	108.1	23.0	21.8		1063.8	999.1
青　海	Qinghai	371.3	251.7	19.8	0.9	98.9		205.6	151.5
宁　夏	Ningxia	510.9	453.6	13.0	22.3	8.9	13.1	421.2	379.0
新　疆	Xinjiang	5284.1	3675.7	632.2	511.3	364.4	100.6	3619.2	2723.4

3-21　2009年灌溉面积（按水资源分区分）

Irrigated Area in 2009 (by Water Resources Regions)

单位：千公顷　　　　unit: 10^3hm^2

水资源一级区	Grade- Ⅰ Water Resources Region	灌溉面积 总计 Total Irrigated Area	农田有效灌溉面积 Effective Irrigated Area	林地 Forestry	果园 Fruit Garden	牧草 Pasture Land	其他 Others	农田有效实灌面积 Actual Irrigated Area	旱涝保收面积 Harvest Area Guaranteed in Case of Flood and Drought
合　计	**Total**	**65164.6**	**59261.4**	**1774.7**	**2088.6**	**1246.9**	**793.0**	**51806.5**	**42358.2**
松花江区	Songhua River	5440.5	5369.8	6.7	4.4	47.8	11.8	4422.0	3112.5
辽河区	Liaohe River	3219.6	2766.4	85.9	96.8	193.0	77.5	2090.6	1575.8
海河区	Haihe River	8306.4	7545.6	234.5	455.6	29.3	41.4	6854.8	5608.0
黄河区	Yellow River	6018.5	5344.2	207.6	198.9	232.8	35.1	4556.8	3693.4
淮河区	Huaihe River	11765.9	11170.0	167.3	335.9	17.8	74.9	9603.3	8511.4
长江区	Yangtze River	15931.5	15246.2	249.4	216.7	57.3	161.9	13470.5	11515.9
其中：太湖区	Among Which: Taihu Lake	1098.3	929.4	102.2	37.5		29.2	912.1	872.8
东南诸河区	Rivers in Southeast	2212.0	2056.4	27.7	82.3	0.5	45.0	1959.4	1453.3
珠江区	Pearl River	4722.8	4296.3	42.8	147.7	3.0	233.1	3628.6	3123.3
西南诸河区	Rivers in Southwest	1146.3	966.4	33.9	21.9	112.5	11.7	864.4	447.6
西北诸河区	Rivers in Northwest	6401.1	4500.1	718.9	528.3	553.1	100.6	4356.1	3316.9

3-22 2009 年灌溉面积（按水资源分区和地区分）

Irrigated Area in 2009 (by Water Resources Regions and Regions)

单位：千公顷 unit: 10^3hm^2

地区	Region	灌溉面积 总计 Total Irrigated Area	农田有效灌溉面积 Effective Irrigated Area	林地 Forestry	果园 Fruit Garden	牧草 Pasture Land	其他 Others	农田有效实灌面积 Actual Irrigated Area	旱涝保收面积 Harvest Area Guaranteed in Case of Flood and Drought
松花江区	**Songhua River**	**5440.5**	**5369.8**	**6.7**	**4.4**	**47.8**	**11.8**	**4422.0**	**3112.5**
内蒙古	Inner Mongolia	508.0	468.5	0.4	0.1	39.0		319.4	238.8
吉 林	Jilin	1517.5	1495.4	3.8	1.2	6.5	10.6	1071.4	911.6
黑龙江	Heilongjiang	3414.9	3405.9	2.5	3.2	2.2	1.2	3031.1	1962.2
辽河区	**Liaohe River**	**3219.6**	**2766.4**	**85.9**	**96.8**	**193.0**	**77.5**	**2090.6**	**1575.8**
内蒙古	Inner Mongolia	1336.4	1078.5	66.8	0.7	189.9	0.5	847.2	442.5
辽 宁	Liaoning	1693.3	1498.5	18.8	96.1	3.0	77.0	1157.4	1009.0
吉 林	Jilin	189.9	189.4	0.3		0.1		86.1	124.3
海河区	**Haihe River**	**8306.4**	**7545.6**	**234.5**	**455.6**	**29.3**	**41.4**	**6854.8**	**5608.0**
北 京	Beijing	324.8	218.7	31.9	62.5	3.1	8.6	203.7	197.5
天 津	Tianjin	381.6	347.4	10.4	17.3		6.5	287.1	232.3
河 北	Hebei	4976.9	4553.0	109.1	296.2	10.2	8.5	4149.8	3478.4
山 西	Shanxi	452.0	440.0	7.2	4.4	0.1	0.3	360.7	280.1
内蒙古	Inner Mongolia	87.4	75.3	0.6	0.0	11.5		51.8	19.9
辽 宁	Liaoning	14.3	11.1	0.2	3.1			6.4	3.4
山 东	Shandong	1427.4	1284.4	66.5	55.1	4.4	17.1	1218.1	883.0
河 南	Henan	642.0	615.8	8.7	17.1		0.4	577.3	513.5
黄河区	**Yellow River**	**6018.5**	**5344.2**	**207.6**	**198.9**	**232.8**	**35.1**	**4556.8**	**3693.4**
山 西	Shanxi	839.5	821.0	9.6	8.5	0.1	0.3	656.6	443.4
内蒙古	Inner Mongolia	1507.9	1207.0	111.0	8.4	172.8	8.7	1045.2	779.9
山 东	Shandong	390.6	348.7	10.5	26.0	0.1	5.3	315.9	258.0
河 南	Henan	740.8	706.7	10.1	22.0	0.2	1.9	650.1	593.1
陕 西	Shaanxi	1192.6	1076.3	4.5	104.5	1.5	5.9	917.8	692.7
甘 肃	Gansu	587.1	539.9	31.5	6.3	9.5		397.7	419.1
青 海	Qinghai	249.2	191.0	17.5	0.9	39.8		152.3	128.1
宁 夏	Ningxia	510.9	453.6	13.0	22.3	8.9	13.1	421.2	379.0
淮河区	**Huaihe River**	**11765.9**	**11170.0**	**167.3**	**335.9**	**17.8**	**74.9**	**9603.3**	**8511.4**
江 苏	Jiangsu	2678.5	2533.8	71.8	29.9	17.2	25.8	2274.9	2028.5
安 徽	Anhui	2168.9	2141.5	4.6	21.4		1.4	1712.5	1479.2
山 东	Shandong	3666.1	3263.8	82.2	274.3	0.5	45.3	2702.2	2396.3
河 南	Henan	3252.5	3230.9	8.7	10.4		2.5	2913.6	2607.5

3-22 续表 continued

地区	Region	灌溉面积 总计 Total Irrigated Area	农田有效灌溉面积 Effective Irrigated Area	林地 Forestry	果园 Fruit Garden	牧草 Pasture Land	其他 Others	农田有效实灌面积 Actual Irrigated Area	旱涝保收面积 Harvest Area Guaranteed in Case of Flood and Drought
长江区	**Yangtze River**	**15931.5**	**15246.2**	**249.4**	**216.7**	**57.3**	**161.9**	**13470.5**	**11515.9**
上 海	Shanghai	340.5	202.3	87.3	24.7		26.3	202.3	200.1
江 苏	Jiangsu	1372.7	1279.8	58.3	20.3	1.9	12.4	1204.7	1073.4
浙 江	Zhejiang	393.8	386.7	1.7	4.6		0.7	374.9	346.0
安 徽	Anhui	1311.7	1305.9	4.6	0.8		0.4	1221.2	1091.9
江 西	Jiangxi	1910.8	1840.4	14.7	39.8		15.9	1801.4	1485.4
河 南	Henan	485.5	479.7	3.2	1.2		1.5	398.7	337.1
湖 北	Hubei	2475.0	2350.1	23.0	38.3	0.3	63.4	2014.1	1777.0
湖 南	Hunan	2743.7	2646.9	30.4	35.2	2.0	29.2	2485.0	2169.5
广 西	Guangxi	46.0	45.6		0.4			40.3	34.9
重 庆	Chongqing	672.0	672.0					488.2	336.4
四 川	Sichuan	2612.7	2523.7	12.9	25.7	47.1	3.4	2090.4	1741.5
贵 州	Guizhou	735.0	735.0					500.0	472.4
云 南	Yunnan	521.2	482.1	11.6	18.3	4.7	4.5	411.5	270.4
陕 西	Shaanxi	230.0	217.0	1.3	7.3		4.4	183.9	139.2
甘 肃	Gansu	77.1	76.7	0.4				52.5	40.9
青 海	Qinghai	3.6	2.2			1.4		1.5	
东南诸河区	**Rivers in Southeast**	**2212.0**	**2056.4**	**27.7**	**82.3**	**0.5**	**45.0**	**1959.4**	**1453.3**
浙 江	Zhejiang	1156.8	1059.6	18.8	57.5		20.8	1033.7	747.1
安 徽	Anhui	37.3	36.7	0.2	0.2		0.2	36.0	26.4
福 建	Fujian	1018.0	960.1	8.7	24.7	0.5	24.0	889.7	679.8
珠江区	**Pearl River**	**4722.8**	**4296.3**	**42.8**	**147.7**	**3.0**	**233.1**	**3628.6**	**3123.3**
湖 南	Hunan	75.5	73.8	0.3	1.4		0.1	70.3	59.0
广 东	Guangdong	2252.9	1871.1	34.6	120.4		226.8	1704.7	1401.7
广 西	Guangxi	1499.4	1476.5	4.7	15.0	2.3	0.9	1185.7	1131.9
海 南	Hainan	249.3	243.2	1.5	3.9		0.7	185.5	148.2
贵 州	Guizhou	285.4	281.0		0.2		4.2	195.9	161.4
云 南	Yunnan	360.3	350.7	1.7	6.7	0.7	0.4	286.6	221.1
西南诸河区	**Rivers in Southwest**	**1146.3**	**966.4**	**33.9**	**21.9**	**112.5**	**11.7**	**864.4**	**447.6**
云 南	Yunnan	760.1	729.3	6.1	19.8	0.3	4.5	629.2	433.3
西 藏	Tibet	382.2	235.1	27.8	2.1	110.1	7.1	235.1	14.3
青 海	Qinghai	4.0	1.9			2.1		0.1	
西北诸河区	**Rivers in Northwest**	**6401.1**	**4500.1**	**718.9**	**528.3**	**553.1**	**100.6**	**4356.1**	**3316.9**
内蒙古	Inner Mongolia	249.7	120.4	8.3	0.4	120.7		71.6	31.1
甘 肃	Gansu	752.8	647.5	76.2	16.7	12.4		613.7	539.1
青 海	Qinghai	114.5	56.5	2.3		55.7		51.7	23.4
新 疆	Xinjiang	5284.1	3675.7	632.2	511.3	364.4	100.6	3619.2	2723.4

3-23 历年农田有效灌溉面积减少原因

Reasons of Reduction of Effective Irrigated Area by Years

单位：千公顷 unit: 10^3hm^2

年份 Year	农田有效灌溉面积 Effective Irrigated Area		农田有效灌溉面积减少原因 Reasons of Reduction of Effective Irrigated Area					
	新增 Newly-Increased	减少 Reduction	工程老化、毁损 Aging and Damage of Structures	机井报废 Abortion of Wells	建设占地 Land Occupation by Construction	长期水源不足 Long-Term Insufficiency of Water Sources	退耕 Converting Farmland to Other Usage	其他 Others
2000	1324.96	678.11	71.19	250.46	91.54		7.89	257.03
2001	1169.38	665.58	306.33	10.88	112.93		48.00	187.44
2002	1251.42	901.21	325.95	12.27	197.74		141.17	224.09
2003	1226.08	1183.39	404.32	19.96	216.77		228.24	314.09
2004	1159.95	808.45	281.74	14.98	206.02		100.59	205.13
2005	1012.35	697.34	237.31	14.91	199.94		68.43	176.76
2006	1343.11	796.86	183.12		123.67	100.06	39.69	350.32
2007	1344.05	608.63	192.26		125.89	54.62	51.93	183.93
2008	1318.27	648.41	239.55		97.04	96.52	22.95	192.35
2009	1533.10	742.85	245.13		126.19	79.36	25.62	266.55

3-24　2009年农田有效灌溉面积减少原因（按地区分）

Reasons of Reduction of Effective Irrigated Area in 2009 (by Regions)

单位：千公顷　　unit: 10^3hm^2

地区	Region	农田有效灌溉面积 Effective Irrigated Area		农田有效灌溉面积减少原因 Reasons of Reduction of Effective Irrigated Area				
		新增 Newly-Increased	减少 Reduction	工程老化、毁损 Aging and Damage of Structures	建设占地 Land Occupation by Construction	长期水源不足 Long-Term Insufficiency of Water Sources	退耕 Converting Farmland to Other Usage	其他 Others
合　计	**Total**	**1533.10**	**742.85**	**245.13**	**126.19**	**79.36**	**25.62**	**266.55**
北　京	Beijing	1.30	24.29	0.31	13.65	0.40	0.27	9.66
天　津	Tianjin		0.68		0.65			0.03
河　北	Hebei	67.75	73.37	21.07	13.75	21.62	3.86	13.07
山　西	Shanxi	29.29	22.86	2.96	2.04	3.23		14.63
内蒙古	Inner Mongolia	126.68	48.19	31.69	2.29	9.02	5.19	
辽　宁	Liaoning	33.27	16.63	3.81	1.51	4.74		6.57
吉　林	Jilin	42.48	11.79	1.53				10.26
黑龙江	Heilongjiang	310.51	27.16	9.32		1.62		16.22
上　海	Shanghai		32.14		0.40			31.74
江　苏	Jiangsu	55.03	58.48	15.46	16.06	2.00	2.00	22.96
浙　江	Zhejiang	19.90	9.38	1.48	4.36	0.56	0.02	2.96
安　徽	Anhui	46.92	7.95	1.54	3.68	0.66		2.08
福　建	Fujian	8.64	3.97	1.28	0.52	0.51		1.66
江　西	Jiangxi	13.95	14.68	2.62	5.49	0.89	0.24	5.45
山　东	Shandong	70.14	39.93	15.71	8.74	4.72	1.38	9.39
河　南	Henan	188.62	144.80	107.85	9.18	10.98	0.27	16.52
湖　北	Hubei	34.82	14.88	1.21	1.54	0.38	0.32	11.43
湖　南	Hunan	23.93	11.69	1.16	0.23	0.06	0.09	10.15
广　东	Guangdong	22.06	14.42	2.65	6.80	0.93		4.04
广　西	Guangxi	4.02	3.33	0.05	0.61	1.52	0.03	1.12
海　南	Hainan	0.15	3.10					3.10
重　庆	Chongqing	14.01	0.85	0.03	0.80	0.02		
四　川	Sichuan	40.75	23.79	2.24	15.52	0.37	1.99	3.67
贵　州	Guizhou	102.33	3.72	1.11	0.79	0.05	0.36	1.41
云　南	Yunnan	36.51	11.31	1.17	7.46	0.59	1.54	0.54
西　藏	Tibet	44.14	29.67					29.67
陕　西	Shaanxi	22.34	30.48	14.74	6.99	4.76	0.29	3.69
甘　肃	Gansu	16.76	7.32	2.25	0.07	1.90	0.02	3.08
青　海	Qinghai	0.02						
宁　夏	Ningxia	4.21	2.60	0.36	1.56	0.30	0.38	
新　疆	Xinjiang	152.58	49.39	1.54	1.50	7.53	7.36	31.46

3-25 2009年农田有效灌溉面积减少原因（按水资源分区分）

Reasons of Reduction of Effective Irrigated Area in 2009 (by Water Resources Regions)

单位：千公顷 unit: 10^3hm^2

水资源一级区	Grade- Ⅰ Water Resources Region	农田有效灌溉面积 Effective Irrigated Area		农田有效灌溉面积减少原因 Reasons of Reduction of Effective Irrigated Area				
		新增 Newly-Increased	减少 Reduction	工程老化、毁损 Aging and Damage of Structures	建设占地 Land Occupation by Construction	长期水源不足 Long-Term Insufficiency of Water Sources	退耕 Converting Farmland to Other Usage	其他 Others
合　计	**Total**	**1533.10**	**742.85**	**245.13**	**126.19**	**79.36**	**25.62**	**266.55**
松花江区	Songhua River	395.93	56.89	27.16	0.53	2.77		26.43
辽河区	Liaohe River	68.94	24.33	10.37	1.51	5.83		6.62
海河区	Haihe River	111.88	130.34	34.37	32.28	27.09	5.08	31.52
黄河区	Yellow River	111.41	77.93	27.19	13.19	13.36	6.02	18.17
淮河区	Huaihe River	270.22	188.65	118.34	22.14	12.08	2.45	33.64
长江区	Yangtze River	265.51	135.98	16.27	40.27	2.99	3.64	72.82
其中：太湖区	Among Which: Taihu Lake	8.65	41.12		9.16			31.96
东南诸河区	Rivers in Southeast	25.62	12.45	2.77	4.12	1.07	0.02	4.47
珠江区	Pearl River	55.29	23.08	3.47	8.71	2.54	0.07	8.29
西南诸河区	Rivers in Southwest	60.69	34.59	1.08	1.93	0.44	0.95	30.18
西北诸河区	Rivers in Northwest	167.62	58.62	4.12	1.51	11.18	7.38	34.42

3-26 2009 年农田有效灌溉面积减少原因（按水资源分区和地区分）

Reasons of Reduction of Effective Irrigated Area in 2009 (by Water Resources Regions and Regions)

单位：千公顷　　　　unit: $10^3 hm^2$

地区	Region	农田有效灌溉面积 Effective Irrigated Area		农田有效灌溉面积减少原因 Reasons of Reduction of Effective Irrigated Area				
		新增 Newly-Increased	减少 Reduction	工程老化、毁损 Aging and Damage of Structures	建设占地 Land Occupation by Construction	长期水源不足 Long-Term Insufficiency of Water Sources	退耕 Converting Farmland to Other Usage	其他 Others
松花江区	**Songhua River**	**395.93**	**56.89**	**27.16**	**0.53**	**2.77**		**26.43**
内蒙古	Inner Mongolia	49.63	19.52	17.84	0.53	1.15		
吉　林	Jilin	35.79	10.21					10.21
黑龙江	Heilongjiang	310.51	27.16	9.32		1.62		16.22
辽河区	**Liaohe River**	**68.94**	**24.33**	**10.37**	**1.51**	**5.83**		**6.62**
内蒙古	Inner Mongolia	29.02	6.12	5.03		1.09		
辽　宁	Liaoning	33.23	16.63	3.81	1.51	4.74		6.57
吉　林	Jilin	6.69	1.58	1.53				0.05
海河区	**Haihe River**	**111.88**	**130.34**	**34.37**	**32.28**	**27.09**	**5.08**	**31.52**
北　京	Beijing	1.30	24.29	0.31	13.65	0.40	0.27	9.66
天　津	Tianjin		0.68		0.65			0.03
河　北	Hebei	67.75	73.37	21.07	13.75	21.62	3.86	13.07
山　西	Shanxi	4.62	5.08	2.55	0.65	1.01		0.87
内蒙古	Inner Mongolia	8.45	4.56	2.99		1.57		
辽　宁	Liaoning	0.04						
山　东	Shandong	14.26	10.52	0.38	1.98		0.95	7.22
河　南	Henan	15.46	11.84	7.07	1.61	2.49		0.67
黄河区	**Yellow River**	**111.41**	**77.93**	**27.19**	**13.19**	**13.36**	**6.02**	**18.17**
山　西	Shanxi	24.67	17.78	0.41	1.39	2.22		13.76
内蒙古	Inner Mongolia	30.59	13.66	3.25	1.76	3.46	5.19	
山　东	Shandong	10.28	4.98	2.64	1.01	1.00	0.13	0.20
河　南	Henan	16.98	11.07	6.10	1.69	2.11	0.11	1.06
陕　西	Shaanxi	16.68	25.71	12.36	5.72	4.27	0.21	3.15
甘　肃	Gansu	7.98	2.13	2.07	0.06			
青　海	Qinghai	0.02						
宁　夏	Ningxia	4.21	2.60	0.36	1.56	0.30	0.38	
淮河区	**Huaihe River**	**270.22**	**188.65**	**118.34**	**22.14**	**12.08**	**2.45**	**33.64**
江　苏	Jiangsu	42.44	44.18	15.46	7.74	2.00	2.00	16.98
安　徽	Anhui	41.98	5.47	1.53	3.18	0.66		0.10
山　东	Shandong	45.60	24.43	12.69	5.75	3.72	0.30	1.97
河　南	Henan	140.20	114.57	88.66	5.47	5.70	0.15	14.59

3-26 续表 continued

地区	Region	农田有效灌溉面积 Effective Irrigated Area		农田有效灌溉面积减少原因 Reasons of Reduction of Effective Irrigated Area				
		新增 Newly-Increased	减少 Reduction	工程老化、毁损 Aging and Damage of Structures	建设占地 Land Occupation by Construction	长期水源不足 Long-Term Insufficiency of Water Sources	退耕 Converting Farmland to Other Usage	其他 Others
长江区	**Yangtze River**	**265.51**	**135.98**	**16.27**	**40.27**	**2.99**	**3.64**	**72.82**
上　海	Shanghai		32.14		0.40			31.74
江　苏	Jiangsu	12.59	14.30		8.32			5.98
浙　江	Zhejiang	2.95	0.92		0.77			0.15
安　徽	Anhui	4.91	2.46		0.49			1.98
江　西	Jiangxi	13.95	14.68	2.62	5.49	0.89	0.24	5.45
河　南	Henan	15.98	7.32	6.02	0.41	0.68	0.01	0.20
湖　北	Hubei	34.82	14.88	1.21	1.54	0.38	0.32	11.43
湖　南	Hunan	23.31	11.54	1.01	0.23	0.06	0.09	10.15
广　西	Guangxi	1.02	0.03		0.03			
重　庆	Chongqing	14.01	0.85	0.03	0.80	0.02		
四　川	Sichuan	40.75	23.79	2.24	15.52	0.37	1.99	3.67
贵　州	Guizhou	78.00	3.10	0.53	0.76	0.05	0.35	1.41
云　南	Yunnan	14.83	4.90	0.05	4.23	0.06	0.56	
陕　西	Shaanxi	5.66	4.76	2.38	1.27	0.49	0.08	0.54
甘　肃	Gansu	2.74	0.30	0.18				0.12
青　海	Qinghai							
东南诸河区	**Rivers in Southeast**	**25.62**	**12.45**	**2.77**	**4.12**	**1.07**	**0.02**	**4.47**
浙　江	Zhejiang	16.95	8.46	1.48	3.59	0.56	0.02	2.81
安　徽	Anhui	0.03	0.02	0.01	0.01			
福　建	Fujian	8.64	3.97	1.28	0.52	0.51		1.66
珠江区	**Pearl River**	**55.29**	**23.08**	**3.47**	**8.71**	**2.54**	**0.07**	**8.29**
湖　南	Hunan	0.62	0.15	0.15				
广　东	Guangdong	22.06	14.42	2.65	6.80	0.93		4.04
广　西	Guangxi	3.00	3.30	0.05	0.58	1.52	0.03	1.12
海　南	Hainan	0.15	3.10					3.10
贵　州	Guizhou	24.33	0.62	0.58	0.03		0.01	
云　南	Yunnan	5.13	1.49	0.04	1.30	0.09	0.03	0.03
西南诸河区	**Rivers in Southwest**	**60.69**	**34.59**	**1.08**	**1.93**	**0.44**	**0.95**	**30.18**
云　南	Yunnan	16.55	4.92	1.08	1.93	0.44	0.95	0.51
西　藏	Tibet	44.14	29.67					29.67
青　海	Qinghai							
西北诸河区	**Rivers in Northwest**	**167.62**	**58.62**	**4.12**	**1.51**	**11.18**	**7.38**	**34.42**
内蒙古	Inner Mongolia	8.99	4.33	2.58		1.75		
甘　肃	Gansu	6.05	4.90		0.01	1.90	0.02	2.96
青　海	Qinghai							
新　疆	Xinjiang	152.58	49.39	1.54	1.50	7.53	7.36	31.46

3-27 历年机电灌溉面积

Lifting Irrigated Area by Years

单位：千公顷 unit: 10^3hm^2

年份 Year	机电排灌面积 Irrigated and Drainage Area with Mechanical and Electrical Equipment	机电提灌面积合计 Total Lifting Irrigated Area	#机电井 Pumped Well	固定站 Fixed Station	流动机 Mobile Equipment	纯排面积 Drainage Area Only
1949	252.00					
1950	262.67					
1951	285.33					
1952	317.33					
1953	349.33					
1954	396.00					
1955	529.33					
1956	786.00					
1957	1202.00					
1961	4932.67					
1962	6135.33					
1963	5474.00					
1964	6246.00					
1965	8093.33					
1970	14992.00					
1971	16063.33					
1972	19549.33					
1973	21976.00					
1974	24588.67					
1975		23908.00				
1976	28850.67					
1977	28778.67					
1978	30368.00	25335.33				
1979		26305.33				
1980		26440.00				
1982		26316.00				
1983		26302.67				
1984		26182.67				
1985		26298.00				
1986		26346.00				
1987	30763.33	26729.33	11087.33			
1988	30729.33	26728.67	11216.67			
1989	31032.00	27038.00	11435.33			
1990	31225.33	27235.33	11739.33			
1991	31489.33	27449.33	12111.33			
1992	32496.00	28379.33	12253.33			
1993	32596.00	28550.00	12487.33			
1994	32739.33	28642.00	12526.00			
1995	33274.00	29070.00	12789.33			
1996	34005.33	29751.33	13358.00			
1997	34915.33	30654.00	14131.33			
1998	35874.00	31570.00	14702.67			
1999	36554.00	32191.33	15000.67			
2000	36854.65	32617.80	15127.02	12203.14	3637.82	4236.85
2001	37107.41	33004.01	16309.19	12330.34	3630.53	4103.40
2002	37323.30	33209.58	16411.35	12312.55	3636.75	4113.73
2003	37354.03	33294.28	16512.60	12259.25	3596.13	4059.76
2004	36978.56	32873.33	16936.66	12205.17	3598.49	4105.13
2005	37867.51	33516.94	17046.12	12062.57	3515.88	4349.34
2006	37563.34	33091.40	16798.61	11350.62	2736.21	4471.94
2007	38715.60	34264.86	16893.65	11409.77	3131.62	4450.74
2008	39277.47	34659.23	17163.39	11152.60	3157.11	4618.25
2009	40016.33	35580.95	17480.25	11360.22	3199.92	4435.39

3-28 2009年机电灌溉面积（按地区分）

Lifting Irrigated Area in 2009 (by Regions)

单位：千公顷 unit: 10^3hm^2

地区	Region	机电排灌面积 Irrigated and Drainage Area with Mechanical and Electrical Equipment	机电提灌面积合计 Total Lifting Irrigated Area				纯排面积 Drainage Area Only
				#机电井 Pumped Well	固定站 Fixed Station	流动机 Mobile Equipment	
合 计	**Total**	**40016.33**	**35580.95**	**17480.25**	**11360.22**	**3199.92**	**4435.39**
北 京	Beijing	203.02	202.51	129.62	9.58	1.26	0.51
天 津	Tianjin	386.01	335.27	118.88	138.45	73.07	50.74
河 北	Hebei	4440.95	4244.60	3765.73	144.43	107.11	196.35
山 西	Shanxi	950.67	950.67	597.99	352.30	0.38	
内蒙古	Inner Mongolia	2975.02	2177.91	1615.03	210.38	2.59	797.11
辽 宁	Liaoning	1371.77	1082.40	592.22	311.54	17.17	289.37
吉 林	Jilin	1492.29	1287.02	799.42	230.55	25.91	205.27
黑龙江	Heilongjiang	3507.10	2779.42	1529.87	271.79	69.02	727.68
上 海	Shanghai	202.32	202.32		200.16		
江 苏	Jiangsu	3533.76	3140.11	227.31	2368.75	508.61	393.65
浙 江	Zhejiang	1048.17	975.47	55.79	804.11	68.60	72.70
安 徽	Anhui	2990.50	2465.98	434.86	1429.53	492.18	524.52
福 建	Fujian	149.91	120.01	33.20	59.84	16.18	29.90
江 西	Jiangxi	572.16	404.59	14.32	310.84	72.02	167.57
山 东	Shandong	4515.11	4467.75	2364.15	807.51	1145.97	47.36
河 南	Henan	4064.24	4039.61	3550.85	230.77	128.77	24.63
湖 北	Hubei	1387.71	1107.23	128.64	788.54	182.89	280.48
湖 南	Hunan	1182.07	1012.62	11.09	799.23	192.57	169.45
广 东	Guangdong	652.50	284.66	23.99	238.86	16.98	367.83
广 西	Guangxi	272.23	264.28	5.40	226.62	28.22	7.95
海 南	Hainan	18.30	15.75	3.22	11.48	1.02	2.55
重 庆	Chongqing	185.65	185.15	0.25	174.48	9.57	0.50
四 川	Sichuan	270.13	237.21	4.53	224.89	7.64	32.92
贵 州	Guizhou	75.14	72.10	2.39	64.51	4.89	3.04
云 南	Yunnan	183.86	173.98	24.91	134.50	6.05	9.88
西 藏	Tibet	4.94	4.94	2.71	2.23		
陕 西	Shaanxi	838.07	837.94	464.50	355.36	8.66	0.14
甘 肃	Gansu	446.43	446.43	180.71	257.60	3.20	
青 海	Qinghai	32.63	32.43	3.00	25.23	2.31	0.20
宁 夏	Ningxia	179.48	171.87	31.64	135.69	3.35	7.61
新 疆	Xinjiang	1884.20	1858.72	764.02	40.47	3.73	25.48

3-29 2009年机电灌溉面积（按水资源分区分）

Lifting Irrigated Area in 2009 (by Water Resources Regions)

单位：千公顷 unit: 10^3hm^2

水资源一级区	Grade- Ⅰ Water Resources Region	机电排灌面积 Irrigated and Drainage Area with Mechanical and Electrical Equipment	机电提灌面积合计 Total Lifting Irrigated Area	#机电井 Pumped Well	固定站 Fixed Station	流动机 Mobile Equipment	纯排面积 Drainage Area Only
合　计	**Total**	**40016.33**	**35580.95**	**17480.25**	**11360.22**	**3199.92**	**4435.39**
松花江区	Songhua River	5278.64	4345.39	2502.82	492.73	91.94	933.25
辽河区	Liaohe River	2426.39	2117.42	1451.03	350.66	21.79	308.97
海河区	Haihe River	7224.98	6972.78	5219.58	627.53	763.71	252.20
黄河区	Yellow River	4297.22	3503.56	2046.05	1264.84	102.60	793.66
淮河区	Huaihe River	9954.13	9319.46	4650.97	2951.81	1447.97	634.67
长江区	Yangtze River	6778.00	5774.21	548.54	4475.23	634.03	1003.79
其中：太湖区	Among Which: Taihu Lake	893.14	871.76	33.64	773.78	45.92	18.42
东南诸河区	Rivers in Southeast	853.18	757.81	56.61	561.72	82.12	95.37
珠江区	Pearl River	1052.41	664.99	45.02	560.55	49.94	387.41
西南诸河区	Rivers in Southwest	46.76	46.17	10.81	31.79	1.92	0.59
西北诸河区	Rivers in Northwest	2104.65	2079.17	948.81	43.36	3.90	25.48

3-30 2009年机电灌溉面积（按水资源分区和地区分）

Lifting Irrigated Area in 2009 (by Water Resources Regions and Regions)

单位：千公顷 unit: 10^3hm^2

地区	Region	机电排灌面积 Irrigated and Drainage Area with Mechanical and Electrical Equipment	机电提灌面积合计 Total Lifting Irrigated Area	#机电井 Pumped Well	固定站 Fixed Station	流动机 Mobile Equipment	纯排面积 Drainage Area Only
松花江区	**Songhua River**	**5278.64**	**4345.39**	**2502.82**	**492.73**	**91.94**	**933.25**
内蒙古	Inner Mongolia	435.32	422.52	276.72	1.68	0.63	12.80
吉　林	Jilin	1336.22	1143.45	696.23	219.26	22.29	192.77
黑龙江	Heilongjiang	3507.10	2779.42	1529.87	271.79	69.02	727.68
辽河区	**Liaohe River**	**2426.39**	**2117.42**	**1451.03**	**350.66**	**21.79**	**308.97**
内蒙古	Inner Mongolia	908.30	901.20	762.37	29.83	1.00	7.10
辽　宁	Liaoning	1362.02	1072.65	585.47	309.54	17.17	289.37
吉　林	Jilin	156.07	143.57	103.19	11.29	3.62	12.50
海河区	**Haihe River**	**7224.98**	**6972.78**	**5219.58**	**627.53**	**763.71**	**252.20**
北　京	Beijing	203.02	202.51	129.62	9.58	1.26	0.51
天　津	Tianjin	386.01	335.27	118.88	138.45	73.07	50.74
河　北	Hebei	4440.95	4244.60	3765.73	144.43	107.11	196.35
山　西	Shanxi	300.55	300.55	215.94	84.61		
内蒙古	Inner Mongolia	55.54	55.54	32.60	0.46		
辽　宁	Liaoning	9.75	9.75	6.75	2.00		
山　东	Shandong	1282.54	1280.12	484.47	203.57	572.38	2.42
河　南	Henan	546.62	544.44	465.59	44.43	9.89	2.18
黄河区	**Yellow River**	**4297.22**	**3503.56**	**2046.05**	**1264.84**	**102.60**	**793.66**
山　西	Shanxi	650.12	650.12	382.05	267.69	0.38	
内蒙古	Inner Mongolia	1470.86	693.65	471.51	177.84	0.96	777.21
山　东	Shandong	328.10	320.20	240.60	38.10	30.90	7.90
河　南	Henan	536.08	535.42	423.16	37.08	53.22	0.66
陕　西	Shaanxi	798.89	798.81	442.64	339.52	8.45	0.08
甘　肃	Gansu	304.17	304.17	53.56	244.52	3.20	
青　海	Qinghai	29.52	29.32	0.89	24.40	2.14	0.20
宁　夏	Ningxia	179.48	171.87	31.64	135.69	3.35	7.61
淮河区	**Huaihe River**	**9954.13**	**9319.46**	**4650.97**	**2951.81**	**1447.97**	**634.67**
江　苏	Jiangsu	2301.85	1998.27	148.32	1412.90	425.85	303.58
安　徽	Anhui	2037.58	1765.32	420.38	858.78	421.12	272.26
山　东	Shandong	2904.47	2867.43	1639.08	565.84	542.69	37.04
河　南	Henan	2710.23	2688.44	2443.19	114.30	58.31	21.79

3-30 续表 continued

地区	Region	机电排灌面积 Irrigated and Drainage Area with Mechanical and Electrical Equipment	机电提灌面积合计 Total Lifting Irrigated Area	#机电井 Pumped Well	固定站 Fixed Station	流动机 Mobile Equipment	纯排面积 Drainage Area Only
长江区	**Yangtze River**	**6778.00**	**5774.21**	**548.54**	**4475.23**	**634.03**	**1003.79**
上 海	Shanghai	202.32	202.32		200.16		
江 苏	Jiangsu	1231.91	1141.84	78.99	955.85	82.76	90.07
浙 江	Zhejiang	353.92	346.69	33.64	306.86	5.73	7.23
安 徽	Anhui	943.90	691.64	13.21	566.12	67.99	252.26
江 西	Jiangxi	572.16	404.59	14.32	310.84	72.02	167.57
河 南	Henan	271.31	271.31	218.91	34.96	7.35	
湖 北	Hubei	1387.71	1107.23	128.64	788.54	182.89	280.48
湖 南	Hunan	1164.95	998.71	10.63	788.45	189.92	166.24
广 西	Guangxi	2.24	2.24		2.20	0.03	
重 庆	Chongqing	185.65	185.15	0.25	174.48	9.57	0.50
四 川	Sichuan	270.13	237.21	4.53	224.89	7.64	32.92
贵 州	Guizhou	57.21	54.36	1.75	47.97	4.64	2.85
云 南	Yunnan	65.56	61.95	5.50	46.56	3.28	3.61
陕 西	Shaanxi	39.18	39.13	21.86	15.84	0.21	0.06
甘 肃	Gansu	29.84	29.84	16.30	11.51		
青 海	Qinghai						
东南诸河区	**Rivers in Southeast**	**853.18**	**757.81**	**56.61**	**561.72**	**82.12**	**95.37**
浙 江	Zhejiang	694.25	628.78	22.15	497.25	62.87	65.47
安 徽	Anhui	9.02	9.02	1.26	4.63	3.07	
福 建	Fujian	149.91	120.01	33.20	59.84	16.18	29.90
珠江区	**Pearl River**	**1052.41**	**664.99**	**45.02**	**560.55**	**49.94**	**387.41**
湖 南	Hunan	17.12	13.91	0.46	10.78	2.65	3.21
广 东	Guangdong	652.50	284.66	23.99	238.86	16.98	367.83
广 西	Guangxi	269.99	262.04	5.40	224.42	28.19	7.95
海 南	Hainan	18.30	15.75	3.22	11.48	1.02	2.55
贵 州	Guizhou	17.93	17.74	0.64	16.54	0.25	0.19
云 南	Yunnan	76.57	70.89	11.31	58.47	0.85	5.68
西南诸河区	**Rivers in Southwest**	**46.76**	**46.17**	**10.81**	**31.79**	**1.92**	**0.59**
云 南	Yunnan	41.73	41.14	8.10	29.47	1.92	0.59
西 藏	Tibet	4.94	4.94	2.71	2.23		
青 海	Qinghai	0.09	0.09		0.09		
西北诸河区	**Rivers in Northwest**	**2104.65**	**2079.17**	**948.81**	**43.36**	**3.90**	**25.48**
内蒙古	Inner Mongolia	105.00	105.00	71.83	0.57		
甘 肃	Gansu	112.42	112.42	110.85	1.57		
青 海	Qinghai	3.02	3.02	2.11	0.74	0.17	
新 疆	Xinjiang	1884.20	1858.72	764.02	40.47	3.73	25.48

3-31 历年节水灌溉面积
Water-Saving Irrigated Area by Years

单位：千公顷 unit: $10^3 hm^2$

年份 Year	节水灌溉面积合计 Total Area of Water-Saving Irrigation	喷灌 Sprinkler	微灌 Micro-Irrigation	低压管灌 Low-Pressure Pipe Irrigation	渠道防渗 Canal Lining	其他 Others
1998	15235.33					
1999	15051.06					
2000	16388.86	2131.40	152.58	3567.92	6361.33	4175.63
2001	17446.38	2364.21	215.39	3903.69	6925.30	4037.79
2002	18627.05	2473.21	278.76	4156.77	7570.88	4147.42
2003	19442.80	2633.67	371.10	4476.17	8071.47	3890.39
2004	20346.23	2674.83	479.64	4706.29	8561.95	3923.53
2005	21338.15	2746.28	621.76	4991.84	9133.16	3845.12
2006	22425.96	2823.84	754.89	5263.75	9593.65	3989.83
2007	23489.46	2876.47	976.98	5573.92	10058.12	4003.97
2008	24435.52	2821.18	1249.62	5873.00	10447.73	4044.00
2009	25755.11	2926.71	1669.27	6249.36	11166.07	3743.71

3-32 2009年节水灌溉面积（按地区分）

Water-Saving Irrigated Area in 2009 (by Regions)

单位：千公顷 unit: 10^3hm^2

地区	Region	节水灌溉面积合计 Total Area of Water-Saving Irrigation	喷灌 Sprinkler	微灌 Micro-Irrigation	低压管灌 Low-Pressure Pipe Irrigation	渠道防渗 Canal Lining	其他 Others
合 计	**Total**	**25755.11**	**2926.71**	**1669.27**	**6249.36**	**11166.07**	**3743.71**
北 京	Beijing	276.55	90.36	16.05	136.48	32.81	0.85
天 津	Tianjin	248.57	5.27	2.21	148.70	92.32	0.07
河 北	Hebei	2594.96	256.20	30.73	1815.39	279.05	213.59
山 西	Shanxi	812.12	143.66	28.98	466.00	172.60	0.88
内蒙古	Inner Mongolia	2165.79	485.28	16.73	938.10	723.55	2.13
辽 宁	Liaoning	466.19	163.56	37.75	106.56	128.84	29.48
吉 林	Jilin	250.87	220.75	0.38		20.28	9.46
黑龙江	Heilongjiang	2258.38	843.04	66.77	9.95	118.83	1219.79
上 海	Shanghai	150.30	2.04	0.11	88.29	59.86	
江 苏	Jiangsu	1589.97	17.32	3.78	84.27	1049.66	434.93
浙 江	Zhejiang	1004.69	26.37	17.96	71.63	775.88	112.85
安 徽	Anhui	788.63	79.86	7.56	67.97	461.50	171.73
福 建	Fujian	520.97	29.80	6.18	63.61	408.41	12.96
江 西	Jiangxi	267.54	7.41	0.38	2.13	131.42	126.20
山 东	Shandong	2143.72	148.95	46.33	1073.77	529.86	344.82
河 南	Henan	1467.18	114.25	10.24	604.34	494.64	243.71
湖 北	Hubei	377.17	13.32	6.57	24.42	309.63	23.23
湖 南	Hunan	301.28	20.10	1.58	4.71	251.75	23.14
广 东	Guangdong	194.82	8.74	1.50	8.16	172.76	3.66
广 西	Guangxi	685.90	5.22	0.13	3.68	408.84	268.03
海 南	Hainan	111.14	0.76	0.47	0.57	70.92	38.42
重 庆	Chongqing	138.47	5.17	0.14	17.61	108.37	7.18
四 川	Sichuan	1174.24	37.57	9.84	50.42	1022.81	53.60
贵 州	Guizhou	386.31	3.93	7.55	19.90	287.46	67.48
云 南	Yunnan	526.69	6.01	1.70	44.95	420.08	53.96
西 藏	Tibet	40.37		0.04	1.10	38.56	0.67
陕 西	Shaanxi	847.20	39.49	15.37	215.49	480.15	96.70
甘 肃	Gansu	820.60	45.61	34.95	96.72	558.73	84.58
青 海	Qinghai	77.92	1.99			72.14	3.79
宁 夏	Ningxia	250.10	5.25	5.58	18.43	185.94	34.90
新 疆	Xinjiang	2816.47	99.42	1291.70	66.00	1298.43	60.92

3-33 2009年节水灌溉面积（按水资源分区分）

Water-Saving Irrigated Area in 2009 (by Water Resources Regions)

单位：千公顷 unit: 10^3hm^2

水资源一级区	Grade-Ⅰ Water Resources Region	节水灌溉面积合计 Total Area of Water-Saving Irrigation	喷灌 Sprinkler	微灌 Micro-Irrigation	低压管灌 Low-Pressure Pipe Irrigation	渠道防渗 Canal Lining	其他 Others
合　计	**Total**	**25755.11**	**2926.71**	**1669.27**	**6249.36**	**11166.07**	**3743.71**
松花江区	Songhua River	2900.15	1227.03	67.32	225.40	151.15	1229.25
辽河区	Liaohe River	1144.55	309.77	46.49	516.83	241.85	29.61
海河区	Haihe River	4265.08	465.08	57.95	2565.97	762.85	413.24
黄河区	Yellow River	3462.76	262.97	64.93	1129.93	1768.97	235.96
淮河区	Huaihe River	3721.57	285.40	54.43	1085.79	1483.90	812.05
长江区	Yangtze River	4194.10	123.64	29.65	397.56	3178.90	464.34
其中：太湖区	Among Which: Taihu Lake	637.51	5.44	1.50	198.66	397.85	34.06
东南诸河区	Rivers in Southeast	1239.84	54.34	23.20	91.84	972.03	98.42
珠江区	Pearl River	1217.30	18.09	4.37	41.25	817.77	335.82
西南诸河区	Rivers in Southwest	238.95	1.00	1.07	7.66	200.33	28.89
西北诸河区	Rivers in Northwest	3370.80	179.38	1319.85	187.12	1588.33	96.12

3-34 2009年节水灌溉面积（按水资源分区和地区分）

Water-Saving Irrigated Area in 2009 (by Water Resources Regions and Regions)

单位：千公顷 unit: 10^3hm^2

地区	Region	节水灌溉面积合计 Total Area of Water-Saving Irrigation	喷灌 Sprinkler	微灌 Micro-Irrigation	低压管灌 Low-Pressure Pipe Irrigation	渠道防渗 Canal Lining	其他 Others
松花江区	**Songhua River**	**2900.15**	**1227.03**	**67.32**	**225.40**	**151.15**	**1229.25**
内蒙古	Inner Mongolia	415.38	187.71	0.18	215.45	12.04	
吉　林	Jilin	226.39	196.28	0.37		20.28	9.46
黑龙江	Heilongjiang	2258.38	843.04	66.77	9.95	118.83	1219.79
辽河区	**Liaohe River**	**1144.55**	**309.77**	**46.49**	**516.83**	**241.85**	**29.61**
内蒙古	Inner Mongolia	658.32	122.92	8.73	413.53	113.01	0.13
辽　宁	Liaoning	461.75	162.38	37.75	103.30	128.84	29.48
吉　林	Jilin	24.48	24.47	0.01			
海河区	**Haihe River**	**4265.08**	**465.08**	**57.95**	**2565.97**	**762.85**	**413.24**
北　京	Beijing	276.55	90.36	16.05	136.48	32.81	0.85
天　津	Tianjin	248.57	5.27	2.21	148.70	92.32	0.07
河　北	Hebei	2594.96	256.20	30.73	1815.39	279.05	213.59
山　西	Shanxi	274.99	50.57	4.95	128.67	90.63	0.17
内蒙古	Inner Mongolia	69.20	32.18	0.20	32.35	4.47	
辽　宁	Liaoning	4.44	1.18		3.26		
山　东	Shandong	347.32	11.18	2.22	108.50	82.34	143.09
河　南	Henan	449.05	18.14	1.59	192.62	181.23	55.47
黄河区	**Yellow River**	**3462.76**	**262.97**	**64.93**	**1129.93**	**1768.97**	**235.96**
山　西	Shanxi	537.13	93.09	24.03	337.33	81.97	0.71
内蒙古	Inner Mongolia	880.08	73.11	4.24	218.69	582.04	2.00
山　东	Shandong	225.26	8.23	4.46	151.98	41.31	19.28
河　南	Henan	384.35	20.42	1.97	172.13	121.43	68.40
陕　西	Shaanxi	740.93	36.81	14.58	209.49	414.68	65.37
甘　肃	Gansu	379.39	24.07	10.07	21.88	280.26	43.10
青　海	Qinghai	65.53	1.99			61.34	2.20
宁　夏	Ningxia	250.10	5.25	5.58	18.43	185.94	34.90
淮河区	**Huaihe River**	**3721.57**	**285.40**	**54.43**	**1085.79**	**1483.90**	**812.05**
江　苏	Jiangsu	1004.32	12.80	2.40	4.56	587.68	396.88
安　徽	Anhui	627.21	76.26	6.98	65.42	365.54	113.01
山　东	Shandong	1571.14	129.54	39.65	813.29	406.21	182.45
河　南	Henan	518.90	66.80	5.40	202.52	124.47	119.71

3-34 续表 continued

地区	Region	节水灌溉面积合计 Total Area of Water-Saving Irrigation	喷灌 Sprinkler	微灌 Micro-Irrigation	低压管灌 Low-Pressure Pipe Irrigation	渠道防渗 Canal Lining	其他 Others
长江区	**Yangtze River**	**4194.10**	**123.64**	**29.65**	**397.56**	**3178.90**	**464.34**
上 海	Shanghai	150.30	2.04	0.11	88.29	59.86	
江 苏	Jiangsu	585.64	4.52	1.38	79.71	461.98	38.05
浙 江	Zhejiang	290.95	1.89	0.94	43.40	216.85	27.87
安 徽	Anhui	156.29	3.54	0.58	2.55	91.37	58.24
江 西	Jiangxi	267.54	7.41	0.38	2.13	131.42	126.20
河 南	Henan	114.88	8.89	1.28	37.07	67.51	0.13
湖 北	Hubei	377.17	13.32	6.57	24.42	309.63	23.23
湖 南	Hunan	296.13	19.79	1.38	4.61	247.37	22.98
广 西	Guangxi	34.77	0.01		0.02	34.58	0.16
重 庆	Chongqing	138.47	5.17	0.14	17.61	108.37	7.18
四 川	Sichuan	1174.24	37.57	9.84	50.42	1022.81	53.60
贵 州	Guizhou	276.29	1.20	5.77	17.31	202.42	49.59
云 南	Yunnan	183.07	4.67	0.38	12.22	147.90	17.91
陕 西	Shaanxi	106.28	2.68	0.79	6.00	65.48	31.33
甘 肃	Gansu	42.08	10.94	0.11	11.80	11.36	7.87
青 海	Qinghai						
东南诸河区	**Rivers in Southeast**	**1239.84**	**54.34**	**23.20**	**91.84**	**972.03**	**98.42**
浙 江	Zhejiang	713.74	24.48	17.02	28.23	559.03	84.98
安 徽	Anhui	5.13	0.06			4.59	0.48
福 建	Fujian	520.97	29.80	6.18	63.61	408.41	12.96
珠江区	**Pearl River**	**1217.30**	**18.09**	**4.37**	**41.25**	**817.77**	**335.82**
湖 南	Hunan	5.15	0.31	0.20	0.10	4.38	0.16
广 东	Guangdong	194.82	8.74	1.50	8.16	172.76	3.66
广 西	Guangxi	651.13	5.21	0.13	3.66	374.26	267.87
海 南	Hainan	111.14	0.76	0.47	0.57	70.92	38.42
贵 州	Guizhou	110.02	2.73	1.78	2.59	85.03	17.88
云 南	Yunnan	145.04	0.34	0.29	26.17	110.41	7.83
西南诸河区	**Rivers in Southwest**	**238.95**	**1.00**	**1.07**	**7.66**	**200.33**	**28.89**
云 南	Yunnan	198.58	1.00	1.03	6.56	161.77	28.22
西 藏	Tibet	40.37		0.04	1.10	38.56	0.67
青 海	Qinghai						
西北诸河区	**Rivers in Northwest**	**3370.80**	**179.38**	**1319.85**	**187.12**	**1588.33**	**96.12**
内蒙古	Inner Mongolia	142.81	69.36	3.38	58.08	11.99	
甘 肃	Gansu	399.13	10.60	24.77	63.04	267.11	33.61
青 海	Qinghai	12.39				10.80	1.59
新 疆	Xinjiang	2816.47	99.42	1291.70	66.00	1298.43	60.92

主要统计指标解释

万亩以上灌区处数 在蓄水、引水、提水等灌溉工程中，灌溉设备齐全、渠系配套完整，自成灌溉体系，有统一管理的灌溉区域的数量。

灌溉面积 一个地区当年农、林、牧等灌溉面积的总和。总灌溉面积=有效灌溉面积（耕地）+林地灌溉面积+果园灌溉面积+牧草灌溉面积+其他灌溉面积。

农田有效灌溉面积 灌溉工程或设备已基本配套，有一定水源，土地比较平整，在一般年景可以进行正常灌溉的农田或耕地灌溉面积。

农田有效实灌面积 利用灌溉工程和设施，在有效灌溉面积中当年实际已进行正常（灌水一次以上）灌溉的耕地面积。在同一亩耕地上，报告期内无论灌水几次，都应按一亩计算，而不应按灌溉亩次计算。凡是肩挑、人抬、马拉抗旱点种的面积，一律不算实灌面积。有效实灌面积不大于有效灌溉面积。

机电排灌面积 由固定站、流动站、机电井、喷灌机械等所有机械、电动力设备进行排水、灌溉的耕地面积。其中，只要有固定的机械排灌的设施，能够进行正常排灌，不论当年是否进行排灌，都应统计为机电排灌面积（含灌排结合面积）。

旱涝保收面积 有效灌溉面积中，遇旱能灌，遇涝能排的面积。灌溉设施的抗旱能力，按各地不同情况，应达到30～50天；适宜发展双季稻的地方，应达到50～70天。除涝达到5年一遇以上标准，防洪一般达到20年一遇标准的有效灌溉面积。

农田排灌机械保有量 机、电动力抽水设备提水灌溉和排水统称排灌机械。排灌机械按使用动力分为电动与内燃机。按工程设施分为固定机电排灌站、流动机机电排灌、喷滴灌机电排灌及机电井机电排灌4类。

固定机电排灌站处数 以江河、湖泊、水库、渠道等地面水为水源，在固定地点建设的以电动机、柴油机、汽油机等为动力带动水泵抽水灌溉、排水，并已发挥效益的灌溉站、排水站、排灌站的数量。

固定机电排灌站装机容量 等于电动机排灌站装机容量与内燃机排灌站装机容量之和。

机电井眼数 安装柴油机、汽油机、电动机或其他动力机械带动水泵抽取地下水灌溉农田、牧草地，包括已装机配套的和待装机配套的水井眼数。

配套机电井眼数 已经安装机电提水设备（包括线路）可以进行正常灌溉的机电井眼数。在几眼井上使用一台设备，但能适时灌溉的和一机多用而主要用于机、电井的，均应视为“已配套机电井”。包括由于提水设备或机井本身损坏待修理，暂时不能用的“已配套机电井”。

机电井装机容量 水利工程机组设备的容量，以机组铭牌的容量为准，包括停机检修和事故备用容量。

配套机电井装机容量 包括机配井装机容量与电配井装机容量之和。

流动机装机容量 等于电动机装机容量与内燃机装机容量之和。

喷滴灌装机容量 用于喷滴灌技术灌溉农用地的喷滴灌使用的机械动力数，只统计喷滴灌机的动力，不包括给喷滴灌机输入、送水源的动力。

Explanatory Notes of Main Statistical Indicators

Number of irrigation district with an area above 10,000 mu The number of district above 10,000 mu which were designed for irrigation with complete irrigation facilities, sub-canal system, self-established irrigation system and unified management system, in the irrigation schemes of water storage, water diversion or water lifting.

Irrigated area The sum of irrigated areas for agricultural, forest, pasture and grazing in a particular region. The total irrigated area is equal to the sum of effective irrigated areas (arable land), forest irrigated areas, orchard irrigated areas, grazing irrigated areas and other irrigated areas. Irrigated areas in the current year mean the total irrigated areas at the end of the year.

Effective irrigated areas The effective irrigated area refers to farmland or cultivated land with irrigation in normal years, equipped with installed irrigation facilities, water source and relatively leveled land.

Actual irrigated area The area of effective irrigated land has been applied irrigation (once or more than once) in the statistical year, taking the advantage of irrigation works or facilities. No matter how many times of irrigation is made in the same area of land within report period, it is all counted as one mu, but not counted according to the irrigation times. The areas irrigated for drought-relief by people or animal carrying water for irrigation are not included. Actual effective irrigation areas equals to or less than effective irrigated areas.

Irrigated and drainage area with mechanical and electrical equipment The areas are drained or irrigated by electrical and mechanical facilities, such as fixed and movable irrigation and drainage facilities, electromechanical wells and sprinklers. No matter whether farmland is irrigated in the statistical year, whenever fixed irrigation facilities are placed, the area is included in electromechanical irrigation and drainage areas (including area for both irrigation and drainage).

Harveat area guaranteed in case of flood and drought Farmlands, within effective irrigated areas, can irrigate in drought season and drain in flood season. According to drought-resistant capacity of irrigation facilities under varied conditions of different regions, irrigation may last for 30～50 days, and may last for 50～70 days in the regions suitable for double cropping rice. Waterlogging control in the effective irrigated areas should reach the standard of once in five years return period and flood control should reach the standard of once in twenty years return period.

Registered machinery and equipment fcr Irrigation and Drainage Machinery and equipment driven by mechanical or electrical power for pumping or lifting water for irrigation and drainage are divided into electrical power and internal combustion engine by power sources. It is grouped into four types of fixed electric-mechanical irrigation and drainage station, mobile electric-mechanical irrigation and drainage facilities, sprinkler irrigation and drip irrigation, and borehole and tubewells or electric-mechanical wells.

Number of fixed irrigation and drainage stations The number of irrigation station, drainage station or irrigation & drainage station that has already generated benefit, uses surface water such as river, lake, reservoir and canal as sources for pumping water with electric motor, diesel or gasoline engine in a fixed place for irrigation and drainage.

Installed capacity of fixed irrigation and drainage station Sum of installed capacity of fixed electric-mechanical irrigation and drainage station and fixed irrigation and drainage facilities empowered by diesel engine.

Number of mechanical and electrical wells The number of Boreholes and tubewells with installed counterpart facilities or waiting for installation, which use diesel or gasoline engine, electric motor or other power machines to pump or lift water for irrigation of farmlands and pasture lands.

Number of counterpart mechanical and electric wells Boreholes and tubewells already installed with pumping facilities (including lines) can be used for irrigation; It is also referred as equipped electromechanical well when several wells sharing one facility for timely irrigation and temporarily unused well because of damage of pumping facility and waiting for repair.

Installed capacity of mechanical and electric wells Installed capacity of electric-mechanical equipment based on brand instruction, including repair or overhaul and accident spare capacity.

Installed capacity of counterpart mechanical and electric wells The sum of installed capacity of wells equipped with mechanical equipment and installed capacity of wells equipped by electrical equipment.

Installed capacity of mobile equipment The sum of installed capacity of electrical motor and installed capacity of internal combustion engine.

Installed capacity of sprinkler and drip Machinery and equipment employed for sprinkler and drip irrigation, but it only includes the power of sprinkler and drip and excludes power of water transmission to sprinkler and drip system.

4 供用水

Water Supply and Water Use

简 要 说 明

供用水统计资料主要包括水利工程设施供水及农村饮水安全等。

供用水量及饮水安全情况按水资源一级分区和地区分组。

1. 供水按受水区分地表水源、地下水源和其他水源统计。

2. 蓄水工程、引水工程、机电井工程与泵站工程供水量统计范围为水利系统管理的工程。

3. 农村饮水安全人口统计范围只限于农村，2004 年及以前年份统计“解决饮水困难人口”指标，2005 年后统计“饮水安全人口”指标。

4. 供水量历史资料汇总 1997 年至今历史数据；饮水安全情况汇总 1975 年至今数据。

Brief Introduction

Statistical data of water supply and utilization mainly covers water supply of water facilities and safety of rural drinking water.

Quantity of water supply and safety condition of drinking water is classified in accordance with grade- I water resources regions and regions.

1. Water supply is grouped based on the sources of surface water, groundwater and others according to water-receiving area.

2. Statistical scope of water supply only includes storage works, water diversion and electro-mechanical wells and pumping stations managed by the water sector.

3. Statistical scope of population access to safe drinking water is only limited to rural areas. Index of "population with drinking water" is used in 2004 and before; the index of "population with safe drinking water" is used in 2005 and after.

4. Historical data of volume of water supply is collected from 1997 until present, data of safe drinking water is collected from 1975 until present.

4-1 历年供用水量

Water Supply and Water Use by Years

单位：亿立方米 unit: 10^8m^3

年份 Year	供水量 合计 Total Water Supply	地表水 Surface Water	地下水 Ground-water	其他 Others	用水量 合计 Total Water Use	农业 Agricultural	工业 Industrial	生活 Domestic	生态 Ecological
1997	5623.2	4565.9	1031.5	25.7	5566.0	3919.7	1121.2	525.1	
1998	5469.8	4419.6	1028.9	21.4	5435.4	3766.2	1126.2	542.9	
1999	5613.3	4514.2	1074.6	24.5	5590.9	3869.2	1159.0	562.8	
2000	5530.7	4440.4	1069.2	21.1	5497.6	3783.5	1139.1	574.9	
2001	5567.4	4450.7	1094.9	21.9	5567.4	3825.7	1141.8	599.9	
2002	5497.3	4404.4	1072.4	20.5	5497.3	3736.2	1142.4	618.7	
2003	5320.4	4286.0	1018.1	16.3	5320.4	3432.8	1177.2	630.9	79.5
2004	5547.8	4504.2	1026.4	17.2	5547.8	3585.7	1228.9	651.2	82.0
2005	5633.0	4572.2	1038.8	22.0	5633.0	3580.0	1285.2	675.1	92.7
2006	5795.0	4706.8	1065.5	22.7	5795.0	3664.4	1343.8	693.8	93.0
2007	5818.7	4723.5	1069.5	25.7	5818.7	3598.5	1404.1	710.4	105.7
2008	5909.9	4796.4	1084.8	28.7	5909.9	3663.4	1397.1	729.2	120.2
2009	5965.2	4839.5	1094.5	31.2	5965.2	3723.1	1390.9	748.2	103.0

4-2　2009年供用水量（按地区分）

Water Supply and Water Use in 2009 (by Regions)

单位：亿立方米　　unit: 10^8m^3

地区	Region	供水量 合计 Total Water Supply	地表水 Surface Water	地下水 Ground-water	其他 Others	用水量 合计 Total Water Use	农业 Agricultural	工业 Industrial	生活 Domestic	生态 Ecological
合 计	**Total**	**5965.2**	**4839.5**	**1094.5**	**31.2**	**5965.2**	**3723.1**	**1390.9**	**748.2**	**103.0**
北 京	Beijing	35.5	7.2	21.8	6.5	35.5	11.4	5.2	15.3	3.6
天 津	Tianjin	23.4	17.2	6.0	0.1	23.4	12.8	4.4	5.1	1.1
河 北	Hebei	193.7	37.5	154.6	1.6	193.7	143.9	23.7	23.4	2.7
山 西	Shanxi	56.3	23.3	32.9		56.3	34.4	10.5	10.0	1.3
内蒙古	Inner Mongolia	181.3	93.5	87.5	0.3	181.3	138.7	20.9	14.1	7.6
辽 宁	Liaoning	142.8	71.6	67.4	3.8	142.8	91.1	23.9	24.4	3.3
吉 林	Jilin	111.1	68.6	42.5		111.1	71.2	23.6	14.1	2.3
黑龙江	Heilongjiang	316.3	180.2	136.0		316.3	237.4	55.7	18.8	4.4
上 海	Shanghai	125.2	124.9	0.3		125.2	16.8	84.2	23.1	1.2
江 苏	Jiangsu	549.2	540.4	8.8		549.2	300.1	194.5	51.4	3.2
浙 江	Zhejiang	197.8	192.3	5.0	0.5	197.8	97.3	55.3	37.6	7.5
安 徽	Anhui	291.9	265.3	26.1	0.5	291.9	167.2	93.7	29.0	2.0
福 建	Fujian	201.4	196.4	4.8	0.3	201.4	100.8	77.2	22.1	1.3
江 西	Jiangxi	241.3	230.9	10.4		241.3	157.2	53.2	26.1	4.8
山 东	Shandong	220.0	119.6	97.0	3.3	220.0	156.4	24.7	34.9	3.9
河 南	Henan	233.7	94.3	139.0	0.4	233.7	138.1	53.5	35.8	6.3
湖 北	Hubei	281.4	271.5	8.8	1.1	281.4	149.4	100.8	30.9	0.2
湖 南	Hunan	322.3	301.8	20.6		322.3	189.3	83.5	46.1	3.5
广 东	Guangdong	463.4	440.8	21.0	1.6	463.4	228.7	136.2	90.4	8.1
广 西	Guangxi	303.4	289.0	11.6	2.7	303.4	195.3	54.0	48.4	5.7
海 南	Hainan	44.5	41.0	3.5		44.5	34.0	3.9	6.4	0.1
重 庆	Chongqing	85.3	83.5	1.8	0.1	85.3	19.0	47.6	18.2	0.5
四 川	Sichuan	223.5	204.6	16.4	2.4	223.5	123.6	61.6	36.3	2.0
贵 州	Guizhou	100.4	93.2	7.0	0.2	100.4	50.8	34.1	14.9	0.6
云 南	Yunnan	152.6	145.7	4.3	2.6	152.6	103.5	22.4	23.6	3.2
西 藏	Tibet	30.9	28.3	2.6		30.9	27.4	1.4	2.0	
陕 西	Shaanxi	84.3	50.9	33.1	0.4	84.3	57.2	11.4	14.8	0.9
甘 肃	Gansu	120.6	94.7	24.0	1.9	120.6	93.8	13.1	10.8	3.0
青 海	Qinghai	28.8	23.9	4.7	0.1	28.8	21.6	3.0	3.4	0.8
宁 夏	Ningxia	72.2	67.0	5.2		72.2	65.3	3.7	1.7	1.6
新 疆	Xinjiang	530.9	440.2	90.0	0.7	530.9	489.4	10.1	14.9	16.5

4-3　2009 年供用水量（按水资源分区分）

Water Supply and Water Use in 2009 (by Water Resources Regions)

单位：亿立方米　　unit: $10^8 m^3$

水资源一级区	Grade- I Water Resources Region	供水量 合计 Total Water Supply	地表水 Surface Water	地下水 Ground-water	其他 Others	用水量 合计 Total Water Use	农业 Agricultural	工业 Industrial	生活 Domestic	生态 Ecological
合　计	**Total**	**5965.2**	**4839.5**	**1094.5**	**31.2**	**5965.2**	**3723.1**	**1390.9**	**748.2**	**103.0**
松花江区	Songhua River	439.1	253.2	185.9		439.1	317.3	81.8	33.1	6.9
辽河区	Liaohe River	204.7	88.9	112.0	3.8	204.7	138.4	30.7	31.5	4.1
海河区	Haihe River	370.0	125.5	236.0	8.5	370.0	253.3	49.2	57.8	9.7
黄河区	Yellow River	385.7	256.7	127.1	1.9	385.7	278.7	56.9	43.3	6.8
淮河区	Huaihe River	639.7	458.7	178.0	3.0	639.7	449.2	97.9	84.2	8.4
长江区	Yangtze River	1970.4	1878.7	85.1	6.6	1970.4	970.4	720.3	260.1	19.6
其中：太湖区	Among Which: Taihu Lake	353.3	352.1	1.1	0.1	353.3	90.2	212.5	47.5	3.0
东南诸河区	Rivers in Southeast	338.2	328.6	8.9	0.7	338.2	162.7	116.7	50.7	8.0
珠江区	Pearl River	876.8	832.5	39.3	5.0	876.8	495.5	212.0	155.1	14.3
西南诸河区	Rivers in Southwest	104.3	100.8	3.3	0.2	104.3	83.2	8.6	12.1	0.4
西北诸河区	Rivers in Northwest	636.2	515.9	118.8	1.5	636.2	574.5	16.8	20.2	24.7

4-4 历年解决农村人口和牲畜饮水情况

Drinking Water for Rural Population and Livestock by Years

年份 Year	累计解决的数量 Accumulated Population Access to Drinking Water			饮水安全总人口 (万人) Total Population with Safe Drinking Water (10^4persons)		饮水安全达标人口新增 (万人) Newly-Increased Population with Safe Drinking Water (10^4persons)
	人数 (万人) Population (10^4persons)	#新解决 Population with Safe Drinking Water	牲畜 (万头) Livestock (10^4head)		#只达到基本安全人口 Population with Generally Safe Drinking Water	
1975	2796		1260			
1976	3037		1417			
1977	3431		1701			
1978	3796		1995			
1979	4005		2096			
1980	5294		3092			
1981	5792		3390			
1982	6382		3597			
1983	6660		3991			
1984	7673		4319			
1985	8467		4609			
1986	9390		5576			
1987	10571		6213			
1988	11487		6756			
1989	12314		7303			
1990	13278		7906			
1991	14024		8355			
1992	15148		8917			
1993	15907		9377			
1994	16499		9793			
1995	17353		10360			
1996	18353		10654			
1997	19611		12220			
1998	20886		13357			
1999	21674		14557			
2000	22520		14698			
2001	23813		15509			
2002	26373		17131			
2003	28189		18214			
2004	29662	1473	19094			
2005	30355	701		61836		1104
2006				55939		2945
2007				58339	27659	4468
2008				62329	28287	5378
2009				62721	25149	7295

4-5　2009 年农村饮水安全人口（按地区分）

Rural Population with Safe Drinking Water in 2009 (by Regions)

单位：万人　　　　unit: 10^4persons

地区	Region	饮水安全总人口 Total Population with Safe Drinking Water	#只达到基本安全人口 Population with Generally Safe Drinking Water	饮水安全达标人口新增 Newly-Increased Population with Safe Drinking Water
合　计	**Total**	**62720.64**	**25149.38**	**7294.91**
北　京	Beijing	329.40	42.24	
天　津	Tianjin	262.76	16.19	39.15
河　北	Hebei	3230.57	742.40	514.11
山　西	Shanxi	1649.97	876.73	151.77
内蒙古	Inner Mongolia	993.59	993.59	143.45
辽　宁	Liaoning	1619.67	562.73	159.29
吉　林	Jilin	960.65	221.14	109.77
黑龙江	Heilongjiang	1299.32	548.08	184.75
上　海	Shanghai	332.78		1.59
江　苏	Jiangsu	4519.88	1390.37	376.23
浙　江	Zhejiang	3110.73	687.74	278.08
安　徽	Anhui	4325.37	1759.37	311.68
福　建	Fujian	1847.25	637.09	189.91
江　西	Jiangxi	1837.52	839.19	226.36
山　东	Shandong	3948.60	2030.10	588.39
河　南	Henan	3875.65	1095.59	473.00
湖　北	Hubei	1935.73	523.95	318.48
湖　南	Hunan	3976.32	1820.89	246.09
广　东	Guangdong	3431.45	1203.11	415.95
广　西	Guangxi	3021.14	1857.85	389.46
海　南	Hainan	448.76	39.13	42.58
重　庆	Chongqing	1277.62	506.11	221.80
四　川	Sichuan	4779.20	2018.09	489.87
贵　州	Guizhou	2331.66	1617.52	310.57
云　南	Yunnan	2738.20	1162.85	302.24
西　藏	Tibet	189.39		41.43
陕　西	Shaanxi	2105.01	1045.52	331.85
甘　肃	Gansu	1000.85	481.39	153.84
青　海	Qinghai	244.22	47.99	21.90
宁　夏	Ningxia	313.87	116.03	38.82
新　疆	Xinjiang	783.52	266.39	222.50

4-6 2009年农村饮水安全人口（按水资源分区分）

Rural Population with Safe Drinking Water in 2009 (by Water Resources Regions)

单位：万人　　unit: 10^4persons

水资源一级区	Grade- I Water Resources Region	饮水安全总人口 Total Population with Safe Drinking Water	#只达到基本安全人口 Population with Generally Safe Drinking Water	饮水安全达标人口新增 Newly-Increased Population with Safe Drinking Water
合　计	**Total**	**62720.64**	**25149.38**	**7294.91**
松花江区	Songhua River	2325.97	891.97	311.59
辽河区	Liaohe River	2015.50	909.31	216.42
海河区	Haihe River	5722.58	1814.55	724.99
黄河区	Yellow River	5825.10	2690.72	726.08
淮河区	Huaihe River	9436.56	3669.80	1168.10
长江区	Yangtze River	22111.65	9280.08	2281.45
其中：太湖区	Among Which: Taihu Lake	1487.98	115.6	48.72
东南诸河区	Rivers in Southeast	4546.59	1306.27	440.22
珠江区	Pearl River	8384.70	3835.03	1004.10
西南诸河区	Rivers in Southwest	1291.06	342.98	146.83
西北诸河区	Rivers in Northwest	1060.93	408.67	275.12

4-7 2009年农村饮水安全人口（按水资源分区和地区分）

Rural Population with Safe Drinking Water in 2009 (by Water Resources Regions and Regions)

单位：万人 unit: 10^4persons

地区	Region	饮水安全总人口 Total Population with Safe Drinking Water	#只达到基本安全人口 Population with Generally Safe Drinking Water	饮水安全达标人口新增 Newly-Increased Population with Safe Drinking Water
松花江区	**Songhua River**	**2325.97**	**891.97**	**311.59**
内蒙古	Inner Mongolia	148.46	148.46	29.91
吉 林	Jilin	878.19	195.43	96.93
黑龙江	Heilongjiang	1299.32	548.08	184.75
辽河区	**Liaohe River**	**2015.50**	**909.31**	**216.42**
内蒙古	Inner Mongolia	327.31	327.31	44.63
辽 宁	Liaoning	1605.73	556.29	158.96
吉 林	Jilin	82.46	25.71	12.84
海河区	**Haihe River**	**5722.58**	**1814.55**	**724.99**
北 京	Beijing	329.40	42.24	
天 津	Tianjin	262.76	16.19	39.15
河 北	Hebei	3230.57	742.40	514.11
山 西	Shanxi	557.63	333.72	32.24
内蒙古	Inner Mongolia	43.18	43.18	7.88
辽 宁	Liaoning	13.94	6.44	0.33
山 东	Shandong	607.53	365.29	80.60
河 南	Henan	677.57	265.09	50.68
黄河区	**Yellow River**	**5825.10**	**2690.72**	**726.08**
山 西	Shanxi	1092.34	543.01	119.54
内蒙古	Inner Mongolia	384.16	384.16	44.10
山 东	Shandong	471.15	129.16	59.06
河 南	Henan	1054.85	365.58	87.78
陕 西	Shaanxi	1588.04	748.71	251.47
甘 肃	Gansu	704.85	360.89	107.58
青 海	Qinghai	215.85	43.17	17.73
宁 夏	Ningxia	313.87	116.03	38.82
淮河区	**Huaihe River**	**9436.56**	**3669.80**	**1168.10**
江 苏	Jiangsu	2462.19	1014.65	230.14
安 徽	Anhui	2685.21	1051.63	204.74
山 东	Shandong	2869.92	1535.66	448.72
河 南	Henan	1419.24	67.87	284.49

4-7 续表 continued

地区	Region	饮水安全总人口 Total Population with Safe Drinking Water	#只达到基本安全人口 Population with Generally Safe Drinking Water	饮水安全达标人口新增 Newly-Increased Population with Safe Drinking Water
长江区	**Yangtze River**	**22111.65**	**9280.08**	**2281.45**
上 海	Shanghai	332.78		1.59
江 苏	Jiangsu	2057.69	375.72	146.09
浙 江	Zhejiang	506.42	75.63	33.77
安 徽	Anhui	1545.13	650.67	100.94
江 西	Jiangxi	1837.52	839.19	226.36
河 南	Henan	723.99	397.05	50.04
湖 北	Hubei	1935.73	523.95	318.48
湖 南	Hunan	3833.60	1754.38	237.67
广 西	Guangxi	69.33	51.90	8.77
重 庆	Chongqing	1277.62	506.11	221.80
四 川	Sichuan	4779.20	2018.09	489.87
贵 州	Guizhou	1615.14	1229.79	214.96
云 南	Yunnan	945.32	487.57	136.18
陕 西	Shaanxi	516.97	296.81	80.38
甘 肃	Gansu	128.05	72.36	14.30
青 海	Qinghai	7.15	0.85	0.26
东南诸河区	**Rivers in Southeast**	**4546.59**	**1306.27**	**440.22**
浙 江	Zhejiang	2604.31	612.11	244.31
安 徽	Anhui	95.03	57.07	6.00
福 建	Fujian	1847.25	637.09	189.91
珠江区	**Pearl River**	**8384.70**	**3835.03**	**1004.10**
湖 南	Hunan	142.72	66.51	8.42
广 东	Guangdong	3431.45	1203.11	415.95
广 西	Guangxi	2951.81	1805.95	380.69
海 南	Hainan	448.76	39.13	42.58
贵 州	Guizhou	716.52	387.73	95.61
云 南	Yunnan	693.44	332.60	60.85
西南诸河区	**Rivers in Southwest**	**1291.06**	**342.98**	**146.83**
云 南	Yunnan	1099.43	342.68	105.21
西 藏	Tibet	189.39		41.43
青 海	Qinghai	2.24	0.30	0.19
西北诸河区	**Rivers in Northwest**	**1060.93**	**408.67**	**275.12**
内蒙古	Inner Mongolia	90.48	90.48	16.93
甘 肃	Gansu	167.95	48.14	31.96
青 海	Qinghai	18.98	3.67	3.72
新 疆	Xinjiang	783.52	266.39	222.50

4-8　2009 年蓄水工程供水量（按地区分）

Water Supply of Storage Works in 2009(by Regions)

单位：万立方米　　　　unit: 10^4m^3

地区	Region	合计 Total	农业灌溉供水量 Water Supply for Irrigation	工业生产供水量 Water Supply for Industrial Use	城镇生活供水量 Water Supply for Urban Domestic Use	乡村生活供水量 Water Supply for Rural Domestic Use	生态环境供水量 Water Supply for Ecological Environment	其他 Others	另：水电供水量 Water Supply for Hydropower Generation
合　计	**Total**	**17618730**	**12382375**	**1922667**	**1403813**	**432666**	**216917**	**1260292**	**31292061**
北　京	Beijing	53633	8	80	53500			45	
天　津	Tianjin	3115	1871	209			1035		
河　北	Hebei	349680	137550	71284	110811	325	19370	10339	195737
山　西	Shanxi	86354	39290	15023	7140	993	3785	20123	1812214
内蒙古	Inner Mongolia	458164	220980	107857	872	120250	8205		142903
辽　宁	Liaoning	470874	332054	56177	71787	2759	2378	5718	48526
吉　林	Jilin	527705	135302	5122	60601	95		326585	854691
黑龙江	Heilongjiang	321136	282321	20428	18140	247			248930
上　海	Shanghai								
江　苏	Jiangsu	225948	167807	18812	27404	9425	2440	60	25520
浙　江	Zhejiang	1160543	589746	221283	214708	62152	41551	31103	927471
安　徽	Anhui	1036988	849523	36379	26135	16538	2580	105833	718083
福　建	Fujian	928630	576271	130126	66002	22978	11348	121906	767006
江　西	Jiangxi	1282921	969484	198874	42587	12656	1960	57360	1189073
山　东	Shandong	388911	210431	63289	69247	9678	14260	22007	30897
河　南	Henan	303902	155805	57617	24019	1897	7104	57461	294029
湖　北	Hubei	1397261	864161	206978	69303	35665	8886	212268	3075734
湖　南	Hunan	1600217	1327031	108660	85282	32630	13710	32905	12645680
广　东	Guangdong	1704333	1216454	151412	216962	28724	6196	84586	1633632
广　西	Guangxi	1511951	1373038	30180	27923	8213	25425	47171	2507655
海　南	Hainan	258335	212054	11393	12879	974	12	21023	99087
重　庆	Chongqing	175880	116345	19032	25848	13100	194	1360	1223761
四　川	Sichuan	621095	509897	35288	32132	10952	1078	31749	129668
贵　州	Guizhou	486817	178156	257057	30279	7923	303	13099	1601247
云　南	Yunnan	649903	496567	42550	69906	20298	9792	10790	496554
西　藏	Tibet	144252	144075	33	35	108		2	
陕　西	Shaanxi	190390	142042	19488	20908	4924	1685	1343	7643
甘　肃	Gansu	360278	310932	25861	4146	4069	15271		243756
青　海	Qinghai	100298	51279	2260	90	752	800	45117	98824
宁　夏	Ningxia	9330	5497	2490	183	251	609	300	
新　疆	Xinjiang	809886	766405	7424	14984	4094	16940	40	273740

4-9　2009年蓄水工程供水量（按水资源分区分）

Water Supply of Storage Works in 2009 (by Water Resources Regions)

单位：万立方米　　unit: $10^4 m^3$

水资源一级区	Grade- I Water Resources Region	合计 Total	农业灌溉供水量 Water Supply for Irrigation	工业生产供水量 Water Supply for Industrial Use	城镇生活供水量 Water Supply for Urban Domestic Use	乡村生活供水量 Water Supply for Rural Domestic Use	生态环境供水量 Water Supply for Ecological Environment	其他 Others	另：水电供水量 Water Supply for Hydropower Generation
合　计	**Total**	**17618730**	**12382375**	**1922667**	**1403813**	**432666**	**216917**	**1260292**	**31292061**
松花江区	Songhua River	1229142	577665	128344	75921	120442	305	326465	1195481
辽河区	Liaohe River	517007	372912	58512	74607	2759	2378	5838	94924
海河区	Haihe River	480157	178868	94616	171220	1418	20917	13118	205912
黄河区	Yellow River	309078	186840	47804	36567	9475	7608	20783	1825874
淮河区	Huaihe River	1127264	842203	78086	95893	17071	22684	71328	427639
长江区	Yangtze River	6524102	4716355	811593	362794	140373	36555	456432	20506443
其中：太湖区	Among Which: Taihu Lake	42318	19099	11359	10267	1543	50		41477
东南诸河区	Rivers in Southeast	2075307	1165354	340450	275934	83947	52904	156719	1663932
珠江区	Pearl River	3752440	2909919	317358	279951	46686	33156	165370	4590074
西南诸河区	Rivers in Southwest	375228	341020	14478	12985	3997	1017	1732	170321
西北诸河区	Rivers in Northwest	1229004	1091241	31425	17940	6499	39393	42507	611461

4-10　2009年蓄水工程供水量（按水资源分区和地区分）

Water Supply of Storage Works in 2009 (by Water Resources Regions and Regions)

单位：万立方米　　　　unit: $10^4 m^3$

地区	Region	合计 Total	农业灌溉供水量 Water Supply for Irrigation	工业生产供水量 Water Supply for Industrial Use	城镇生活供水量 Water Supply for Urban Domestic Use	乡村生活供水量 Water Supply for Rural Domestic Use	生态环境供水量 Water Supply for Ecological Environment	其他 Others	另：水电供水量 Water Supply for Hydropower Generation
松花江区	**Songhua Rievr**	**1229142**	**577665**	**128344**	**75921**	**120442**	**305**	**326465**	**1195481**
内蒙古	Inner Mongolia	403182	177797	104980		120100	305		91860
吉　林	Jilin	504824	117547	2936	57781	95		326465	854691
黑龙江	Heilongjiang	321136	282321	20428	18140	247			248930
辽河区	**Liaohe River**	**517007**	**372912**	**58512**	**74607**	**2759**	**2378**	**5838**	**94924**
内蒙古	Inner Mongolia	23332	23183	149					46398
辽　宁	Liaoning	470794	331974	56177	71787	2759	2378	5718	48526
吉　林	Jilin	22881	17755	2186	2820			120	
海河区	**Haihe River**	**480157**	**178868**	**94616**	**171220**	**1418**	**20917**	**13118**	**205912**
北　京	Beijing	53633	8	80	53500			45	
天　津	Tianjin	3115	1871	209			1035		
河　北	Hebei	349680	137550	71284	110811	325	19370	10339	195737
山　西	Shanxi	25436	15978	5876	562	390		2630	2550
内蒙古	Inner Mongolia	631	351	280					4645
辽　宁	Liaoning	80	80						
山　东	Shandong	18816	7025	6253	4515	422	512	89	
河　南	Henan	28767	16005	10634	1832	281		15	2980
黄河区	**Yellow River**	**309078**	**186840**	**47804**	**36567**	**9475**	**7608**	**20783**	**1825874**
山　西	Shanxi	60918	23311	9147	6578	603	3785	17493	1809664
内蒙古	Inner Mongolia	21727	18938	2248	441	100			
山　东	Shandong	49432	33202	6600	6423	3028	125	54	3923
河　南	Henan	15069	8720	4348	902	667	343	90	1290
陕　西	Shaanxi	103733	60870	18677	20390	2371	1228	197	6138
甘　肃	Gansu	19758	11821	3954	1561	1704	718		
青　海	Qinghai	29112	24480	340	90	752	800	2650	4859
宁　夏	Ningxia	9330	5497	2490	183	251	609	300	
淮河区	**Huaihe River**	**1127264**	**842203**	**78086**	**95893**	**17071**	**22684**	**71328**	**427639**
江　苏	Jiangsu	72616	54086	2385	11992	1783	2310	60	25520
安　徽	Anhui	550668	528315	8490	5539	8246	30	48	325939
山　东	Shandong	320664	170204	50436	58309	6228	13623	21864	26974
河　南	Henan	183316	89598	16775	20053	814	6721	49356	49206

4-10 续表 continued

地区	Region	合计 Total	农业灌溉供水量 Water Supply for Irrigation	工业生产供水量 Water Supply for Industrial Use	城镇生活供水量 Water Supply for Urban Domestic Use	乡村生活供水量 Water Supply for Rural Domestic Use	生态环境供水量 Water Supply for Ecological Environment	其他 Others	另：水电供水量 Water Supply for Hydropower Generation
长江区	**Yangtze River**	**6524102**	**4716355**	**811593**	**362794**	**140373**	**36555**	**456432**	**20506443**
上 海	Shanghai								
江 苏	Jiangsu	153332	113722	16427	15412	7642	130		
浙 江	Zhejiang	36147	18078	11259	5267	1543			41477
安 徽	Anhui	464039	303793	27589	20105	7932	2545	102075	381212
江 西	Jiangxi	1282921	969484	198874	42587	12656	1960	57360	1189073
河 南	Henan	76750	41482	25860	1233	135	40	8000	240553
湖 北	Hubei	1397261	864161	206978	69303	35665	8886	212268	3075734
湖 南	Hunan	1536637	1277106	101446	83898	30946	11756	31486	12637141
广 西	Guangxi	122459	119179		45	30	3205		85445
重 庆	Chongqing	175880	116345	19032	25848	13100	194	1360	1223761
四 川	Sichuan	621095	509897	35288	32132	10952	1078	31749	129668
贵 州	Guizhou	317376	125110	157682	22728	6123	283	5450	1378084
云 南	Yunnan	251669	175043	10321	43659	11088	6021	5538	122790
陕 西	Shaanxi	86657	81172	811	518	2553	457	1146	1505
甘 肃	Gansu	1880	1785	25	60	10			
青 海	Qinghai								
东南诸河区	**Rivers in Southeast**	**2075307**	**1165354**	**340450**	**275934**	**83947**	**52904**	**156719**	**1663932**
浙 江	Zhejiang	1124396	571668	210024	209441	60609	41551	31103	885994
福 建	Fujian	22281	17415	300	491	360	5	3710	10932
安 徽	Anhui	928630	576271	130126	66002	22978	11348	121906	767006
珠江区	**Pearl River**	**3752440**	**2909919**	**317358**	**279951**	**46686**	**33156**	**165370**	**4590074**
湖 南	Hunan	63580	49925	7214	1384	1684	1954	1419	8539
广 东	Guangdong	1704333	1216454	151412	216962	28724	6196	84586	1633632
广 西	Guangxi	1389492	1253859	30180	27878	8183	22220	47171	2422210
海 南	Hainan	258335	212054	11393	12879	974	12	21023	99087
贵 州	Guizhou	169441	53047	99374	7551	1800	20	7649	223163
云 南	Yunnan	167257	124579	17784	13297	5321	2754	3522	203444
西南诸河区	**Rivers in Southwest**	**375228**	**341020**	**14478**	**12985**	**3997**	**1017**	**1732**	**170321**
云 南	Yunnan	230976	196945	14445	12950	3889	1017	1730	170321
西 藏	Tibet	144252	144075	33	35	108		2	
青 海	Qinghai								
西北诸河区	**Rivers in Northwest**	**1229004**	**1091241**	**31425**	**17940**	**6499**	**39393**	**42507**	**611461**
内蒙古	Inner Mongolia	9292	711	200	431	50	7900		
甘 肃	Gansu	338640	297326	21882	2525	2355	14553		243756
青 海	Qinghai	71186	26799	1920				42467	93965
新 疆	Xinjiang	809886	766405	7424	14984	4094	16940	40	273740

4-11　2009 年引水工程供水量（按地区分）

Water Supply of Diversion Works in 2009 (by Regions)

单位：万立方米　　　　unit: 10^4m^3

地区	Region	合计 Total	农业灌溉供水量 Water Supply for Irrigation	工业生产供水量 Water Supply for Industrial Use	城镇生活供水量 Water Supply for Urban Domestic Use	乡村生活供水量 Water Supply for Rural Domestic Use	生态环境供水量 Water Supply for Ecological Environment	其他 Others	另：水电供水量 Water Supply for Hydropower Generation
合　计	**Total**	**17110751**	**14102110**	**1330466**	**639028**	**264304**	**429785**	**345058**	**8202468**
北　京	Beijing	22760	456	1401	16099			4804	
天　津	Tianjin	93250	19306	35599	35064		3281		58500
河　北	Hebei	251208	201344	28283	4820	1060	14066	1635	37435
山　西	Shanxi	74410	59574	7599	2135	4621	155	327	247630
内蒙古	Inner Mongolia	762609	659910	9546	1630	555	90968		110351
辽　宁	Liaoning	184548	117466	29279	34299	1887		1617	6040
吉　林	Jilin	96875	89235	3725	2710	1177	28		16540
黑龙江	Heilongjiang	565928	498091	20101	8732	104	38900		401204
上　海	Shanghai								
江　苏	Jiangsu	1606418	1175053	151117	118730	67538	77345	16636	502
浙　江	Zhejiang	258627	131279	37113	22111	9309	49545	9270	116602
安　徽	Anhui	243446	211382	12792	7744	10857	531	140	86478
福　建	Fujian	772664	615027	85337	32560	16287	7315	16139	153243
江　西	Jiangxi	608865	510306	62287	11095	7615	1041	16520	368452
山　东	Shandong	1440140	1165787	121925	21775	12812	12098	105744	1000
河　南	Henan	644625	539846	60603	10097	2099	15117	16863	460153
湖　北	Hubei	539070	434929	67685	21244	4333		10879	205294
湖　南	Hunan	353351	294334	21908	20761	9321	1624	5402	389492
广　东	Guangdong	1049099	681484	202147	101563	12070	4765	47069	961997
广　西	Guangxi	699379	656001	14428	12236	15593		1120	747875
海　南	Hainan	99418	34852	849	6037			57680	59630
重　庆	Chongqing	42455	30162	5837	1836	4496	76	47	17023
四　川	Sichuan	1051373	757125	171567	78702	11751	10278	21950	186985
贵　州	Guizhou	203512	133803	53607	5250	6646	141	4064	62575
云　南	Yunnan	696595	610985	31345	17843	28351	5325	2745	3148507
西　藏	Tibet	51727	43527	24	168	6123	1885		
陕　西	Shaanxi	215103	181698	12330	6674	8229	3405	2767	8723
甘　肃	Gansu	422330	335422	51816	15677	9137	10278		509
青　海	Qinghai	156370	118556	14257	7340	5825	10077	315	104204
宁　夏	Ningxia	481126	480819	9	25	273			
新　疆	Xinjiang	3423474	3314350	15951	14072	6235	71541	1326	245524

4-12　2009 年引水工程供水量（按水资源分区分）

Water Supply of Diversion Works in 2009 (by Water Resources Regions)

单位：万立方米　　　　unit: $10^4 m^3$

水资源一级区	Grade-Ⅰ Water Resources Region	合计 Total	农业灌溉供水量 Water Supply for Irrigation	工业生产供水量 Water Supply for Industrial Use	城镇生活供水量 Water Supply for Urban Domestic Use	乡村生活供水量 Water Supply for Rural Domestic Use	生态环境供水量 Water Supply for Ecological Environment	其他 Others	另：水电供水量 Water Supply for Hydropower Generation
合　计	**Total**	**17110751**	**14102110**	**1330466**	**639028**	**264304**	**429785**	**345058**	**8202468**
松花江区	Songhua River	756825	650222	29552	11442	1281	64328		430728
辽河区	Liaohe River	236791	169109	29349	34299	2217	200	1617	20727
海河区	Haihe River	925531	723676	92269	68944	8474	19903	12265	313955
黄河区	Yellow River	2637482	2261844	194111	33409	20966	16470	110681	199871
淮河区	Huaihe River	1546142	1314540	111109	47741	23675	25820	23256	1502
长江区	Yangtze River	3832691	2835387	490527	243257	115094	90021	58405	3034140
其中：太湖区	Among Which: Taihu Lake	227721	112354	23626	11408	5204	75129		56030
东南诸河区	Rivers in Southeast	952032	685987	112184	50051	25660	52741	25409	213934
珠江区	Pearl River	1957156	1447820	230512	124095	35546	9539	109644	2340612
西南诸河区	Rivers in Southwest	503758	450025	15073	10631	22952	2621	2455	1377768
西北诸河区	Rivers in Northwest	3762345	3563499	25780	15159	8439	148141	1326	269230

4-13 2009年引水工程供水量（按水资源分区和地区分）

Water Supply of Diversion Works in 2009 (by Water Resources Regions and Regions)

单位：万立方米 unit: $10^4 m^3$

地区	Region	合计 Total	农业灌溉供水量 Water Supply for Irrigation	工业生产供水量 Water Supply for Industrial Use	城镇生活供水量 Water Supply for Urban Domestic Use	乡村生活供水量 Water Supply for Rural Domestic Use	生态环境供水量 Water Supply for Ecological Environment	其他 Others	另：水电供水量 Water Supply for Hydropower Generation
松花江区	**Songhua River**	**756825**	**650222**	**29552**	**11442**	**1281**	**64328**		**430728**
内蒙古	Inner Mongolia	97517	66391	5726			25400		12984
吉　林	Jilin	93380	85740	3725	2710	1177	28		16540
黑龙江	Heilongjiang	565928	498091	20101	8732	104	38900		401204
辽河区	**Liaohe River**	**236791**	**169109**	**29349**	**34299**	**2217**	**200**	**1617**	**20727**
内蒙古	Inner Mongolia	49044	48444	70		330	200		14687
辽　宁	Liaoning	184252	117170	29279	34299	1887		1617	6040
吉　林	Jilin	3495	3495						
海河区	**Haihe River**	**925531**	**723676**	**92269**	**68944**	**8474**	**19903**	**12265**	**313955**
北　京	Beijing	22760	456	1401	16099			4804	
天　津	Tianjin	93250	19306	35599	35064		3281		58500
河　北	Hebei	251208	201344	28283	4820	1060	14066	1635	37435
山　西	Shanxi	31949	24733	5133	390	1605	88		218020
内蒙古	Inner Mongolia	2712	2637			75			
辽　宁	Liaoning	296	296						
山　东	Shandong	453003	413520	17280	8510	5649	2468	5576	
河　南	Henan	70354	61384	4573	4060	86		250	
黄河区	**Yellow River**	**2637482**	**2261844**	**194111**	**33409**	**20966**	**16470**	**110681**	**199871**
山　西	Shanxi	42461	34841	2466	1745	3016	67	327	29610
内蒙古	Inner Mongolia	543033	537650	3750	1524	109			82680
山　东	Shandong	699920	519780	81127	560	3843	1022	93588	
河　南	Henan	469999	402238	42644	3100	1593	4041	16383	17130
陕　西	Shaanxi	107328	90527	8620	4717	1153	2238	73	
甘　肃	Gansu	195381	122643	49844	15412	5594	1888		509
青　海	Qinghai	98234	73346	5652	6327	5384	7215	311	69942
宁　夏	Ningxia	481126	480819	9	25	273			
淮河区	**Huaihe River**	**1546142**	**1314540**	**111109**	**47741**	**23675**	**25820**	**23256**	**1502**
江　苏	Jiangsu	1103138	956339	73245	31366	19776	6106	16307	502
安　徽	Anhui	59324	56850	1311	733	260	30	140	
山　东	Shandong	287218	232487	23518	12705	3320	8608	6580	1000
河　南	Henan	96462	68865	13035	2937	320	11076	230	

4-13 续表 continued

地区	Region	合计 Total	农业灌溉供水量 Water Supply for Irrigation	工业生产供水量 Water Supply for Industrial Use	城镇生活供水量 Water Supply for Urban Domestic Use	乡村生活供水量 Water Supply for Rural Domestic Use	生态环境供水量 Water Supply for Ecological Environment	其他 Others	另：水电供水量 Water Supply for Hydropower Generation
长江区	**Yangtze River**	**3832691**	**2835387**	**490527**	**243257**	**115094**	**90021**	**58405**	**3034140**
上　海	Shanghai								
江　苏	Jiangsu	503280	218714	77872	87364	47762	71239	329	
浙　江	Zhejiang	86290	65749	10471	5021	925	4124		56030
安　徽	Anhui	177091	149102	11276	6610	9607	496		86359
江　西	Jiangxi	608865	510306	62287	11095	7615	1041	16520	368452
河　南	Henan	7810	7360	350		100			443023
湖　北	Hubei	539070	434929	67685	21244	4333		10879	205294
湖　南	Hunan	334984	280406	20569	20410	8259	1316	4025	385250
广　西	Guangxi	52193	47796	3290	885	222			54817
重　庆	Chongqing	42455	30162	5837	1836	4496	76	47	17023
四　川	Sichuan	1051373	757125	171567	78702	11751	10278	21950	186985
贵　州	Guizhou	143661	89763	45083	2718	4287	1	1809	53546
云　南	Yunnan	161468	139175	9783	5260	6840	263	147	1158083
陕　西	Shaanxi	107775	91171	3710	1957	7076	1167	2694	8723
甘　肃	Gansu	16180	13628	676	61	1795	20		
青　海	Qinghai	197		71	95	26		5	10556
东南诸河区	**Rivers in Southeast**	**952032**	**685987**	**112184**	**50051**	**25660**	**52741**	**25409**	**213934**
浙　江	Zhejiang	172337	65530	26642	17090	8384	45421	9270	60572
福　建	Fujian	7031	5430	205	401	990	5		119
安　徽	Anhui	772664	615027	85337	32560	16287	7315	16139	153243
珠江区	**Pearl River**	**1957156**	**1447820**	**230512**	**124095**	**35546**	**9539**	**109644**	**2340612**
湖　南	Hunan	18366	13928	1339	351	1062.6	308	1377	4242
广　东	Guangdong	1049099	681484	202147	101563	12070	4765	47069	961997
广　西	Guangxi	647186	608205	11138	11352	15371		1120	693058
海　南	Hainan	99418	34852	849	6037			57680	59630
贵　州	Guizhou	59851	44040	8524	2532	2359	140	2255	9029
云　南	Yunnan	83236	65311	6514	2260	4682	4326	143	612656
西南诸河区	**Rivers in Southwest**	**503758**	**450025**	**15073**	**10631**	**22952**	**2621**	**2455**	**1377768**
云　南	Yunnan	451891	406499	15048	10324	16830	736	2455	1377768
西　藏	Tibet	51727	43527	24	168	6123	1885		
青　海	Qinghai	140			**140**				
西北诸河区	**Rivers in Northwest**	**3762345**	**3563499**	**25780**	**15159**	**8439**	**148141**	**1326**	**269230**
内蒙古	Inner Mongolia	70303	4788		106	41	65368		
甘　肃	Gansu	210769	199151	1296	204	1748	8370		
青　海	Qinghai	57798	45210	8534	777	415	2862		23706
新　疆	Xinjiang	3423474	3314350	15951	14072	6235	71541	1326	245524

4-14　2009 年取水泵站工程供水量（按地区分）

Water Supply of Pumping Stations in 2009 (by Regions)

单位：万立方米　　　　unit: $10^4 m^3$

地区	Region	合计 Total	农业灌溉供水量 Water Supply for Irrigation	工业生产供水量 Water Supply for Industrial Use	城镇生活供水量 Water Supply for Urban Domestic Use	乡村生活供水量 Water Supply for Rural Domestic Use	生态环境供水量 Water Supply for Ecological Environment	其他 Others
合　计	**Total**	**7624141**	**5170681**	**1634795**	**264644**	**109374**	**76945**	**367702**
北　京	Beijing	6921	1963	126	55	345	4392	38
天　津	Tianjin	75771	74231				1540	
河　北	Hebei	34556	25921	2193	196	81	6165	
山　西	Shanxi	51280	44539	4005	961	1539	28	208
内蒙古	Inner Mongolia	132731	104461	24589	2789		892	
辽　宁	Liaoning	261608	242843	11202	5445	1995	113	10
吉　林	Jilin	102394	101877	122	368	27		
黑龙江	Heilongjiang	385408	379373	4324	1703	8		
上　海	Shanghai	1246305	171100	767871				307334
江　苏	Jiangsu	2029263	1286881	534777	125675	52490	10085	19355
浙　江	Zhejiang	651354	439009	105595	49507	15879	39499	1865
安　徽	Anhui	483350	454669	14957	7837	4279	1027	581
福　建	Fujian	56284	44345	4223	6102	1341	223	50
江　西	Jiangxi	177559	163733	7717	5045	850	200	15
山　东	Shandong	232681	214072	10970	2834	3342	944	520
河　南	Henan	33881	30918	1534	836	570	23	
湖　北	Hubei	294612	244051	43265	2709	3331	794	462
湖　南	Hunan	242112	211316	14866	6529	4759	958	3683
广　东	Guangdong	325473	222875	33095	30920	3939	4276	30368
广　西	Guangxi	180083	173887	1023	3445	1617		112
海　南	Hainan	3924	3924					
重　庆	Chongqing	26710	19128	2201	1957	2739	71	614
四　川	Sichuan	12471	12454		9	8		
贵　州	Guizhou	28268	24767	475	1521	1245		261
云　南	Yunnan	82536	73241	4754	2576	1050	723	192
西　藏	Tibet	1291	1281	8		2		
陕　西	Shaanxi	104078	87887	7733	1908	4080	437	2033
甘　肃	Gansu	171573	131133	30446	3263	3726	3005	
青　海	Qinghai	10649	9217	346	86		1000	
宁　夏	Ningxia	135258	134987	69	70	132		
新　疆	Xinjiang	43758	40600	2308	298		552	

4-15 2009年取水泵站工程供水量（按水资源分区分）

Water Supply of Pumping Stations in 2009 (by Water Resources Regions)

单位：万立方米 unit: $10^4 m^3$

水资源一级区	Grade- I Water Resources Region	合计 Total	农业灌溉供水量 Water Supply for Irrigation	工业生产供水量 Water Supply for Industrial Use	城镇生活供水量 Water Supply for Urban Domestic Use	乡村生活供水量 Water Supply for Rural Domestic Use	生态环境供水量 Water Supply for Ecological Environment	其他 Others
合 计	**Total**	**7624141**	**5170681**	**1634795**	**264644**	**109374**	**76945**	**367702**
松花江区	Songhua River	487686	481134	4446	2071	35		
辽河区	Liaohe River	268412	249647	11202	5445	1995	113	10
海河区	Haihe River	196110	175582	5360	1075	1303	12752	38
黄河区	Yellow River	583425	493165	65728	8202	8869	5331	2130
淮河区	Huaihe River	1381439	1282698	63852	21628	6772	1570	4920
长江区	Yangtze River	3756085	1815275	1365717	158964	72310	17102	326717
其中：太湖区	Among Which: Taihu Lake	2236700	639801	1204511	50884	11988	7474	322042
东南诸河区	Rivers in Southeast	319990	167110	75707	29686	11513	34379	1595
珠江区	Pearl River	560477	441152	39483	36433	6513	4762	32135
西南诸河区	Rivers in Southwest	24357	21919	991	842	64	384	157
西北诸河区	Rivers in Northwest	46160	43001	2309	298		552	

4-16 2009年取水泵站工程供水量（按水资源分区和地区分）

Water Supply of Pumping Stations in 2009 (by Water Resources Regions and Regions)

单位：万立方米 unit: 10^4m^3

地区	Region	合计 Total	农业灌溉供水量 Water Supply for Irrigation	工业生产供水量 Water Supply for Industrial Use	城镇生活供水量 Water Supply for Urban Domestic Use	乡村生活供水量 Water Supply for Rural Domestic Use	生态环境供水量 Water Supply for Ecological Environment	其他 Others
松花江区	**Songhua River**	**487686**	**481134**	**4446**	**2071**	**35**		
内蒙古	Inner Mongolia	623	623					
吉　林	Jilin	101655	101138	122	368	27		
黑龙江	Heilongjiang	385408	379373	4324	1703	8		
辽河区	**Liaohe River**	**268412**	**249647**	**11202**	**5445**	**1995**	**113**	**10**
内蒙古	Inner Mongolia	6105	6105					
辽　宁	Liaoning	261568	242803	11202	5445	1995	113	10
吉　林	Jilin	739	739					
海河区	**Haihe River**	**196110**	**175582**	**5360**	**1075**	**1303**	**12752**	**38**
北　京	Beijing	6921	1963	126	55	345	4392	38
天　津	Tianjin	75771	74231				1540	
河　北	Hebei	34556	25921	2193	196	81	6165	
山　西	Shanxi	11529	8375	1903	700	546	5	
内蒙古	Inner Mongolia							
辽　宁	Liaoning	40	40					
山　东	Shandong	55964	54607	276	100	330	650	
河　南	Henan	11330	10444	862	24			
黄河区	**Yellow River**	**583425**	**493165**	**65728**	**8202**	**8869**	**5331**	**2130**
山　西	Shanxi	39751	36164	2102	261	993	23	208
内蒙古	Inner Mongolia	125898	97628	24589	2789		892	
山　东	Shandong	16366	13084	2073	256	808	14	131
河　南	Henan	7777	6612	467	203	473	22	
陕　西	Shaanxi	83626	71006	5888	1477	3088	376	1791
甘　肃	Gansu	164967	125333	30194	3060	3375	3005	
青　海	Qinghai	9783	8351	346	86		1000	
宁　夏	Ningxia	135258	134987	69	70	132		
淮河区	**Huaihe River**	**1381439**	**1282698**	**63852**	**21628**	**6772**	**1570**	**4920**
江　苏	Jiangsu	892726	815239	49352	17908	4409	1289	4530
安　徽	Anhui	314841	308471	5674	633	62		1
山　东	Shandong	160352	146380	8621	2478	2204	280	389
河　南	Henan	13520	12607	205	609	98	1	

4-16 续表 continued

地区	Region	合计 Total	农业灌溉供水量 Water Supply for Irrigation	工业生产供水量 Water Supply for Industrial Use	城镇生活供水量 Water Supply for Urban Domestic Use	乡村生活供水量 Water Supply for Rural Domestic Use	生态环境供水量 Water Supply for Ecological Environment	其他 Others
长江区	**Yangtze River**	**3756085**	**1815275**	**1365717**	**158964**	**72310**	**17102**	**326717**
上　海	Shanghai	1246305	171100	767871				307334
江　苏	Jiangsu	1136537	471641	485425	107767	48082	8796	14825
浙　江	Zhejiang	392951	320656	34261	26439	5887	5388	320
安　徽	Anhui	163206	141786	9133	6688	4037	982	580
江　西	Jiangxi	177559	163733	7717	5045	850	200	15
河　南	Henan	1255	1255					
湖　北	Hubei	294612	244051	43265	2709	3331	794	462
湖　南	Hunan	233859	207583	12474	6303	4610	798	2090
广　西	Guangxi	3382	3312		70			
重　庆	Chongqing	26710	19128	2201	1957	2739	71	614
四　川	Sichuan	12471	12454		9	8		
贵　州	Guizhou	19128	16544	397	912	1042		234
云　南	Yunnan	22484	20782	876	431	382	13	
陕　西	Shaanxi	20451	16880	1845	431	992	61	242
甘　肃	Gansu	5176	4371	251	203	351		
青　海	Qinghai							
东南诸河区	**Rivers in Southeast**	**319990**	**167110**	**75707**	**29686**	**11513**	**34379**	**1595**
浙　江	Zhejiang	258403	118353	71334	23068	9992	34111	1545
福　建	Fujian	5303	4412	150	516	180	45	
安　徽	Anhui	56284	44345	4223	6102	1341	223	50
珠江区	**Pearl River**	**560477**	**441152**	**39483**	**36433**	**6513**	**4762**	**32135**
湖　南	Hunan	8253	3733	2392	226	149	160	1593
广　东	Guangdong	325473	222875	33095	30920	3939	4276	30368
广　西	Guangxi	176701	170575	1023	3375	1617		112
海　南	Hainan	3924	3924					
贵　州	Guizhou	9140	8223	78	609	203		27
云　南	Yunnan	36986	31821	2895	1303	606	326	35
西南诸河区	**Rivers in Southwest**	**24357**	**21919**	**991**	**842**	**64**	**384**	**157**
云　南	Yunnan	23066	20638	983	842	62	384	157
西　藏	Tibet	1291	1281	8		2		
青　海	Qinghai							
西北诸河区	**Rivers in Northwest**	**46160**	**43001**	**2309**	**298**		**552**	
内蒙古	Inner Mongolia	105	105					
甘　肃	Gansu	1431	1430	1				
青　海	Qinghai	866	866					
新　疆	Xinjiang	43758	40600	2308	298		552	

4-17 2009年机电井工程供水量（按地区分）
Water Supply of Mechanical and Electrical Irrigation Wells in 2009 (by Regions)

单位：万立方米 unit: 10^4m^3

地区	Region	合计 Total	农业灌溉供水量 Water Supply for Irrigation	工业生产供水量 Water Supply for Industrial Use	城镇生活供水量 Water Supply for Urban Domestic Use	乡村生活供水量 Water Supply for Rural Domestic Use	生态环境供水量 Water Supply for Ecological Environment	其他 Others
合　计	**Total**	**8423699**	**6668100**	**749929**	**373742**	**529268**	**69808**	**32851**
北　京	Beijing	171658	99772	14501	18371	25931	4966	8118
天　津	Tianjin	57068	33053	10060	987	12716	252	
河　北	Hebei	1533617	1209332	153521	58457	98753	5814	7738
山　西	Shanxi	214469	159844	15609	9936	27471	617	993
内蒙古	Inner Mongolia	811184	611108	103734	36309	43627	14108	2298
辽　宁	Liaoning	438759	348592	41646	22864	23820	886	950
吉　林	Jilin	260450	230637	7667	10079	11870		197
黑龙江	Heilongjiang	1297903	1202775	32000	27343	35785		
上　海	Shanghai	2553		259				2294
江　苏	Jiangsu	84601	26318	25883	14370	17102	350	577
浙　江	Zhejiang	15883	8052	4453	1361	1685	332	
安　徽	Anhui	97039	80340	5432	3579	7673	10	4
福　建	Fujian	21113	13016	2701	3549	822		1025
江　西	Jiangxi	16565	16103	287	164	11		
山　东	Shandong	866463	636696	108217	35986	81171	3143	1248
河　南	Henan	897698	733113	68362	35775	55815	466	4166
湖　北	Hubei	11121	8326	924	798	1067		6
湖　南	Hunan	2767	1788	362	180	328	70	39
广　东	Guangdong	26624	19093	1418	5153	630		330
广　西	Guangxi	23528	10076	1005	1319	11128		
海　南	Hainan	2071	2041			10		20
重　庆	Chongqing	2223	12			2210		
四　川	Sichuan	10722	5994	169	391	4168		
贵　州	Guizhou	2760	2029			226		505
云　南	Yunnan	13219	6700	2598	2088	1475	31	327
西　藏	Tibet	5179	5175	2		2		
陕　西	Shaanxi	327247	166148	75489	46970	32038	4852	1750
甘　肃	Gansu	270291	199289	27524	13603	14322	15553	
青　海	Qinghai	15387	4427	4197	3210	773	2769	11
宁　夏	Ningxia	11054	8330	576	531	1255	319	44
新　疆	Xinjiang	912486	819921	41334	20368	15383	15270	211

4-18　2009 年机电井工程供水量（按水资源分区分）

Water Supply of Mechanical and Electrical Irrigation Wells in 2009 (by Water Resources Regions)

单位：万立方米　　　　unit: 10^4m^3

水资源一级区	Grade- I Water Resources Region	合计 Total	农业灌溉供水量 Water Supply for Irrigation	工业生产供水量 Water Supply for Industrial Use	城镇生活供水量 Water Supply for Urban Domestic Use	乡村生活供水量 Water Supply for Rural Domestic Use	生态环境供水量 Water Supply for Ecological Environment	其他 Others
合　计	**Total**	**8423699**	**6668100**	**749929**	**373742**	**529268**	**69808**	**32851**
松花江区	Songhua River	1669359	1500120	71983	41326	54548	1185	197
辽河区	Liaohe River	797963	647652	65288	30651	42522	8602	3248
海河区	Haihe River	2289386	1777654	218776	97420	167887	11509	16140
黄河区	Yellow River	1048399	703990	160403	83886	87844	10449	1827
淮河区	Huaihe River	1176671	860621	138141	58143	110935	3487	5345
长江区	Yangtze River	145053	83212	21733	14898	20541	838	3832
其中：太湖区	Among Which: Taihu Lake	3633	442	753	130	14		2294
东南诸河区	Rivers in Southeast	36784	21045	7009	4860	2513	332	1025
珠江区	Pearl River	59780	34689	4110	7215	12812	11	943
西南诸河区	Rivers in Southwest	6609	6121	188	156	41	20	83
西北诸河区	Rivers in Northwest	1193695	1032997	62298	35187	29626	33375	211

4-19　2009年机电井工程供水量（按水资源分区和地区分）

Water Supply of Mechanical and Electrical Irrigation Wells in 2009 (by Water Resources Regions and Regions)

单位：万立方米　　unit: $10^4 m^3$

地区	Region	合计 Total	农业灌溉供水量 Water Supply for Irrigation	工业生产供水量 Water Supply for Industrial Use	城镇生活供水量 Water Supply for Urban Domestic Use	乡村生活供水量 Water Supply for Rural Domestic Use	生态环境供水量 Water Supply for Ecological Environment	其他 Others
松花江区	**Songhua River**	**1669359**	**1500120**	**71983**	**41326**	**54548**	**1185**	**197**
内蒙古	Inner Mongolia	132992	86714	32516	4142	8435	1185	
吉　林	Jilin	238464	210631	7467	9841	10328		197
黑龙江	Heilongjiang	1297903	1202775	32000	27343	35785		
辽河区	**Liaohe River**	**797963**	**647652**	**65288**	**30651**	**42522**	**8602**	**3248**
内蒙古	Inner Mongolia	338716	280450	23442	7549	17261	7716	2298
辽　宁	Liaoning	437261	347195	41646	22864	23719	886	950
吉　林	Jilin	21986	20007	200	238	1542		
海河区	**Haihe River**	**2289386**	**1777654**	**218776**	**97420**	**167887**	**11509**	**16140**
北　京	Beijing	171658	99772	14501	18371	25931	4966	8118
天　津	Tianjin	57068	33053	10060	987	12716	252	
河　北	Hebei	1533617	1209332	153521	58457	98753	5814	7738
山　西	Shanxi	66177	50766	3522	4131	7496	198	64
内蒙古	Inner Mongolia	16100	11498	1332	1207	1963	100	
辽　宁	Liaoning	1498	1397			101		
山　东	Shandong	206938	158463	24073	10428	13601	174	199
河　南	Henan	236330	213373	11767	3839	7326	4	21
黄河区	**Yellow River**	**1048399**	**703990**	**160403**	**83886**	**87844**	**10449**	**1827**
山　西	Shanxi	148291	109077	12087	5805	19975	419	929
内蒙古	Inner Mongolia	264578	194097	38988	15151	11775	4567	
山　东	Shandong	90650	65833	13047	3267	8311	71	121
河　南	Henan	185612	147609	13808	7631	16022	233	310
陕　西	Shaanxi	290935	154616	63998	41978	25824	4106	413
甘　肃	Gansu	45745	21004	13703	6330	4290	418	
青　海	Qinghai	11533	3424	4197	3192	392	317	11
宁　夏	Ningxia	11054	8330	576	531	1255	319	44
淮河区	**Huaihe River**	**1176671**	**860621**	**138141**	**58143**	**110935**	**3487**	**5345**
江　苏	Jiangsu	78945	22756	25141	13044	17077	350	577
安　徽	Anhui	95306	78995	5321	3488	7488	10	4
山　东	Shandong	568875	412401	71097	22291	59260	2898	928
河　南	Henan	433545	346469	36582	19320	27111	229	3835

4-19 续表 continued

地区	Region	合计 Total	农业灌溉供水量 Water Supply for Irrigation	工业生产供水量 Water Supply for Industrial Use	城镇生活供水量 Water Supply for Urban Domestic Use	乡村生活供水量 Water Supply for Rural Domestic Use	生态环境供水量 Water Supply for Ecological Environment	其他 Others
长江区	**Yangtze River**	**145053**	**83212**	**21733**	**14898**	**20541**	**838**	**3832**
上 海	Shanghai	2553		259				2294
江 苏	Jiangsu	5655	3562	743	1326	25		
浙 江	Zhejiang	741	442	155	130	14		
安 徽	Anhui	1204	926	101	11	166		
江 西	Jiangxi	16565	16103	287	164	11		
河 南	Henan	42211	25663	6205	4986	5357		
湖 北	Hubei	11121	8326	924	798	1067		6
湖 南	Hunan	2767	1788	362	180	328	70	39
广 西	Guangxi	113				113		
重 庆	Chongqing	2223	12			2210		
四 川	Sichuan	10722	5994	169	391	4168		
贵 州	Guizhou	2125	1848			226		51
云 南	Yunnan	4754	2456	725	1189	279		105
陕 西	Shaanxi	36312	11532	11491	4992	6214	746	1337
甘 肃	Gansu	5990	4561	313	732	363	22	
青 海	Qinghai							
东南诸河区	**Rivers in Southeast**	**36784**	**21045**	**7009**	**4860**	**2513**	**332**	**1025**
浙 江	Zhejiang	15142	7610	4298	1231	1671	332	
福 建	Fujian	529	419	10	80	20		
安 徽	Anhui	21113	13016	2701	3549	822		1025
珠江区	**Pearl River**	**59780**	**34689**	**4110**	**7215**	**12812**	**11**	**943**
湖 南	Hunan							
广 东	Guangdong	26624	19093	1418	5153	630		330
广 西	Guangxi	23415	10076	1005	1319	11015		
海 南	Hainan	2071	2041			10		20
贵 州	Guizhou	635	181					454
云 南	Yunnan	7035	3298	1687	743	1157	11	139
西南诸河区	**Rivers in Southwest**	**6609**	**6121**	**188**	**156**	**41**	**20**	**83**
云 南	Yunnan	1430	946	186	156	39	20	83
西 藏	Tibet	5179	5175	2		2		
青 海	Qinghai							
西北诸河区	**Rivers in Northwest**	**1193695**	**1032997**	**62298**	**35187**	**29626**	**33375**	**211**
内蒙古	Inner Mongolia	58798	38349	7456	8260	4193	540	
甘 肃	Gansu	218557	173724	13509	6541	9669	15113	
青 海	Qinghai	3854	1003		18	381	2452	
新 疆	Xinjiang	912486	819921	41334	20368	15383	15270	211

主要统计指标解释

供水量 各种水源为用水户提供的包括输水损失在内的毛水量。

用水量 各类用水户取用的包括输水损失在内的毛水量，又称取水量。

累计解决农村饮水困难人口(或牲畜) 截至报告期，通过修建水利设施，解决了水源、改良了水质，而改善、解决饮水困难的农村人口（或牲畜）的数量。

农村饮水安全标准 农村饮用水安全卫生评价指标体系分安全和基本安全 2 个档次，由水质、水量、方便程度和保证率 4 项指标组成。4 项指标中只要有一项低于安全或基本安全最低值，就不能定为饮用水安全或基本安全。水质：符合国家《生活饮用水卫生标准》要求的为安全；符合《农村实施〈生活饮用水卫生标准〉准则》要求的为基本安全。水量：每人每天可获得的水量不低于 40～60 升为安全；不低于 20～40 升为基本安全。根据气候特点、地形、水资源条件和生活习惯，将全国分为 5 个类型区，不同地区的具体水量标准可参照附表确定。方便程度：人力取水往返时间不超过 10 分钟为安全；取水往返时间不超过 20 分钟为基本安全。保证率：供水保证率不低于 95%为安全；不低于 90%为基本安全。

农村饮水安全总人口 满足农村饮水基本安全标准的农村地区（即城市及县城关镇以外地区）年末常驻人口。农村饮水包括农村居民餐饮、洗涤以及散养畜禽等日常生活用水。按照水利部、卫生部联合下发的《关于印发农村饮用水安全卫生评价指标体系的通知》的要求，农村饮水安全主要采用水质、水量、取水方便程度以及供水保证率 4 项指标进行评价，并对 5 类地区分安全饮水和基本安全饮水 2 个档次设置标准，只有当上述 4 项指标均达到饮水安全标准的人口，才算饮水安全达标人口。

农村饮水基本安全人口 农村居民饮水未全部满足安全饮水标准，但均达到基本安全饮水标准的人口。

按照有关规定，评价农村饮水是否安全存在 2 个标准，即高标准（安全达标标准）和低标准（基本安全达标标准）。按照规定，只有达到安全达标标准（高标准）的农村人口才属于农村饮水安全达标人口，但鉴于当前农村的特殊条件，一般地，将达到基本安全标准（低标准）的人口也包括在饮水安全达标人口范围之内。因此，在无特别说明的情况下，农村饮水安全人口=达到基本安全标准的农村人口（达到高标准的人口包括其中）。只达到基本安全标准的农村人口=达到基本安全达标标准（低标准）但尚未达到安全达标标准（高标准）的人口。

蓄水工程供水 凡是水源来源于蓄水工程，无论采取什么方式取水，比如从水库提水或自流引水，都应统计为蓄水工程供水。蓄水工程是指天然的塘坝及人工修筑的水库、塘坝工程。

农业灌溉供水量 水利工程为农田、林地、果园、牧草灌溉实际毛供水量的总和。

工业生产供水量 水利工程为工业生产的供水量。1991 年以前乡镇工业供水统计在农业供水中，从 1992 年开始统计在工业供水中。乡镇企业供水指水利工程为乡镇工业及农副产品加工实际毛供水量。

城镇生活供水量 水利工程对城镇居民生活供水量，还包括用于餐饮、服务以及市政环卫等公共服务方面的供水。生活供水主要统计各类水利工程向自来水厂或城镇居民供应的原水量，即未经任何处理的水量。

乡村生活供水量 水利工程为乡村居民生活的供水量，除乡村居民生活用水外，还包括牲畜用水。

生态环境供水量 主要指通过水利工程设施向城镇、乡村生态脆弱地区或恶化地区以及其他地区补水，以维持、控制、恢复、改善原有的生态环境状态，如为了避免湿地萎缩、维持地下水位、防止海水入侵、维持河川基流、恢复原有湖泊、保护植被等目的，以及为了维持人类居住地的生态环境需要所进行的补水。

水电供水量 水利工程为水电站的供水，全国水电供水量 2400 亿立方米每年，但它基本不消耗水量，如果和工业、农业供水等并列计入供水总量，将影响水资源的平衡核算研究。现行水利统计报表制度规定、水电供水量单独进行统计，不计入供水量总计。

引水工程供水量 直接从江、河、湖泊等水源地取水的引水工程供水量。常见的引水工程有无坝自流和有坝自流两种引水工程。

提（取）水泵站工程供水量 直接从江河、湖泊等水源地通过泵站方式取（供）水量。如果提水泵站从水库或者灌溉渠道中取水，则不能计入提水泵站工程供水中。

机电井工程供水量 通过机电井抽取地下水而提供的水量等。

Explanatory Notes of Main Statistical Indicators

Water supply Gross quantity of water provided by all kinds of water sources, including loss in transportation.

Water use Gross quantity of water used by all kinds of users, including loss in transportation.

Population(or livestock) in rural areas with drinking water The population or number of livestock that are able to access drinking water by means of construction of water facilities, providing water sources and water quality improvement until the statistical date of the report.

Standard of safe drinking water in rural areas The evaluation index system of safe drinking water in rural areas defines two levels of safe and generally safe, which is formed by four elements of water quality, water quantity, convenience of access to water and guarantee rate. If the value of one of the four indices is lower than the minimum level of safety or generally safety, the drinking water can not be deemed as safe or generally safe. Water quality: water quality that meets the "National Sanitary Standards for Drinking Water" is deemed as safe; water quality that meets the "Implementing Rules of National Sanitary Standards for Drinking Water in Rural Areas" is deemed as generally safe. Water quantity: each person can get 40～60L water per day or above is deemed as safe; each person get no less than 20～40L water per day is deemed as generally safe. According to feature of climate, topography, water resources conditions, and living habits and customs, China can be divided into five different regions, and specified water quantity in different regions can be determined by referencing the attached tables. Convenience of access to water: manpower getting water with no more than 10 minutes is deemed as safe and no more than 20 minutes as generally safe. Guarantee rate: 95% of water supply or more than 95% of water supply is guaranteed is deemed as safe; the guarantee rate is not lower than 90% is deemed as generally safe.

Total population in rural areas with safe drinking water Permanent residential population in rural areas (outside of city, county and township) at the end of the year where drinking water safety standard has been met. Rural drinking water includes daily water use of rural residents for cooking, washing and raising livestock etc. According to the requirement of Notification of Evaluation Index System of Rural Drinking Water Safety and Sanitation" issued by Ministry of Water resources and Ministry of Health, four indices are applied for evaluating drinking water safety, namely water quality, water quantity, convenience of access to water and guarantee rate; two criteria namely safe and generally safe are given when evaluation is made in five different regions. Only when the four indexes all satisfy the standards of safe and generally safe, the population is deemed as rural population with safe drinking water.

Population with generally safe drinking water The total residents who live in rural areas where the above four indexes may not met, but standards of generally safe are all met.

According to related regulations, two standards are applied to evaluate whether drinking water in rural area is safe or not, i.e. high standard (safe) or low standard (generally safe). According to the norm, only rural population able to access safe drinking water are deemed as rural population with safe drinking water. However, due to special conditions in some rural areas, it is common to include rural population without safe drinking water into the scope of rural population with safe drinking water. Thus, if no special explanation is made, rural population with safe drinking water equal to rural population with generally safe drinking water (including rural population with high standard drinking water). Rural residents with generally safe drinking water equals to the rural population with drinking water meeting the standard of generally safe (low standard), but cannot meet the standard of safe drinking water (high standard).

Water supply of storage work If water sources are from storage works, no matter what diversion method is adopted, e.g. from the reservoir or by gravity, it is considered as water supply of storage works. Storage works refers to naturally formed dam, man-made dam, pond and reservoir.

Water supply for irrigation Total water provided by water works for irrigation of farmlands, forests, orchards and grazing land.

Water supply for industrial use Water provided by water works for industrial water use in urban and rural areas. Before 1991, the quantity of water supply for township industries is included in agricultural water supply, but from 1992 it began to be counted as industrial water supply. Water supply for township enterprise means actual gross quantity of water supply provided by water works for township industries and processing of agricultural products and by-products.

Water supply for urban domestic use Water supply for urban residents, and also water supply to restaurants, service industry, municipal environment and sanitation and other public utilities. Domestic water supply mainly refers to source water for water plant or urban residents provided by all kinds of water works, that is, the amount of water without any treatment.

Water supply for rural domestic use Quantity of water supply for both rural residents and livestock.

Water supply for ecological environment Water transfer or recharge to ecological fragile or ecological deterioration region through water structures, in order to sustain, control, restore and improve the original ecosystem and environment, such as prevent wetlands shrinking, sustain groundwater level, prevent seawater intrusion, keep base flow of rivers, restore original lake and vegetations, and consider the needs of sustaining ecological environment of living places of human being.

Water supply for hydropower generation Water supply provided by water projects for hydropower generation. In China, the annual water supply for hydropower generation is 2.4×10^{11} m^3, but power generation does not consume water resources. If it is included in the total quantity of water supply for industrial and agricultural use, it shall exert impact on water balance calculation. According to the current statistic regulation of water resources, water supply for hydropower generation is calculated independently and excluded from the total quantity of water supply.

Water supply of diversion works Water is diverted directly from river or lake. The common water diversion works are two types of gravity diversion schemes with or without a dam.

Water supply of pumping station Water is pumped directly from rivers, lakes and other water sources. If water is diverted from a reservoir or irrigation canals, the quantity should not be included.

Water supply of mechanical and electrical irrigation wells The quantity of water is supplied by mechanical and electrical irrigation wells.

5 水土保持

Soil and Water Conservation

简要说明

水土保持统计资料主要包括水土流失治理面积及其分类治理面积等。按年度、水资源一级区和地区进行分组。

1. 小流域治理统计范围是指列入县级以上（含县级）治理规划，并进行重点治理的流域面积在 5 平方千米以上的小流域。

2. 水土流失治理面积历史资料汇总 1973 年至今数据；新增水土流失治理面积历史资料汇总 1989 年至今数据。

Brief Introduction

Statistical data of soil and water conservation mainly includes controlled area of soil erosion and types of measures for erosion control. The data is grouped in accordance with years, Grade- Ⅰ water resources region and regions.

1. Statistical scope of small watershed under control covers those listed in the plan at and above the county level, and the drainage area of small watershed should be more than 5 square kilometers.

2. Historical data of controlled area of soil erosion is collected from 1973 until present, and historical data of newly-increased controlled area is from 1989 until present.

5-1 历年水土流失治理面积

Controlled Area of Soil Erosion by Years

单位：千公顷 unit: 10^3hm^2

年份 Year	水土流失治理面积 Controlled Area	#水平梯田 Leveled Terraced Field	坝地 Gully Dammed Field	水保林 Water Conservation Forest
1973	35090	4919	725	13725
1974	38423	6209	855	17796
1975	40757	7011	847	
1976	42007	7383	942	
1977	42441	7161	929	20924
1978	40435	7239	891	
1979	40606	6461	931	21273
1980	41152	6539	895	21679
1981	41647	6427	878	21647
1982	41412	6367	924	22367
1983	42405	6457	922	22829
1984	44623	7062	1050	24570
1985	46393	6982	1275	25648
1986	47909	7436	1269	26923
1987	49528	7755	1579	27889
1988	51349	7952	1438	29461
1989	52154	8209	1495	30490
1990	52971	7623	1563	31660
1991	55838	8072	1893	33381

年份 Year	水土流失治理面积 Controlled Area	#小流域治理面积 Improved Area of Small Watershed	水土流失治理面积新增合计 Total Newly-Increased Controlled Area	水平梯田 Leveled Terraced Field	坝地 Gully Dammed Field	水保林 Water Conservation Forest	种草 Planted Grassland	其他 Others	水土流失治理面积减少 Reduction of Controlled Area
1992	58635								
1993	61253								
1994	64080								
1995	66855								
1996	69321								
1997	72242								
1998	75022								
1999	77828								
2000	80961	28473	4728						1595
2001	81539	30385	4888						4309
2002	85410	34255	5056						1186
2003	89714	35628	5538						1234
2004	92004	36040	4445						2156
2005	94654	37059	4198						1102
2006	97491	37915	3969						1543
2007	99871	38731	3916	311	58	1497	537	1513	1471
2008	101587	39189	3867	275	41	1474	492	1584	2666
2009	104545	41139	4318	412	38	1647	470	1751	1373

5-2 2009 年水土流失治理面积（按地区分）

Controlled Area of Soil Erosion in 2009 (by Regions)

单位：千公顷 unit: 10^3hm^2

地区	Region	水土流失治理面积 Controlled Area	#小流域治理面积 Improved Area of Small Watershed	水土流失治理面积 新增合计 Total Newly-Increased Improved Area	水平梯田 Leveled Terraced Field	坝地 Gully Dammed Field	水保林 Water Conservation Forest	种草 Planted Grassland	其他 Others	水土流失治理面积减少 Reduction of Controlled Area
合 计	**Total**	**104544.85**	**41139.25**	**4317.84**	**411.57**	**38.43**	**1647.11**	**469.86**	**1750.87**	**1372.78**
北 京	Beijing	511.80	511.80	57.50	0.62		0.45		56.43	
天 津	Tianjin	45.63	23.73	1.40	0.04	0.02	0.08		1.26	0.60
河 北	Hebei	6230.72	3179.49	168.27	9.01	0.72	79.90	3.73	74.90	131.58
山 西	Shanxi	5093.88	815.08	224.07	6.39	3.62	114.55	12.51	87.00	99.51
内蒙古	Inner Mongolia	10567.42	3320.21	458.70	9.94	1.02	270.64	177.10		139.03
辽 宁	Liaoning	6242.45	3506.40	140.43	10.06	0.91	52.38	2.33	74.75	6.01
吉 林	Jilin	3545.76	454.52	53.52	2.04	0.10	18.62	11.16	21.60	2.00
黑龙江	Heilongjiang	4594.68	1527.54	152.92	25.44	0.21	53.24	0.46	73.57	29.11
上 海	Shanghai									
江 苏	Jiangsu	1037.44	329.82	37.13	2.08	0.41	12.20	0.65	21.79	6.81
浙 江	Zhejiang	2401.85	582.79	84.91	10.46	3.41	24.70	12.79	33.55	17.64
安 徽	Anhui	2102.32	915.37	44.01	6.60	1.85	13.75	3.16	18.64	0.41
福 建	Fujian	1437.87	874.94	81.98	4.90	0.84	11.47	2.74	62.03	30.11
江 西	Jiangxi	4334.85	818.95	213.34	3.37	0.42	59.93	8.13	141.49	13.99
山 东	Shandong	4593.19	1404.32	120.40	18.66	4.31	72.25	5.05	20.14	16.70
河 南	Henan	4449.38	2761.12	155.24	15.28	2.49	51.56	0.94	84.97	53.84
湖 北	Hubei	4449.68	1735.29	205.51	36.22	0.86	93.43	5.02	69.98	25.05
湖 南	Hunan	2877.90	866.98	107.60	28.29	3.91	46.58	4.42	24.40	3.10
广 东	Guangdong	1369.12	551.94	25.03	0.52	2.24	3.94	5.13	13.19	0.21
广 西	Guangxi	1843.68	262.09	70.60	0.98	0.80	33.08	1.50	34.24	0.96
海 南	Hainan	32.48	0.39	1.33			0.40		0.93	
重 庆	Chongqing	2266.50	1887.60	153.62	17.44	0.21	62.36	2.57	71.05	30.43
四 川	Sichuan	6100.24	3668.62	235.77	26.75	4.01	51.57	15.68	137.76	13.74
贵 州	Guizhou	2997.15	2655.36	134.30	5.03	0.01	49.59	7.23	72.44	
云 南	Yunnan	5248.00	2797.16	325.02	26.26	2.33	104.07	3.51	188.85	9.05
西 藏	Tibet	40.41	3.56	24.94			14.63	10.31		
陕 西	Shaanxi	9142.78	3140.24	682.59	42.62	3.49	232.22	120.62	283.64	642.67
甘 肃	Gansu	7807.10	1866.37	209.60	79.34		55.79	23.56	50.91	86.28
青 海	Qinghai	812.31	299.35	13.67	5.11		4.41	0.93	3.22	
宁 夏	Ningxia	1974.40	230.41	101.51	18.11	0.15	45.58	21.66	16.01	7.87
新 疆	Xinjiang	393.90	147.83	32.95		0.10	13.75	6.96	12.14	6.08

5-3 2009 年水土流失治理面积（按水资源分区分）

Controlled Area of Soil Erosion in 2009 (by Water Resources Regions)

单位：千公顷 unit: 10^3hm^2

水资源一级区	Grade- Ⅰ Water Resources Region	水土流失治理面积 Controlled Area	#小流域治理面积 Improved Area of Small Watershed	水土流失治理面积 新增合计 Total Newly-Increased Improved Area	水平梯田 Leveled Terraced Field	坝地 Gully Dammed Field	水保林 Water Conservation Forest	种草 Planted Grassland	其他 Others	水土流失治理面积减少 Reduction of Controlled Area
合 计	**Total**	**104544.85**	**41139.25**	**4317.84**	**411.57**	**38.43**	**1647.11**	**469.86**	**1750.87**	**1372.78**
松花江区	Songhua River	8878.32	2164.57	269.38	32.19	0.31	120.82	25.22	90.84	31.11
辽河区	Liaohe River	10799.41	5050.44	264.40	14.83	0.91	122.10	47.60	78.96	35.68
海河区	Haihe River	9893.66	4621.44	368.57	13.25	3.50	155.18	17.15	179.48	180.36
黄河区	Yellow River	23714.57	6924.83	1054.87	137.97	7.58	427.79	255.95	225.58	653.57
淮河区	Huaihe River	6717.13	2751.67	149.76	24.26	4.98	66.70	7.28	46.55	28.81
长江区	Yangtze River	32059.09	14921.13	1620.19	155.10	12.39	541.35	52.45	858.90	366.13
其中：太湖区	Among Which: Taihu Lake	332.18	45.79	6.33	0.40		2.45	2.15	1.33	1.23
东南诸河区	Rivers in Southeast	5213.39	2008.94	221.22	10.20	3.85	86.25	8.43	112.49	3.26
珠江区	Pearl River	1692.84	715.07	110.54	8.37	0.15	41.44	12.07	48.52	2.32
西南诸河区	Rivers in Southwest	1758.50	466.77	91.67	0.07	0.13	48.49	29.77	13.21	24.36
西北诸河区	Rivers in Northwest	1691.19	437.09	95.13	0.33	1.03	42.70	31.46	19.61	12.60

5-4 2009 年水土流失治理面积（按水资源分区和地区分）

Controlled Area of Soil Erosion in 2009 (by Water Resonrces Regions and Regions)

单位：千公顷 unit: 10^3hm^2

地区	Region	水土流失治理面积 Controlled Area	#小流域治理面积 Improved Area of Small Watershed	水土流失治理面积 新增合计 Total Newly-Increased Improved Area	水平梯田 Leveled Terraced Field	坝地 Gully Dammed Field	水保林 Water Conservation Forest	种草 Planted Grassland	其他 Others	水土流失治理面积减少 Reduction of Controlled Area
松花江区	**Songhua River**	**8878.32**	**2164.57**	**269.38**	**32.19**	**0.31**	**120.82**	**25.22**	**90.84**	**31.11**
内蒙古	Inner Mongolia	1262.42	251.33	69.14	5.77		49.77	13.60		
吉　林	Jilin	3021.23	385.70	47.32	0.98	0.10	17.81	11.16	17.27	2.00
黑龙江	Heilongjiang	4594.68	1527.54	152.92	25.44	0.21	53.24	0.46	73.57	29.11
辽河区	**Liaohe River**	**10799.41**	**5050.44**	**264.40**	**14.83**	**0.91**	**122.10**	**47.60**	**78.96**	**35.68**
内蒙古	Inner Mongolia	4145.15	1530.70	118.34	3.76		69.31	45.27		30.00
辽　宁	Liaoning	6129.73	3450.92	139.86	10.01	0.91	51.98	2.33	74.63	5.68
吉　林	Jilin	524.53	68.82	6.20	1.06		0.81		4.33	
海河区	**Haihe River**	**9893.66**	**4621.44**	**368.57**	**13.25**	**3.50**	**155.18**	**17.15**	**179.48**	**180.36**
北　京	Beijing	511.80	511.80	57.50	0.62		0.45		56.43	
天　津	Tianjin	45.63	23.73	1.40	0.04	0.02	0.08		1.26	0.60
河　北	Hebei	6230.72	3179.49	168.27	9.01	0.72	79.90	3.73	74.90	131.58
山　西	Shanxi	1763.36	243.00	84.13	2.22	1.10	40.19	3.94	36.68	27.19
内蒙古	Inner Mongolia	573.28	306.29	23.08			13.72	9.36		5.20
辽　宁	Liaoning	112.72	55.48	0.57	0.05		0.40		0.12	0.33
山　东	Shandong	217.91	26.37	17.93		0.57	14.72	0.03	2.61	1.80
河　南	Henan	438.24	275.28	15.69	1.31	1.09	5.72	0.09	7.48	13.66
黄河区	**Yellow River**	**23714.57**	**6924.83**	**1054.87**	**137.97**	**7.58**	**427.79**	**255.95**	**225.58**	**653.57**
山　西	Shanxi	3330.52	572.08	139.94	4.17	2.52	74.36	8.57	50.32	72.32
内蒙古	Inner Mongolia	3854.04	929.45	191.40	0.34	0.99	103.62	86.45		86.14
山　东	Shandong	630.95	177.90	13.68	3.15	0.40	8.44	1.07	0.62	5.92
河　南	Henan	1205.88	785.12	37.39	4.03	0.03	21.05		12.28	14.62
陕　西	Shaanxi	6388.92	2294.18	384.14	32.05	3.49	122.22	116.37	110.01	390.11
甘　肃	Gansu	5544.62	1637.39	173.14	71.01		48.11	20.90	33.12	76.59
青　海	Qinghai	785.24	298.31	13.67	5.11		4.41	0.93	3.22	
宁　夏	Ningxia	1974.40	230.41	101.51	18.11	0.15	45.58	21.66	16.01	7.87
淮河区	**Huaihe River**	**6717.13**	**2751.67**	**149.76**	**24.26**	**4.98**	**66.70**	**7.28**	**46.55**	**28.81**
江　苏	Jiangsu	648.27	184.02	19.52	2.04	0.41	4.75	0.31	12.02	6.04
安　徽	Anhui	445.96	216.22	10.46	2.43	0.37	2.00	2.50	3.16	0.41
山　东	Shandong	3744.33	1200.05	88.79	15.51	3.34	49.09	3.95	16.91	8.98
河　南	Henan	1878.57	1151.38	30.99	4.28	0.86	10.87	0.52	14.46	13.38

5-4　续表 continued

地区	Region	水土流失治理面积 Controlled Area	#小流域治理面积 Improved Area of Small Watershed	水土流失治理面积 新增合计 Total Newly-Increased Improved Area	水平梯田 Leveled Terraced Field	坝地 Gully Dammed Field	水保林 Water Conservation Forest	种草 Planted Grassland	其他 Others	水土流失治理面积减少 Reduction of Controlled Area
长江区	**Yangtze River**	**32059.09**	**14921.13**	**1620.19**	**155.10**	**12.39**	**541.35**	**52.45**	**858.90**	**366.13**
上　海	Shanghai									
江　苏	Jiangsu	389.17	145.80	17.61	0.04		7.46	0.34	9.77	0.77
浙　江	Zhejiang	270.86	12.64	4.93	0.40		1.45	1.95	1.13	0.57
安　徽	Anhui	1407.27	629.84	28.27	3.80	1.10	9.47	0.31	13.58	
江　西	Jiangxi	4334.85	818.95	213.34	3.37	0.42	59.93	8.13	141.49	13.99
河　南	Henan	926.69	549.34	71.17	5.66	0.51	13.92	0.33	50.75	12.18
湖　北	Hubei	4449.68	1735.29	205.51	36.22	0.86	93.43	5.02	69.98	25.05
湖　南	Hunan	2647.16	832.45	104.93	27.28	3.80	45.84	4.40	23.61	3.10
广　西	Guangxi	32.77	13.56	0.18			0.09		0.09	
重　庆	Chongqing	2266.50	1887.60	153.62	17.44	0.21	62.36	2.57	71.05	30.43
四　川	Sichuan	6100.24	3668.62	235.77	26.75	4.01	51.57	15.68	137.76	13.74
贵　州	Guizhou	2270.67	2047.93	80.68	3.94	0.01	23.46	6.15	47.11	
云　南	Yunnan	2551.90	1519.53	171.27	11.30	1.48	55.21	1.05	102.23	4.64
陕　西	Shaanxi	2753.86	846.06	298.45	10.57		110.00	4.25	173.63	252.56
甘　肃	Gansu	1656.62	212.68	34.48	8.33		7.16	2.27	16.72	9.10
青　海	Qinghai	0.86	0.84							
东南诸河区	**Rivers in Southeast**	**3817.95**	**1514.40**	**167.24**	**15.33**	**4.63**	**37.00**	**13.93**	**96.35**	**47.18**
浙　江	Zhejiang	2130.99	570.15	79.98	10.06	3.41	23.25	10.84	32.42	17.07
福　建	Fujian	249.09	69.31	5.28	0.37	0.38	2.28	0.35	1.90	
安　徽	Anhui	1437.87	874.94	81.98	4.90	0.84	11.47	2.74	62.03	30.11
珠江区	**Pearl River**	**5213.39**	**2008.94**	**221.22**	**10.20**	**3.85**	**86.25**	**8.43**	**112.49**	**3.26**
湖　南	Hunan	230.74	34.53	2.67	1.01	0.11	0.74	0.02	0.79	
广　东	Guangdong	1369.12	551.94	25.03	0.52	2.24	3.94	5.13	13.19	0.21
广　西	Guangxi	1810.91	248.53	70.42	0.98	0.80	32.99	1.50	34.15	0.96
海　南	Hainan	32.48	0.39	1.33			0.40		0.93	
贵　州	Guizhou	726.48	607.43	53.63	1.09		26.13	1.08	25.33	
云　南	Yunnan	1043.68	566.12	68.15	6.60	0.70	22.05	0.70	38.10	2.09
西南诸河区	**Rivers in Southwest**	**1692.84**	**715.07**	**110.54**	**8.37**	**0.15**	**41.44**	**12.07**	**48.52**	**2.32**
云　南	Yunnan	1652.43	711.51	85.61	8.37	0.15	26.81	1.76	48.52	2.32
西　藏	Tibet	40.41	3.56	24.936			14.63	10.31		
青　海	Qinghai									
西北诸河区	**Rivers in Northwest**	**1758.50**	**466.77**	**91.67**	**0.07**	**0.13**	**48.49**	**29.77**	**13.21**	**24.36**
内蒙古	Inner Mongolia	732.53	302.44	56.74	0.07	0.03	34.22	22.42		17.69
甘　肃	Gansu	605.86	16.30	1.98			0.52	0.39	1.07	0.59
青　海	Qinghai	26.21	0.20							
新　疆	Xinjiang	393.90	147.83	32.95		0.10	13.75	6.96	12.14	6.08

5-5 历年开发建设项目水土保持方案

Soil and Water Conservation Plan of Development and Construction Project by Years

年份 Year	水土保持方案审批数量 (项) Approved Soil and Water Conservation Plan (unit)	水土保持方案总投资 (万元) Total Investment of Soil and Water Conservation Plan (10^4 yuan)	防治责任范围 (千公顷) Responsible Scope of Erosion Control (10^3 hm^2)	减少土壤流失量 (吨) Reduction of Soil Loss (t)	水土保持设施验收数量 (个) Soil Conservation Works Checked and Accepted (unit)
2003	21537	822095	2532	941304	6559
2004	21049	1451349	782	272514	6298
2005	22517	2076362	901	151076	6259
2006	26783	2882328	784	192992	5023
2007	21720	3518973	899	121317	4332
2008	27389	3505679	789	117368	5648
2009	22194	5645749	1609		

注 2008 年、2009 年数据未统计上海地区。

Note Figures of 2008 and 2009 don't include the data of Shanghai.

5-6 2009年开发建设项目水土保持方案（按地区分）

Soil and Water Conservation Plan of Development and Construction Project of 2009 (by Regions)

地区	Region	水土保持方案审批数量（项）Approved Soil and Water Conservation Plan (unit)	水土保持方案总投资（万元）Total Investment of Soil and Water Conservation Plan (10^4 yuan)	防治责任范围（千公顷）Responsible Scope of Erosion Control (10^3 hm^2)	设计拦挡弃土弃渣（万立方米）Spoil Disposal (10^4m^3)	实施返还治理示范工程数量（个）Pilot Project with Compensation Funds for Erosion Control (unit)
合计	**Total**	**22194**	**5645749**	**1609**	**363176**	**1231**
北京	Beijing	143	183463	7	37	
天津	Tianjin	11	8002	4	158	
河北	Hebei	472	195387	42	11398	10
山西	Shanxi	234	94989	7	6736	91
内蒙古	Inner Mongolia	373	185404	58	47391	29
辽宁	Liaoning	550	155030	24	8347	34
吉林	Jilin	520	17073	6	5520	
黑龙江	Heilongjiang	185	73144	30	267	46
上海	Shanghai					
江苏	Jiangsu	121	102762	4	977	22
浙江	Zhejiang	2276	315410	38	3575	23
安徽	Anhui	319	117520	11	3615	9
福建	Fujian	486	135002	13	3985	29
江西	Jiangxi	1064	112760	24	7620	100
山东	Shandong	1846	71692	16	739	123
河南	Henan	457	144909	34	4746	92
湖北	Hubei	665	119500	13	4004	52
湖南	Hunan	1175	568496	26	1620	230
广东	Guangdong	1304	427669	31	21692	
广西	Guangxi	927	142337	30	5286	
海南	Hainan	177	54459	9	49	1
重庆	Chongqing	794	378017	22	41861	46
四川	Sichuan	2924	228190	24	25065	64
贵州	Guizhou	1266	492134	184	5033	11
云南	Yunnan	1809	786957	79	48030	73
西藏	Tibet	42	16033	4		
陕西	Shaanxi	972	273097	723	94389	59
甘肃	Gansu	647	71004	129	7333	77
青海	Qinghai	94	47344	8	3167	4
宁夏	Ningxia	96	75411	5	414	3
新疆	Xinjiang	245	52556	0.3	124	3

注 2009年数据未统计上海地区。

Note Figures of 2009 don’t include the data of Shanghai.

主要统计指标解释

水土流失　是由于水力、重力、风力等外力引起的水土资源和土地生产力遭到破坏和损失的现象。造成水土流失的原因可分为自然原因和人类活动原因两类。遭到水土流失侵害和损失的农用地面积称水土流失面积。

水土流失治理面积（又称水土保持面积）　指在山丘地区水土流失面积上，按照综合治理的原则，采取各种治理措施，如：水平梯土（田）、淤地坝、谷坊、造林种草、封山育林育草等治理水土流失面积总和。

水平梯田　指在坡地上沿等高线修建的、断面呈阶梯状的田块。（注：在我国南方，旱作梯田称梯地或梯土，种植水稻的称梯田）

坝地　在沟道拦蓄工程上游因泥沙淤积形成的地面较平整的可耕作土地。

水保林　以防治水土流失为主要功能的人工林和天然林。根据其功能的不同，可分为坡面防护林、沟头防护林、沟底防护林、塬边防护林、护岸林、水库防护林、防风固沙林、海岸防护林等。

种草　在水土流失地区，为蓄水保土，改良土壤，发展畜牧，美化环境，促进畜牧业发展而进行的草本植物培育活动。

小流域治理面积　是以小流域为单元，根据流域内的自然条件，按照土壤侵蚀的类型特点和农业区划方向，在全面规划的基础上，合理安排农、林、牧、副各业用地，布置水土保持农业技术措施，林草措施与工程措施，相互协调、相互促进形成综合的水土流失防治体系。凡列入县级以上治理规划，并进行重点治理的，流域面积大于5平方千米，小于50平方千米的小流域治理面积均进行统计。

Explanatory Notes of Main Statistical Indicators

Soil erosion Damage or losses of water resources and land productivity caused by external forces, such as water power, gravity and wind etc. Soil erosion is usually caused by two reasons of natural conditions or human activities. The damaged or lost cultivated land for agricultural purpose caused by soil erosion is termed as eroded area.

Controlled area of soil erosion (also named soil and water conservation area) The sum of improved eroded areas in Mountainous or hilly areas, has implemented comprehensive control measures in line with the principle of integrated management, including terraced fields, silt retention dam, check dam, reforestation, grass plantation, ban of wood cutting and grazing.

Leveled Terraced field Cultivated land with a cascade section built along the contour lines on slope-land. (Note: In the south part of China, dry terraces are called terrace land or terrace earth and paddy terraces are called terraced fields).

Gully dammed field Relatively leveled cultivated land created by upstream silt arrested by silt retention dam in the gully.

Water conservation forest Artificial and nature forests used mainly for control of soil and water loss. According to their functions, the names of slope protection forest, gully head protection forest, gully bottom protection forest, plateau edge protection forest, bank protection forest, reservoir protection forest, wind and sand protection forest and sea coast protection forest are given.

Planted grassland Activities of planting and cultivating grass in eroded area for conserving soil and water, soil improvement, pasture development, environment beatification and promoting development of animal husbandry.

Improved area of small watershed Taking small watershed as a unit, land use for agricultural, forestry, husbandry and agricultural by-product production are implemental based on natural conditions of watershed as well as type and feature of soil erosion, agricultural zoning and general planning, which are integrated with agricultural technology, forest-grass and structural measures, and forms a comprehensive soil and water erosion prevention and control system. If a watershed with an area larger than 5 square kilometers and smaller than 50 square kilometers, within the list of management plan at and above the county level as major project, it should be included in the statistics.

6　水利建设投资

Investments in Water Development

简 要 说 明

水利建设投资统计资料主要包括水利固定资产投资、项目、完成、工程量情况以及工程能力和效益等。

本部分资料主要按地区分组。历史资料汇总 1949 年至今数据。

Brief Introduction

Statistical data of investments in water development mainly includes investment of fixed asset, project, completion of investment, completed civil works, capacity and benefit of project etc.

The data is divided into groups based on river basins and regions. Historical data is collected from 1949 until present.

6-1 主 要 指 标

Key Indicators

单位：万元　　　　unit: 10^4 yuan

指标名称	Item	2004	2005	2006	2007	2008	2009
中央水利建设计划投资	Investment Plan of Central Government in Water Projects	2788097	2715788	2987103	3088220	6254207	6370307
水利建设投资完成额	Completed Investment for Water Project Construction	7835450	7468483	7938444	9448538	10882012	18940321
按投资来源分：	Divided by Sources:						
（1）国家预算内拨款	National Budget Allocation	1258899	1330632	1931541	2700258	3903636	9299491
（2）国家预算内专项	Special Funds from National Budget	1922409	1793636	1847169	1956989	1604711	1287604
（3）国内贷款	Domestic Loan	1026356	941809	806606	833576	969469	1528610
（4）利用外资	Foreign Investment	122315	192643	143434	94756	105085	75675
（5）自筹资金	Self-Raising Funds	2962934	2421951	2123367	2199399	2353630	3338654
（6）水利建设基金	Water Project Construction Funds	287902	302698	361223	677814	604949	1054664
（7）其他投资	Other Investment	254634	485115	725104	985746	1340535	2355623
按投资用途分：	Based on Investment Purposes:						
（1）防洪工程	Flood Control Projects	3669475	2928299	2881214	3184809	3700390	6748123
（2）水资源工程	Water Resources Projects	2183463	2231172	3176997	4050906	4678489	8660425
（3）水土保持及生态建设	Soil and Water Conservation and Ecological Restoration Projects	587101	391856	422184	603164	768749	867355
（4）水电工程	Hydropower Development	715307	654724	573234	664919	773709	720419
（5）行业能力建设	Capacity Building	174905	326570	201919	88527	106007	264842
（6）其他	Others	505200	935862	682897	856212	854670	1679157

注　1. 从 2003 年开始，中央水利建设计划投资包括南水北调当年投资。
2. 2007 年中央水利建设计划投资不包括当年中央财政转移支付地方水利专项资金 32 亿元。
3. 2008 年中央水利建设计划投资不包括当年小型农田水利建设中央财政专项补助资金 30 亿元。

Note　1. Investment plans of central government for water project construction since 2003 include those for South-North Water Diversion Project.
2. In 2007, investment plans of central government for water project construction exclude 3.2 billion yuan of Central Government funds transferred to special funds of local governments.
3. In 2008, investment plans of central government for water project construction exclude 3 billion yuan of special funds to small on-farm irrigation and drainage works from the Central Government Finance.

6-2 历年水利建设施工和投产项目个数

Number of Water Projects Under-Construction and Put-into-Operation by Years

单位：个 unit: unit

年份 Year	施工项目 Under-Construction	#新开工项目 Newly-Started Project	部分投产项目 Partially Put-into-Operation	全部投产项目 Fully Put-into-Operation
1989	1928	782		669
1990	1987	799		652
1991	2001	804		585
1992	2253	978		684
1993	2268	963		694
1994	2300	931		678
1995	2286	931		571
1996	2146	920		635
1997	2320	1091		753
1998	2932	1699		696
1999	2632	1033		722
2000	3456	1901		1106
2001	3344	1792	397	825
2002	4203	2171	827	1103
2003	5196	2834	1305	1376
2004	4307	1816	1313	1249
2005	4855	2095	1709	1407
2006	4614	2158	1596	1422
2007	4852	2203	1428	1584
2008	7529	4418	1380	2683
2009	10715	5992	1025	5499

注 1. 1989～2000 年，未细分当年部分投产与全部投产，均为“全部投产项目”。

2. 本表只包括当年正式施工的水利工程设施项目和机构能力建设项目，不包括建设投资计划安排的水利前期、规划及专题研究等项目。

Note 1. The data in 1989-2000 do not separate into partially-operated and fully-operated projects, and merged into the number of projects putting into operation of the year.

2. The table only includes constructed water project and capacity building project, excluding projects of early-stage preparation of feasibility study, planning and special-subject studies.

6-3 2009年水利建设施工和投产项目个数（按地区分）

Number of Water Projects Under-Construction and Put-into-Operation in 2009 (by Regions)

单位：个 unit: unit

地区	Region	施工项目 Under-Construction	#新开工项目 Newly-Started Project	部分投产项目 Partially Put-into-Operation	全部投产项目 Fully Put-into-Operation
合　计	**Total**	**10715**	**5992**	**1025**	**5499**
北　京	Beijing	47	7	1	6
天　津	Tianjin	49	22	6	28
河　北	Hebei	277	206	27	136
山　西	Shanxi	264	145	37	126
内蒙古	Inner Mongolia	217	122	20	82
辽　宁	Liaoning	202	96	22	82
吉　林	Jilin	186	88	6	76
黑龙江	Heilongjiang	93	41	4	11
上　海	Shanghai	96	50		58
江　苏	Jiangsu	293	191	14	155
浙　江	Zhejiang	224	80	12	57
安　徽	Anhui	353	89	30	94
福　建	Fujian	225	170	22	130
江　西	Jiangxi	389	140	9	46
山　东	Shandong	480	271	47	265
河　南	Henan	558	293	87	200
湖　北	Hubei	827	505	144	376
湖　南	Hunan	339	259	201	129
广　东	Guangdong	523	181	23	157
广　西	Guangxi	547	199	23	241
海　南	Hainan	267	182	9	211
重　庆	Chongqing	815	460	20	618
四　川	Sichuan	609	418	20	518
贵　州	Guizhou	1105	875	29	921
云　南	Yunnan	396	146	44	89
西　藏	Tibet	47	26	5	24
陕　西	Shaanxi	254	125	28	85
甘　肃	Gansu	305	161	47	161
青　海	Qinghai	135	94	4	84
宁　夏	Ningxia	111	63	15	56
新　疆	Xinjiang	482	287	69	277

注　本表只包括当年正式施工的水利工程设施项目和机构能力建设项目，不包括建设投资计划安排的水利前期、规划及专题研究等项目。

Note　The table only includes constructed water project and capacity building project, excluding projects of early-stage preparation of feasibility study, planning and special-subject studies.

6-4 历年水利建设投资规模和进展

Investment Scale and Progress of Water Project Construction by Years

单位：万元　　unit: 10^4 yuan

年份 Year	在建项目实际需要总投资 Total Needed Investment for Projects Under-Construction	累计完成投资 Accumulated Completed Investment	累计新增固定资产 Accumulated Newly-Increased Fixed Assets	#当年新增 Newly-Increased of the Year	未完工程累计完成投资 Completed Investment of Uncompleted Project
2004	57472646	33787604	22889594	4788389	10897896
2005	59195516	31451336	20427098	5741035	11016751
2006	61205439	32795254	22999308	5414850	9794480
2007	57498856	33186759	22947692	7255913	10236968
2008	66787193	38436646	25225183	8451275	13211463
2009	78208336	46208244	31295254	15546720	14912990

注　本表只包括当年正式施工的水利工程设施项目和机构能力项目。

Note　The data only includes water infrastructures and capacity building projects formally initiated of the year.

6-5 2009年水利建设投资规模和进展（按地区分）

Investment Scale and Progress of Water Project Construction in 2009 (by Regions)

单位：万元 unit: 10^4 yuan

地区	Region	在建项目实际需要总投资 Total Needed Investment of Project under Construction	累计完成投资 Accumulated Completed Investment	累计新增固定资产 Accumulated Newly-Increased Fixed Assets	#当年新增 Newly-Increased of the Year	未完工程累计完成投资 Completed Investment of Uncompleted Projcet
合 计	**Total**	**78208336**	**46208244**	**31295254**	**15546720**	**14912990**
北 京	Beijing	1240946	1014345	873043	174926	141302
天 津	Tianjin	889200	411841	233208	145472	178633
河 北	Hebei	2729202	1805353	1684399	509894	120954
山 西	Shanxi	2322028	1330967	473685	368460	857281
内蒙古	Inner Mongolia	2231349	1112322	813101	343744	299221
辽 宁	Liaoning	3687783	1840383	1322610	572090	517773
吉 林	Jilin	2115044	1167571	386803	159268	780768
黑龙江	Heilongjiang	2002729	724084	694249	267000	29835
上 海	Shanghai	1336595	1037463	630429	629882	407034
江 苏	Jiangsu	3003764	2373063	1828082	865334	544981
浙 江	Zhejiang	5410006	3387519	1319745	1190135	2067774
安 徽	Anhui	2766576	2481403	2021025	1012100	460378
福 建	Fujian	604104	348166	334461	201983	13705
江 西	Jiangxi	2758996	1400466	305345	182372	1095121
山 东	Shandong	4370007	2727161	2206714	1001307	520447
河 南	Henan	5451367	3027102	2704519	1495124	322583
湖 北	Hubei	3235538	1726989	1470751	766104	256238
湖 南	Hunan	2166143	1876328	1876328	853828	
广 东	Guangdong	4845174	2384709	647792	294537	1736917
广 西	Guangxi	2355722	1726929	1659773	521684	67156
海 南	Hainan	524577	355695	355695	186612	
重 庆	Chongqing	3267923	2158027	905405	668540	1252623
四 川	Sichuan	2444548	911196	815211	480112	95985
贵 州	Guizhou	1760420	579957	447524	342706	132434
云 南	Yunnan	2715886	1359088	713266	404568	645822
西 藏	Tibet	459594	285652	285652	126082	
陕 西	Shaanxi	1990308	848375	707440	485948	140935
甘 肃	Gansu	2276500	1326874	775926	325227	550948
青 海	Qinghai	282222	177485	87339	71921	90146
宁 夏	Ningxia	1572897	706451	682608	178072	23843
新 疆	Xinjiang	5391186	3595280	2033129	721690	1562152

注　本表只包括当年正式施工的水利工程设施项目和机构能力项目。

Note　The data only includes water infrastructures and capacity building projects formally initiated of the year.

6-6 历年水利建设投资完成额

Completed Investment for Water Project Construction by Years

单位：万元 unit: 10^4 yuan

年份 Year	完成投资合计 Total Completed Investment	中央投资 Central Government Investment	其他投资 Others
1950	9200		
1951	19500		
1952	32800		
1953	34000		
1954	23100		
1955	35800		
1956	74200		
1957	75900		
1958	213266		
1959	245190		
1960	333941		
1961	96041		
1962	77990		
1963	86760		
1964	100800		
1965	101600		
1966	161400		
1967	145800		
1968	88100		
1969	135700		
1970	170400		
1971	210000		
1972	227900		
1973	240900		
1974	236700		
1975	260600		
1976	291400		
1977	286600		
1978	353300		
1979	370400		
1980	270700		
1981	135700		
1982	174737		
1983	211296		
1984	206828		
1985	201580		
1986	228702		
1987	271012		
1988	306454		
1989	355508		
1990	487203		
1991	648677		
1992	971670		
1993	1249260		
1994	1687353		
1995	2063156		
1996	2385240		
1997	3154061		
1998	4676865		
1999	4991476		
2000	6129331	2954199	3175132
2001	5607065	2757822	2849243
2002	8192153	4149894	4042259
2003	7434176	3124746	4309430
2004	7835450	2925784	4909666
2005	7468483	2547065	4921418
2006	7938444	2987571	4950873
2007	9448538	3550444	5898094
2008	10882012	4169558	6712455
2009	18940321	8453697	10486624

6-7 历年水利建设到位投资

Allocated Investment for Water Project Construction by Years

单位：万元　　unit: 10^4 yuan

年份 Year	计划投资 Planned Investment	到位投资 合计 Total Allocated Investment	中央投资 Central Government Investment	其他投资 Others
2000	6109753	5415598	2770183	2645415
2001	8158739	5820373	3063614	2756759
2002	7873236	6985271	3552762	3432509
2003	8137149	6794217	2926763	3867454
2004	7902719	6393526	2315087	4078439
2005	8273650	7122425	2439757	4682668
2006	9327119	8404460	3428579	4975881
2007	10264653	9208767	3403233	5805533
2008	16040746	14184747	6497568	7687178
2009	17026927	17243218	6560403	10682815

6-8 2009年水利建设到位投资和投资完成额（按地区分）

Allocated and Completed Investment of Water Project Construction in 2009 (by Regions)

单位：万元 unit: 10^4 yuan

地区	Region	计划投资 Planned Investment	到位投资 合计 Total Allocated Investment	#中央投资 Central Government Investment	地方投资 Local Government Investment	完成投资 合计 Total Completed Investment	#中央投资 Central Government Investment	地方投资 Local Government Investment
合　计	**Total**	**17026927**	**17243218**	**6560403**	**7875199**	**18940321**	**8453697**	**8088050**
北　京	Beijing	111101	112745	40030	34273	188285	108662	42625
天　津	Tianjin	324988	345022	105154	110868	253589	125442	110386
河　北	Hebei	513074	574210	245514	162109	601935	330734	238874
山　西	Shanxi	714670	639619	116273	410935	869975	159132	542582
内蒙古	Inner Mongolia	426592	451239	173819	179468	424325	169761	149761
辽　宁	Liaoning	603106	568497	161661	277259	682484	205405	411489
吉　林	Jilin	405338	418228	153151	223206	387949	150182	196927
黑龙江	Heilongjiang	280504	275596	127673	143744	288050	166238	117633
上　海	Shanghai	593921	443867	5252	438615	503894	4348	499546
江　苏	Jiangsu	907807	871247	201926	616514	1063675	297787	687467
浙　江	Zhejiang	1055674	1147568	132680	714363	1076766	121675	659100
安　徽	Anhui	495057	569914	322524	246091	743200	470142	271999
福　建	Fujian	274710	209879	56902	120254	201286	67246	98869
江　西	Jiangxi	576880	541291	301752	218576	640928	448999	164897
山　东	Shandong	912568	801984	246030	488652	1129908	451405	622402
河　南	Henan	1081445	1119321	503654	161374	1503933	994408	159959
湖　北	Hubei	1003965	1037505	638129	212135	943195	659166	199046
湖　南	Hunan	467576	468912	282710	175952	854488	504255	343087
广　东	Guangdong	1366260	1409312	118963	1220849	1044779	152504	827257
广　西	Guangxi	578802	514117	337539	151188	551217	372266	161383
海　南	Hainan	106259	99659	55285	39174	186612	100721	58359
重　庆	Chongqing	641725	913885	220370	404841	991599	276229	415991
四　川	Sichuan	387866	435370	291303	92353	512161	342211	123935
贵　州	Guizhou	385664	401695	170056	199832	358206	203414	134725
云　南	Yunnan	565901	561829	216246	269230	642002	298625	281614
西　藏	Tibet	123338	123338	120718	2620	126502	123882	2620
陕　西	Shaanxi	411571	467083	269055	128994	474743	273501	142235
甘　肃	Gansu	400451	453766	330139	63193	364119	259574	47267
青　海	Qinghai	101470	94702	54842	28698	81682	47616	25344
宁　夏	Ningxia	219986	197233	125818	37856	179721	110624	36635
新　疆	Xinjiang	988658	974585	435238	301985	1069112	457544	314036

注　本年投资来源中只单列中央和地方政府投资，利用外资、企业和私人投资以及贷款等投资包含在合计项目中。

Note　Investment sources of the year only include central and local government investment, the use of foreign capital, enterprise and private investment, and loans are included in the total.

6-9 历年中央水利建设计划投资

Investment Plan of Central Government in Water Projects by Years

单位：万元 unit: 10^4 yuan

年份 Year	合计 Total	中央计划投资 合计 Total Investment Plan of Central Government	国家预算内拨款 National Budget Allocation	国家预算内专项资金 Special Funds from National Budget	银行贷款 Bank Loan	水利建设基金 Water Project Construction Funds	利用外资 Foreign Investment	自筹资金 Self-Raising Funds	其他 Others	地方配套 Local Counterpart Funds
1989	378421									
1990	538198									
1991	655166									
1992	1028934									
1993	1376411									
1994	1886707									
1995	2231891									
1996	2688028	1055600	439600		335000		185000	500	95500	1632428
1997	3384137	1368861	627800		345775	219590	166000	9696		2015276
1998	7101177	3623900	802700	2177900	326900	140000	156400	20000		3477277
1999	7035634	3376228	593800	2334410	105658	180000	149000	13360		3659406
2000	6109753	2641132	573750	1776382	15000	180000	66000	30000		3468621
2001	5731680	3799585	542912	2991024		180000	85649			1932095
2002	5731139	3210070	723500	2235070		140000	111500			2521069
2003	6562394	3272983	802500	2311472		110000	49011			3289411
2004	5239960	2788097	687420	1982876		110000	7801			2451863
2005	4955283	2715788	721895	1883644		110000	249			2239495
2006	6254734	2987103	1587945	1294158		105000				3267631
2007	6326569	3088220	1386312	1578908		120000	3000			3238349
2008	11772273	6254207	5494207			120000			640000	5518066
2009	10674744	6370307	4800307			120000			1450000	4304437

注 1. 从2003年开始，中央水利建设计划投资包括南水北调当年投资。

2. 2007年中央水利建设计划投资不包括当年中央财政转移支付地方水利专项资金32亿元。

3. 2008年中央水利建设计划投资不包括当年小型农田水利建设中央财政专项补助资金30亿元。

4. 2008年、2009年的“其他”是指中央财政专项补助资金。

Note 1. Investment plans of central government for water project construction since 2003 include those for South-North Water Diversion Project.

2. In 2007, investment plans of central government for water project construction exclude 3.2 billion yuan of Central Government funds transferred to special funds of local governments.

3. In 2008, investment plans of central government for water project construction exclude 3 billion yuan of special funds to small on-farm irrigation and drainage works from the Central Government Finance.

4. Others in 2008 and 2009 refers to special subsidy funds from Central Government Finance.

6-10 2009年中央水利建设计划投资（按地区分）

Investment Plan of Central Government in Water Projects in 2009 (by Regions)

单位：万元 unit: 10^4 yuan

地区	Region	合计 Total	中央计划投资 合计 Total Investment Plan of Central Government	国家预算内拨款 National Budget Allocation	水利建设基金 Water Project Construction Funds	其他 Others	地方配套 Local Counterpart Funds
合　计	**Total**	**10674744**	**6370307**	**4800307**	**120000**	**1450000**	**4304437**
北　京	Beijing	1600	1600			1600	
天　津	Tianjin	71244	23862	19512		4350	47382
河　北	Hebei	261474	169575	135509		34066	91899
山　西	Shanxi	167214	119789	94285		25504	47425
内蒙古	Inner Mongolia	191567	155185	127164		28021	36382
辽　宁	Liaoning	352167	204328	152678		51650	147839
吉　林	Jilin	333414	147659	115792		31867	185755
黑龙江	Heilongjiang	279657	162201	126826		35375	117456
上　海	Shanghai	7819	3700	2100		1600	4119
江　苏	Jiangsu	391539	163493	108593		54900	228046
浙　江	Zhejiang	338420	115108	67708		47400	223312
安　徽	Anhui	387795	265547	214208		51339	122248
福　建	Fujian	243950	130796	54971		75825	113154
江　西	Jiangxi	447387	299694	204641		95053	147693
山　东	Shandong	499643	233183	141433		91750	266460
河　南	Henan	379863	274664	211239		63425	105199
湖　北	Hubei	542812	348648	259899		88749	194164
湖　南	Hunan	396912	282045	187912		94133	114867
广　东	Guangdong	312131	115402	90002		25400	196729
广　西	Guangxi	437825	334549	253636		80913	103276
海　南	Hainan	128757	78547	48597		29950	50210
重　庆	Chongqing	247714	168512	118312		50200	79202
四　川	Sichuan	361307	268671	181432		87239	92636
贵　州	Guizhou	223945	150834	107799		43035	73111
云　南	Yunnan	329222	223104	129737		93367	106118
西　藏	Tibet	111334	108714	94775		13939	2620
陕　西	Shaanxi	299018	205206	170973		34233	93812
甘　肃	Gansu	368490	290003	271408		18595	78487
青　海	Qinghai	81783	55066	41453		13613	26717
宁　夏	Ningxia	144961	115643	95081	4300	16262	29318
新　疆	Xinjiang	559036	411940	348293		63647	147096
中央直属	Organizations Directly under the Central	1774744	743039	624339	115700	3000	1031705

注　1. 中央水利建设计划投资包括南水北调当年投资。
　　2. "其他"是指中央财政专项补助资金。

Note　1. Investment plans of central government for water project construction include those for South-North Water Diversion Project.
　　2. Others refers to special subsidy funds from Central Government Finance.

6-11 2009 年中央水利建设计划投资（按流域分）

Investment Plan of Central Government in Water Projects in 2009 (by River Basins)

单位：万元 unit: 10^4 yuan

直属单位	Institutions Directly under MWR	合计 Total	中央计划投资 合计 Total Investment Plan of Central Government	国家预算内拨款 National Budget Allocation	水利建设基金 Water Project Construction Funds	其他 Others	地方配套 Local Counterpart Funds
合 计	**Total**	**10674744**	**6370307**	**4800307**	**120000**	**1450000**	**4304437**
松辽委	Songliao River Water Resources Commission	974491	523441	404549		118892	451050
海 委	Haihe River Water Resources Commission	504600	324601	259081		65520	179999
淮 委	Huaihe River Water Resources Commission	1133746	578836	465347		113489	554910
黄 委	Yellow River Water Resources Commission	2215422	1695222	1270678	102248	322296	520200
长 委	Yangtze River Water Resources Commission	2524798	1736782	1260182	4252	472348	788016
珠 委	Pearl River Water Resources Commission	1176526	735031	505401		229630	441495
太湖局	Taihu Basin Authority	669784	284686	146361	13500	124825	385098
部属其他	Other Institutions under the Ministry	1475378	491709	488709		3000	983669

6-12 2009年中央水利建设计划投资（按项目类型分）

Investment Plan of Central Government in Water Projects in 2009 (by Types)

单位：万元 unit: 10^4 yuan

工程类别	Type of Project	合计 Total	中央计划投资 合计 Total Investment Plan of Central Government	国家预算内拨款 National Budget Allocation	水利建设基金 Water Project Construction Funds	其他 Others	地方配套 Local Counterpart Funds
合计	**Total**	**10674744**	**6370307**	**4800307**	**120000**	**1450000**	**4304437**
一、防洪工程	**Flood Control Projects**	**3944607**	**2653533**	**1537833**	**115700**	**1000000**	**1291074**
1. 大江大河治理	Large River Harness	1097605	711840	396140	115700	200000	385765
2. 控制性枢纽工程	Dam Project	287268	103743	103743			183525
3. 病险库加固	Reservoir Reinforcement	2261658	1685000	885000		800000	576658
4. 城市防洪堤	Urban Flood Control Embankment						
5. 行蓄洪区安全建设	Flood Retention Basin Construction	46931	27557	27557			19374
6. 重点海堤	Main Sea Dyke	155258	54086	54086			101172
7. 国际界河	International Boundary River	49750	39800	39800			9950
8. 防汛通信	Flood Control Information System						
9. 水文建设	Hydrology	44137	29507	29507			14630
10. 防汛机动抢险队	Mobile Flood Disaster Relief Team						
11. 平垸行洪退田还湖移民建镇	Town Ship Resettlement Area Built for Returning Polder Land to Lakes	2000	2000	2000			
二、水土保持及生态环境工程	**Soil and Water Conservation and Ecological Recovery Projects**	**614299**	**422509**	**422509**			**191790**
1. 重点治理	Key Projects	323851	171383	171383			152468
2. 生态修复	Ecological Recovery	290448	251126	251126			39322
三、水资源工程	**Water Resources Projects**	**5568044**	**3093027**	**2638727**	**4300**	**450000**	**2475017**
1. 节水灌溉工程	Water-Saving Irrigation	36528	20200	20200			16328
2. 人畜饮水	Human and Livestock Drinking Water	2373306	1520000	1520000			853306
3. 大型灌区建设	Large-Scale Irrigation District Construction	488309	299800	299800			188509
4. 重点水源工程	Main Water Source Project	2219901	803027	798727	4300		1416874
5.小型农田水利设施	Small on-Farm Irrigation and Drainage Facilities	450000	450000			450000	
四、专项工程	**Special Projects**	**547794**	**201238**	**201238**			**346556**
1. 基础设施建设	Basic Infrastructures	24088	22893	22893			1195
2. 科研教育	Research and Education	12630	12630	12630			
3. 前期工作	Early-Stage Work	43215	43215	43215			
4. 小水电及农村电气化工程	Small Hydropower Development & Rural Electrification	363687	60000	60000			303687
5. 其他	Others	104174	62500	62500			41674

6-13 历年分资金来源中央政府水利建设投资完成额

Completed Investment of Central Government for Basic Water Project Construction by Financial Resources and Years

单位：万元 unit: 10^4 yuan

年份 Year	投资完成合计 Total Completed Investment	国家预算内拨款 National Budget Allocation	国家预算内专项资金 Special Funds from National Budget	国内贷款 Domestic Loan	债券 Bonds	水利建设基金 Water Project Construction Funds	利用外资 Foreign Investment	自筹资金 Self-Raising Funds	其他 Others
2000	2954199	494184	2111404	40520	10122	134169	136323	14711	12766
2001	2757822	562460	1933136	15028		91391	131171	17807	6829
2002	4149894	656938	3191917	49200	6690	112367	114273	8692	9817
2003	3124746	537661	2319549	75825	2080	116441	24625	6890	41674
2004	2925784	845984	1891397	46866		75751	38935	8831	18020
2005	2547065	659224	1769155			90406		3499	24782
2006	2987571	1160369	1728516			70474		3389	24824
2007	3550444	1694283	1737805			83395		16833	18128
2008	4169558	2499243	1326835			215404		2660	125415
2009	8453697	6651275	694317			528613		4111	575381

6-14　2009年分资金来源中央政府水利建设投资完成额（按地区分）

Completed Investment of Central Government for Basic Water Project Construction by Financial Resources in 2009 (by Regions)

单位：万元　　　　unit: 10^4yuan

地区	Region	完成投资 合计 Total Completed Investment	国家预算内拨款 National Budget Allocation	国家预算内专项资金 Special Funds from National Budget	水利建设基金 Water Project Construction Funds	自筹资金 Self-Raising Funds	其他 Others
合　计	**Total**	**8453697**	**6651275**	**694317**	**528613**	**4111**	**575381**
北　京	Beijing	108662	49901	15244	43328	189	
天　津	Tianjin	125442	95407	4035	26000		
河　北	Hebei	330734	236551	26075	60436		7672
山　西	Shanxi	159132	139913	5848	2644		10727
内蒙古	Inner Mongolia	169761	158706	5414			5641
辽　宁	Liaoning	205405	199755	5543		107	
吉　林	Jilin	150182	137572	2313			10297
黑龙江	Heilongjiang	166238	166238				
上　海	Shanghai	4348	4348				
江　苏	Jiangsu	297787	262972	12944	4889		16982
浙　江	Zhejiang	121675	104828	4274			12573
安　徽	Anhui	470142	407750	43208			19184
福　建	Fujian	67246	52014	13324	1770		138
江　西	Jiangxi	448999	304569	105093	965		38371
山　东	Shandong	451405	372880	34591	43935		
河　南	Henan	994408	613876	30842	336344		13346
湖　北	Hubei	659166	528033	69154	5905	70	56005
湖　南	Hunan	504255	397727	23395			83133
广　东	Guangdong	152504	146006	6227	271		
广　西	Guangxi	372266	269028	56376		3611	43252
海　南	Hainan	100721	82141	15861	50		2669
重　庆	Chongqing	276229	195023	32600		134	48472
四　川	Sichuan	342211	321938	15477			4797
贵　州	Guizhou	203414	133006	51433	1171		17804
云　南	Yunnan	298625	259149	38177			1300
西　藏	Tibet	123882	117057				6825
陕　西	Shaanxi	273501	198600	44591	135		30175
甘　肃	Gansu	259574	244704	7489			7381
青　海	Qinghai	47616	39157	4344			4116
宁　夏	Ningxia	110624	81004	5904	210		23506
新　疆	Xinjiang	457544	331423	14543	560		111017

6-15 历年分资金来源地方政府水利建设投资完成额

Completed Investment of Local Government Funding for Water Project Construction by Financial Resources and Years

单位：万元 unit: 10^4 yuan

年份 Year	完成投资								
	合计 Total Completed Investment	国家预算内拨款 National Budget Allocation	国家预算内专项资金 Special Funds from National Budget	国内贷款 Domestic Loan	债券 Bonds	水利建设基金 Water Project Construction Funds	利用外资 Foreign Investment	自筹资金 Self-Raising Funds	其他 Others
2000	3175132	228710	40862	437885	20233	188800	96164	1885598	276880
2001	2849243	328967		310452	12744	118488	144344	1724053	210195
2002	4042259	472630		502878	5045	163528	88225	2478586	331367
2003	4309430	520660	26544	838338		178465	78795	2464967	201661
2004	4909666	412915	31012	979490		212152	83381	2954103	236614
2005	3153043	671408	24481			212292		1911277	333585
2006	3328865	771171	118653			290750		1781509	366782
2007	4323681	1005975	219184			594419		2182566	321537
2008	4988317	1404392	277876			389544		2350969	565535
2009	8088050	2648216	593286			526050		3334543	985954

注　本表的国家预算内专项资金是通过其他渠道下达的中央转贷地方国债资金。

Note　The special funds from national budget in this table are sourced from national bonds transferred from the Central Government to local government.

6-16 2009年分资金来源地方政府水利建设投资完成额（按地区分）

Completed Investment of Local Government Funding for Water Project Construction by Financial Resources in 2009 (by Regions)

单位：万元 unit: 10^4 yuan

地区	Region	完成投资 合计 Total Completed Investment	国家预算内拨款 National Budget Allocation	国家预算内专项资金 Special Funds from National Budget	水利建设基金 Water Project Construction Funds	自筹资金 Self-Raising Funds	其他 Others
合 计	**Total**	**8088050**	**2648216**	**593286**	**526050**	**3334543**	**985954**
北 京	Beijing	42625	30072	4316			8237
天 津	Tianjin	110386	20507	5225	6925	77729	
河 北	Hebei	238874	9426		41960	181281	6207
山 西	Shanxi	542582	12451		31832	88823	409476
内蒙古	Inner Mongolia	149761	3000		49517	72794	24450
辽 宁	Liaoning	411489	209042	18242	80	159686	24440
吉 林	Jilin	196927	105812	10558	9116	61283	10158
黑龙江	Heilongjiang	117633	54275	169		63189	
上 海	Shanghai	499546	398979			100567	
江 苏	Jiangsu	687467	525586	3265	21061	70579	66976
浙 江	Zhejiang	659100	76313	15571	216976	311987	38253
安 徽	Anhui	271999	42140	48952	6142	157332	17433
福 建	Fujian	98869	33763	8923	17140	32419	6625
江 西	Jiangxi	164897	24537	41551	1686	82873	14251
山 东	Shandong	622402	18801	131905	25139	424699	21858
河 南	Henan	159959	40190	30985	11429	33226	44129
湖 北	Hubei	199046	38033	63336	2661	77819	17197
湖 南	Hunan	343087	81602		16720	231696	13069
广 东	Guangdong	827257	490288		8621	316308	12040
广 西	Guangxi	161383	55608	18732	21589	64962	492
海 南	Hainan	58359	33414	9728	2779	5707	6730
重 庆	Chongqing	415991	14056	7417	8103	341552	44864
四 川	Sichuan	123935	20844	100	980	70628	31382
贵 州	Guizhou	134725	50688	39040	7537	33929	3531
云 南	Yunnan	281614	35808	101194	950	100562	43100
西 藏	Tibet	2620				120	2500
陕 西	Shaanxi	142235	28484	10152	15982	4899	82718
甘 肃	Gansu	47267	20690	18981	978		6619
青 海	Qinghai	25344	8669		150	1594	14932
宁 夏	Ningxia	36635	15378	4943		11139	5175
新 疆	Xinjiang	314036	149760			155163	9112

注 本表的国家预算内专项资金是通过其他渠道下达的中央转贷地方国债资金。

Note The special funds from national budget are sourced from the national bonds transferred from the Central Government to local governments.

6-17 历年分中央和地方项目水利建设投资完成额

Completed Investment for Water Project Construction Divided by Central and Local Governments and Years

单位：万元　　unit: 10^4 yuan

年份 Year	完成投资合计 Total Completed Investment	中央项目完成投资 Completed Investment of Central Government Projects	#国家预算内投资 Investment from National Budget	#国家预算内专项资金 Special Funds from National Budget	地方项目完成投资 Completed Investment of Local Government Projects	#国家预算内投资 Investment from National Budget	#国家预算内专项资金 Special Funds from National Budget
2000	6129331						
2001	5607065						
2002	8192153	1250858	893363	509424	6941295	3427941	2682493
2003	7434176	964952	643859	339213	6469224	2760555	2006880
2004	7835450	1429738	566833	408592	6405712	692066	1513817
2005	7468483	1227628	988583	457260	6240855	2438382	1336376
2006	7938444	1610784	650071	457745	6327660	510299	1270771
2007	9448538	1544575	1380809	284705	7903963	3954252	1672284
2008	10882012	1092053	845889	111390	9789959	5267405	1493320
2009	18940321	2068697	1458349	73712	16871624	10183409	1213892

注　国家预算内投资包括预算内拨款（指财政预算内经营性或非经营性资金支出）、预算内专项资金和水利建设基金。

Note　Investment from national budget includes allocation from budget (here refers to business and non-business expenditure from national budget), and special funds from budget and water project construction funds.

6-18 2009年分中央和地方项目水利建设投资完成额（按地区分）

Completed Investment for Water Project Construction Divided by Central and Local Governments in 2009 (by Regions)

单位：万元 unit: 10^4 yuan

地区	Region	完成投资合计 Total Completed Investment	中央项目 完成投资 Completed Investment of Central Government Projects	#国家预算内投资 Investment from National Budget	#国家预算内专项资金 Special Funds from National Budget	地方项目 完成投资 Completed Investment of Local Government Projects	#国家预算内投资 Investment from National Budget	#国家预算内专项资金 Special Funds from National Budget
合 计	**Total**	**18940321**	**2068697**	**1458349**	**73712**	**16871624**	**10183409**	**1213892**
北 京	Beijing	188285	145660	108473	15244	42625	34388	4316
天 津	Tianjin	253589	106891	89130	425	146698	68969	8835
河 北	Hebei	601935	108505	76505	6698	493429	297942	19377
山 西	Shanxi	869975	4241	3481		865734	189207	5848
内蒙古	Inner Mongolia	424325	18198	15884	1167	406127	200753	4247
辽 宁	Liaoning	682484	250	150		682234	432512	23785
吉 林	Jilin	387949	4630	3722		383319	261649	12871
黑龙江	Heilongjiang	288050	531	531		287519	220151	169
上 海	Shanghai	503894	1094	1094		502800	402233	
江 苏	Jiangsu	1063675	53094	31319	2936	1010581	799398	13273
浙 江	Zhejiang	1076766	25463	5163		1051303	412799	19845
安 徽	Anhui	743200	95537	91126	10808	647663	457066	81352
福 建	Fujian	201286	560	508	508	200726	126426	21739
江 西	Jiangxi	640928				640928	478401	146644
山 东	Shandong	1129908	164709	125904	24771	965199	501346	141725
河 南	Henan	1503933	949744	633191	384	554189	430475	61442
湖 北	Hubei	943195	275426	212140	8127	667769	494982	124363
湖 南	Hunan	854488	42473	24617		812015	494827	23395
广 东	Guangdong	1044779	8207	8207		1036572	643206	6227
广 西	Guangxi	551217	14610	512		536607	420820	75107
海 南	Hainan	186612				186612	143973	25589
重 庆	Chongqing	991599	9639	4230		981960	252969	40017
四 川	Sichuan	512161				512161	359339	15577
贵 州	Guizhou	358206	18838	8898		339368	273977	90473
云 南	Yunnan	642002	8779	3610		633223	431667	139371
西 藏	Tibet	126502				126502	117057	
陕 西	Shaanxi	474743	4170	2506		470573	295438	54743
甘 肃	Gansu	364119	6739	6739	2644	357380	286102	23826
青 海	Qinghai	81682	671	671		81010	51648	4344
宁 夏	Ningxia	179721	39	39		179682	107400	10847
新 疆	Xinjiang	1069112				1069112	496287	14543

注 国家预算内投资包括预算内拨款（指财政预算内经营性或非经营性资金支出）、预算内专项资金和水利建设基金。

Note Investment from national budget includes allocation from budget (here refers to business and non-business expenditure from national budget), and special funds from budget and water project construction funds.

6-19 历年分资金来源水利建设投资完成额

Completed Investment for Water Project Construction by Financial Sources and Years

单位：万元　　　　unit: 10^4 yuan

年份 Year	完成投资 合计 Total Completed Investment	国家投资 National Investment	国内贷款 Domestic Loan	债券 Bonds	水利建设基金 Water Project Investment Funds	企业私人投资 Company and Private Investment	利用外资 Foreign Investment	自筹投资 Self-Raising Funds	以工代赈 Labor for Subsidy	其他 Others
1989	355508	227082	14537				11131	86035		16723
1990	487203	278314	20532				22100	135075		31182
1991	648677	339331	48209				59562	172800		28775
1992	1092231	365583	90528				54233	302079	120561	159247
1993	1352846	388237	234441				60343	376303	112057	181465
1994	1687140	421409	389491				148003	500900		227337
1995	2062088	529962	476092				247177	564120		244737
1996	2432539	668533	527637	595			246354	728528	47301	213591
1997	3154061	860940	456094	5040	199311		330697	1010467		291512

年份 Year	完成投资 合计 Total Completed Investment	国家预算内拨款 National Budget Allocation	国家预算内专项资金 Special Funds from National Budget	国内贷款 Domestic Loan	债券 Bonds	水利建设基金 Water Project Investment Funds	企业私人投资 Company and Private Investment	利用外资 Foreign Investment	自筹投资 Self-Raising Funds	以工代赈 Labor for Funds	其他 Others
1998	4676865	995338	1107358	562135		180526		209127	1302536		319845
1999	4991476	857574	1398239	369829	219563	236018		203968	1409224		297061
2000	6129331	722894	2152266	478405	30355	322969		232487	1900309		289646
2001	5607065	891427	1933136	325480	12744	209879		275515	1741860		217024
2002	8192153	1129568	3191917	552078	11735	275895		202498	2487278		341184
2003	7434176	1058321	2346093	914163	2080	294907		103420	2471857		243335
2004	7835450	1258899	1922409	1026356		287902		122315	2962934		254634
2005	7468483	1330632	1793636	941809		302698	507175	192643	1914776		485114
2006	7938444	1931541	1847169	806606		361223	338470	143434	1784897		725104
2007	9448538	2700258	1956989	833576	400	677814	383498	94756	2199398		601848
2008	10882012	3903636	1604711	969469		604949	358735	105085	2353630		981800
2009	18940321	9299491	1287604	1528610		1054664	414027	75675	3338654		1941596

6-20　2009年分资金来源水利建设投资完成额（按地区分）（一）

Completed Investment for Water Project Construction by Financial Sources in 2009 (by Regions) (1)

单位：万元　　　　unit: 10^4 yuan

地区	Region	完成投资 合计 Total Completed Investment	国家预算内拨款 National Budget Allocation	国家预算内专项资金 Special Funds from National Budget	国内贷款 Domestic Loan	水利建设基金 Water Project Investment Funds	企业和私人投资 Company and Private Investment	利用外资 Foreign Investment	自筹投资 Self-Raising Funds	其他 Others
合　计	**Total**	**18940321**	**9299491**	**1287604**	**1528610**	**1054664**	**414027**	**75675**	**3338654**	**1941596**
北　京	Beijing	188285	79973	19560	36998	43328			189	8237
天　津	Tianjin	253589	115914	9260	17595	32925		166	77729	
河　北	Hebei	601935	245977	26075	32060	102396	267		181281	13879
山　西	Shanxi	869975	152364	5848	155134	34476	5544		88823	427786
内蒙古	Inner Mongolia	424325	161706	5414	31370	49517	49907	13881	72794	39736
辽　宁	Liaoning	682484	408797	23785	57331	80	1739		159793	30959
吉　林	Jilin	387949	243384	12871	34332	9116		6508	61283	20455
黑龙江	Heilongjiang	288050	220513	169			4179		63189	
上　海	Shanghai	503894	403327						100567	
江　苏	Jiangsu	1063675	788558	16209	75261	25950			70579	87118
浙　江	Zhejiang	1076766	181141	19845	237474	216976	31597		311987	77746
安　徽	Anhui	743200	449890	92160		6142			157332	37677
福　建	Fujian	201286	85777	22247	10342	18910	9873		32419	21720
江　西	Jiangxi	640928	329106	146644	5209	2651	17530		82873	56915
山　东	Shandong	1129908	391680	166496	50205	69074			424699	27754
河　南	Henan	1503933	654067	61826	316798	347773	500	162	33226	89580
湖　北	Hubei	943195	566066	132490	72804	8566	368	5009	77889	80005
湖　南	Hunan	854488	479329	23395	2846	16720	1211		231696	99291
广　东	Guangdong	1044779	636294	6227	44059	8892	12854		316308	20145
广　西	Guangxi	551217	324636	75107	8368	21589			68573	52944
海　南	Hainan	186612	115555	25589	4800	2829	22397		5707	9734
重　庆	Chongqing	991599	209079	40017	135501	8103	42947	29327	341686	184939
四　川	Sichuan	512161	342783	15577	31753	980	2977		70628	47464
贵　州	Guizhou	358206	183694	90473	5753	8708	170	13209	33929	22271
云　南	Yunnan	642002	294956	139371	32164	950	2328	5169	100562	66503
西　藏	Tibet	126502	117057						120	9325
陕　西	Shaanxi	474743	227084	54743	3000	16117	12050		4899	156850
甘　肃	Gansu	364119	265394	26470	4443	978	10850			55985
青　海	Qinghai	81682	47825	4344	1500	150			1594	26268
宁　夏	Ningxia	179721	96381	10847	2353	210	17258		11139	41532
新　疆	Xinjiang	1069112	481184	14543	119158	560	167481	2244	155163	128779

6-21 2009年分资金来源水利建设投资完成额（按地区分）（二）

Completed Investment for Water Project Construction by Financial Sources in 2009 (by Regions) (2)

单位：万元 unit: 10^4 yuan

地区	Region	完成投资合计 Total Completed Investment	政府投资 Government Investment	中央 Central	地方 Local	国内贷款 Domestic Loan	企业和私人投资 Company and Private Investment	利用外资 Foreign Investment	债券 Bonds	其他 Others
合　计	**Total**	**18940321**	**16541747**	**8453697**	**8088050**	**1528610**	**414027**	**75675**	**63912**	**316349**
北　京	Beijing	188285	151287	108662	42625	36998				
天　津	Tianjin	253589	235828	125442	110386	17595		166		
河　北	Hebei	601935	569608	330734	238874	32060	267			
山　西	Shanxi	869975	701714	159132	542582	155134	5544			7583
内蒙古	Inner Mongolia	424325	319522	169761	149761	31370	49907	13881		9645
辽　宁	Liaoning	682484	616894	205405	411489	57331	1739		1000	5519
吉　林	Jilin	387949	347109	150182	196927	34332		6508		
黑龙江	Heilongjiang	288050	283871	166238	117633		4179			
上　海	Shanghai	503894	503894	4348	499546					
江　苏	Jiangsu	1063675	985254	297787	687467	75261				3160
浙　江	Zhejiang	1076766	780775	121675	659100	237474	31597			26920
安　徽	Anhui	743200	742140	470142	271999					1060
福　建	Fujian	201286	166115	67246	98869	10342	9873		420	14538
江　西	Jiangxi	640928	613896	448999	164897	5209	17530			4293
山　东	Shandong	1129908	1073807	451405	622402	50205				5896
河　南	Henan	1503933	1154367	994408	159959	316798	500	162		32106
湖　北	Hubei	943195	858212	659166	199046	72804	368	5009		6803
湖　南	Hunan	854488	847342	504255	343087	2846	1211			3089
广　东	Guangdong	1044779	979761	152504	827257	44059	12854			8105
广　西	Guangxi	551217	533649	372266	161383	8368				9200
海　南	Hainan	186612	159080	100721	58359	4800	22397			335
重　庆	Chongqing	991599	692220	276229	415991	135501	42947	29327	61492	30111
四　川	Sichuan	512161	466146	342211	123935	31753	2977			11285
贵　州	Guizhou	358206	338139	203414	134725	5753	170	13209		936
云　南	Yunnan	642002	580239	298625	281614	32164	2328	5169		22103
西　藏	Tibet	126502	126502	123882	2620					
陕　西	Shaanxi	474743	415736	273501	142235	3000	12050			43958
甘　肃	Gansu	364119	306841	259574	47267	4443	10850			41986
青　海	Qinghai	81682	72961	47616	25344	1500				7221
宁　夏	Ningxia	179721	147259	110624	36635	2353	17258		1000	11851
新　疆	Xinjiang	1069112	771580	457544	314036	119158	167481	2244		8649

注　政府投资指中央及地方各级政府完成的水利建设的各项财政资金（包括预算内非经营性基金、国债专项资金和水利建设基金等）和政府部门自筹投资等。

Note　Government investment refers to all sorts of financial funds from Central Government and local governments at all levels (including non-business funds from budget, special funds and bonds and water project construction funds) and self-raising funds of governmental departments.

6-22 历年分用途水利建设投资完成额

Completed Investment for Water Project Construction by Purposes and Years

单位：万元　　　　unit: 10^4 yuan

年份 Year	完成投资 合计 Total Completed Investment	水库 Reservoir	防洪 Flood Control	灌溉 Irrigation	除涝 Drainage	供水 Water Supply	水电 Hydropower	水保及生态 Soil Conservation and Ecological Restoration	机构能力建设 Capacity Building	前期工作 Early-Stage Work	其他 Others
1958	213266	86489	25338	65115	19993						16331
1959	245190	148925	6622	63854	5634						20155
1960	333941	171127	10196	117441	7804						27373
1961	96041	60217	2629	16339	3161						13696
1962	77990	40899	2966	9586	5773						18766
1963	86760	43349	9735	10915	15006						7755
1979	370400	99352	36856	96545	44911						92736
1980	270700	91673	29628	61211	27240						60948
1981	135700	52191	20783	23579	7469						31678
1982	174737	51607	8641	28606	8323						77560
1983	211296	56110	20271	36301	10250						88364
1984	206828	56174	23682	42147	13752						71073
1985	201580	53477	32567	43146	14887						57503
1986	228702	53937	43456	46689	12542	12272					59806
1987	271012	75211	58208	51691	17169	5222					63511
1988	306454	82400	71690	59632	17501	2533					72698
1989	355508	105133	72675	73017	20855	3674					80154
1990	487203	135140	102015	105913	21430	35619					87086
1991	648677	139023	138463	123888	28583	55188	98356				65176
1992	971670	198994	221794	161717	50616	95338	154145				89066
1993	1249260	308558	236551	176821	39098	119747	243324				125161
1994	1687353	436379	242735	162911	57023	237327	393176				157802
1995	2063156	589771	318514	182524	68919	139079	581660				182689
1996	2385240	919545	362152	231447	73659	143625	486151				168661
1997	3154061	1001367	510191	307183	65073	284668	791548				194031
1998	4676865	1131204	1570617	591833	91479	277736	704240				309756
1999	4991576	1122989	2266682	280571	109693	287314	473833	120034			995237
2000	6129331	960273	3049937	537250	110118	410900	563284	182927			314642
2001	5607065		3083006	703721	112183	806205	301137	176624	192108	88888	143538
2002	8192153		4407481	1000174	103544	1515592	466745	319977	169155	68250	141236
2003	7434176		3350814	1045892	88164	1206149	622774	519068	161628	93008	346678
2004	7835450		3579295	875545	90180	1307918	715307	587101	71699	103206	505200
2005	7468483		2781555	1065966	146744	1165206	654724	391856	224008	102562	935862
2006	7938444		2787116	1094704	94098	2082293	573234	422184	65560	136359	682897
2007	9448538		2985677	1039159	199132	3011747	664919	603164	88527	116046	740166
2008	10882012		3465187	1165918	235203	3512571	773709	768749	106007	160441	694229
2009	18940321		6287388	2482320	460735	6178105	720419	867355	106040	158802	1679157

注　1998年前未细分出水保及生态，均放于“其他”中；2001年以后，水库投资已按用途分摊到有关工程类型中。

Note　Soil and water conservation and ecological restoration projects are grouped into other projects before the year of 1998. After the year of 2001, the investment of reservoir has been grouped into other types of projects in accordance with usage.

6-23　2009 年分用途水利建设投资完成额（按地区分）

Completed Investment for Water Project Construction by Purposes in 2009 (by Regions)

单位：万元　　　　unit: 10^4 yuan

地区	Region	完成投资 合计 Total Completed Investment	防洪 Flood Control	灌溉 Irrigation	除涝 Drainage	供水 Water Supply	水电 Hydropower	水保及生态 Soil Conservation and Ecological Restoration	机构能力建设 Capacity Building	前期工作 Early-Stage Work	其他 Others
合　计	**Total**	**18940321**	**6287388**	**2482320**	**460735**	**6178105**	**720419**	**867355**	**106040**	**158802**	**1679157**
北　京	Beijing	188285	19190	8676		80493		9882	15323	16759	37961
天　津	Tianjin	253589	70964	10100	7192	135066		298	2289	4340	23340
河　北	Hebei	601935	158413	41638	6750	340562	2198	29622	594	4183	17975
山　西	Shanxi	869975	134226	108328		517373	53347	25242	1498	6116	23845
内蒙古	Inner Mongolia	424325	111635	35831		206950	35580	27085	3369	756	3119
辽　宁	Liaoning	682484	172618	24913		464067	1541	5179	2560	2400	9206
吉　林	Jilin	387949	105985	167208		93062	14356	2603	2370	2295	69
黑龙江	Heilongjiang	288050	108311	77901		90388	8553	1667	1230		
上　海	Shanghai	503894	364018	14857	3407			24925	84	1010	95593
江　苏	Jiangsu	1063675	445270	157547	50875	289806		72831	8253	6324	32771
浙　江	Zhejiang	1076766	329702	34594	60286	293851	33167	6839	17466	6184	294678
安　徽	Anhui	743200	362018	48872	68869	157396	125	28412	2436	10642	64430
福　建	Fujian	201286	83889	9803	10969	66116	8854	1794	22	3731	16110
江　西	Jiangxi	640928	398762	57656	16160	124830	26610	12846	483	2221	1361
山　东	Shandong	1129908	554088	150809	15277	362693	2100	18812	3568	6245	16316
河　南	Henan	1503933	268104	88233	3590	394377	7976	28108	8728	6959	697858
湖　北	Hubei	943195	308938	91144	79850	180128	19003	48909	9373	14530	191319
湖　南	Hunan	854488	396062	123863	112654	144108	16357	56448	2061	1500	1435
广　东	Guangdong	1044779	641860	29951	9392	319647	27835	5936	4789	5292	76
广　西	Guangxi	551217	349003	26597	198	116497	14367	6859	2457	6493	28746
海　南	Hainan	186612	58268	39482	500	18372	21568	33426	7409	1493	6095
重　庆	Chongqing	991599	256082	146898		359573	130847	39201	2236	10670	46092
四　川	Sichuan	512161	68578	98877		284422	33276	22123	1298	1068	2520
贵　州	Guizhou	358206	48737	89830	5800	159186	10985	40244	2087	185	1153
云　南	Yunnan	642002	183062	179593	4793	167521	28202	32659	1381	10335	34457
西　藏	Tibet	126502	15526	40263		45575	22568	2570			
陕　西	Shaanxi	474743	74733	55195	3140	210819	13839	104682	1560	420	10356
甘　肃	Gansu	364119	29638	115269		169530	13768	33940	911	340	724
青　海	Qinghai	81682	11992	18291		27085	3634	10069	66	500	10046
宁　夏	Ningxia	179721	20307	53242		91457		8296	93	1575	4751
新　疆	Xinjiang	1069112	137411	336859	1034	267154	169763	125849	48	24239	6755

6-24 历年各水资源分区水利建设投资完成额

Completed Investment for Water Project Construction by Zoning of Water Resources Regions and Years

单位：亿元 unit: 10^8 yuan

年份 Year	完成投资 合计 Total Completed Investment	松花江区 Songhua River	辽河区 Liaohe River	海河区 Haihe River	黄河区 Yellow River	淮河区 Huaihe River	长江区 Yangtze River	珠江区 Pearl River	东南诸河区 Rivers in Southeast	西南诸河区 Rivers in Southwest	西北诸河区 Rivers in Northwest
1975	26.06			2.73	4.75	3.66	6.99				
1980	27.07	1.15	0.53	2.73	4.47	2.79	7.12	1.41			
1985	20.16	0.73	0.41	2.55	4.20	1.81	5.25	1.52			
1990	48.72	2.25	3.01	4.06	8.86	3.92	14.75	4.66			
1991	64.87	2.39	3.00	3.88	11.08	5.99	18.84	9.51			
1992	97.17	4.71	3.62	6.40	16.35	9.37	32.11	12.26			
1993	124.93	3.77	6.20	11.62	24.26	7.74	39.27	13.49			
1994	168.74	6.13	5.21	12.38	33.36	12.08	51.47	21.04			
1995	206.32	5.38	6.96	14.00	52.51	16.15	59.88	17.38			
1996	238.52	4.08	3.63	20.34	68.03	17.17	58.17	21.95			
1997	315.41	5.01	2.81	20.91	92.58	18.25	72.32	38.39			
1998	467.56	13.47	3.54	31.28	116.17	29.78	125.73	50.36			
1999	499.16	6.29	26.40	21.44	104.67	33.85	157.97	43.47			
2000	612.93	9.42	24.23	47.21	95.84	38.25	218.37	62.45			
2001	560.71	16.49	7.47	33.54	100.03	32.83	186.58	50.86			
2002	819.22	38.95	12.43	62.20	108.50	46.20	283.38	77.17			
2003	743.42	41.54	10.19	61.83	86.86	51.32	210.65	66.39			
2004	783.55	32.63	11.54	55.43	108.92	84.52	207.31	69.22			
2005	746.85	30.89	21.77	51.60	95.04	80.70	210.76	81.38	91.17	16.83	66.69
2006	793.84	31.44	23.88	112.82	78.46	87.15	219.32	76.83	73.69	16.48	73.80
2007	944.85	33.13	28.55	101.84	111.53	130.89	290.87	75.21	75.59	21.85	75.40
2008	1088.20	38.20	40.88	81.91	123.09	118.48	375.07	100.30	88.54	25.79	95.95
2009	1894.03	73.67	81.11	160.97	281.24	206.18	614.21	195.60	117.72	38.41	124.91

注 2005年以前，本表按照流域统计当年投资完成额，其中东南诸河区、西南诸河区、西北诸河区未作细分。

Note Before the year of 2005, the completed investment of the year in this table is calculated based on river basins, and the data of rivers in southeast, rivers in southwest, rivers in northwest, are not given.

6-25 2009年各水资源分区水利建设投资完成额（按地区分）

Completed Investment for Water Project Construction by Water Resources Regions in 2009 (by Regions)

单位：万元 unit: 10^4 yuan

地区	Region	完成投资合计 Total Completed Investment	松花江区 Songhua River	辽河区 Liaohe River	海河区 Haihe River	黄河区 Yellow River	淮河区 Huaihe River	长江区 Yangtze River	珠江区 Pearl River	东南诸河区 Rivers in Southeast	西南诸河区 Rivers in Southwest	西北诸河区 Rivers in Northwest
合 计	**Total**	**18940321**	**736701**	**811103**	**1609712**	**2812397**	**2061816**	**6142080**	**1956010**	**1177245**	**384142**	**1249115**
北 京	Beijing	188285			188285							
天 津	Tianjin	253589			253589							
河 北	Hebei	601935			601935							
山 西	Shanxi	869975			341347	528628						
内蒙古	Inner Mongolia	424325	79860	109461	3418	208197						23389
辽 宁	Liaoning	682484		682484								
吉 林	Jilin	387949	368791	19158								
黑龙江	Heilongjiang	288050	288050									
上 海	Shanghai	503894						503894				
江 苏	Jiangsu	1063675					622079	441596				
浙 江	Zhejiang	1076766						114051		962715		
安 徽	Anhui	743200					414723	315234		13244		
福 建	Fujian	201286								201286		
江 西	Jiangxi	640928						640928				
山 东	Shandong	1129908			146334	250136	733438					
河 南	Henan	1503933			74805	1039771	291576	97781				
湖 北	Hubei	943195						943195				
湖 南	Hunan	854488						852853	1635			
广 东	Guangdong	1044779							1044779			
广 西	Guangxi	551217						3125	548092			
海 南	Hainan	186612							186612			
重 庆	Chongqing	991599						991599				
四 川	Sichuan	512161						512161				
贵 州	Guizhou	358206						295858	62348			
云 南	Yunnan	642002						272514	112545		256944	
西 藏	Tibet	126502									126502	
陕 西	Shaanxi	474743				339605		135138				
甘 肃	Gansu	364119				196326		19982				147810
青 海	Qinghai	81682				70013		2169			697	8803
宁 夏	Ningxia	179721				179721						
新 疆	Xinjiang	1069112										1069112

6-26 历年分隶属关系水利建设投资完成额

Completed Investment for Water Project Construction by Ownership and Years

单位：万元 unit: 10^4 yuan

年份 Year	完成投资 合计 Total Completed Investment	中央属 Central Government	省属 Provincial Governments	地市属 Prefectures and Cities	县属 Counties	其他 Others
1999	4991576	1275512	1626012	1216724	764316	109012
2000	6129331	1385363	2465371	1187976	974035	116586
2001	5607065	1219487	2237784	1070939	976605	102250
2002	8192153	1250858	3454247	1818716	1668332	
2003	7434176	964952	3239531	1458719	1699661	71313
2004	7835450	1429738	2900010	1642748	1518628	343126
2005	7468483	1227628	2548527	1882009	1579786	230533
2006	7938444	1610784	2260775	2010232	1825458	231196
2007	9448538	1544575	2891368	2389052	2266202	357341
2008	10882012	1092053	3193009	2675569	3667281	254100
2009	18940321	2068697	4693782	4906296	7119662	151884

6-27 2009年分隶属关系水利建设投资完成额（按地区分）

Completed Investment for Water Project Construction by Ownership in 2009 (by Regions)

单位：万元 unit: 10^4 yuan

地区	Region	完成投资 合计 Total Completed Investment	中央属 Central Government	省属 Provincial Governments	地市属 Prefectures and Cities	县属 Counties	其他 Others
合 计	**Total**	**18940321**	**2068697**	**4693782**	**4906296**	**7119662**	**151884**
北 京	Beijing	188285	145660	42625			
天 津	Tianjin	253589	106891	57183	89515		
河 北	Hebei	601935	108505	25170	322169	146090	
山 西	Shanxi	869975	4241	618424	141425	105885	
内蒙古	Inner Mongolia	424325	18198	128981	103440	146571	27135
辽 宁	Liaoning	682484	250	226806	315688	139333	406
吉 林	Jilin	387949	4630	232207	47125	102904	1083
黑龙江	Heilongjiang	288050	531	39117	58911	175315	14176
上 海	Shanghai	503894	1094	502800			
江 苏	Jiangsu	1063675	53094	370104	419035	211409	10033
浙 江	Zhejiang	1076766	25463	173301	312957	555423	9622
安 徽	Anhui	743200	95537	192741	281017	173391	515
福 建	Fujian	201286	560	1760	86395	108087	4484
江 西	Jiangxi	640928		40603	246557	349448	4320
山 东	Shandong	1129908	164709	230664	338481	395757	297
河 南	Henan	1503933	949744	24967	270722	257543	956
湖 北	Hubei	943195	275426	49382	128920	489467	
湖 南	Hunan	854488	42473	175446	223670	412777	122
广 东	Guangdong	1044779	8207	93535	280615	628199	34224
广 西	Guangxi	551217	14610	211192	85668	239074	673
海 南	Hainan	186612		48361		138250	
重 庆	Chongqing	991599	9639	288683	16357	676770	150
四 川	Sichuan	512161		84222	70216	356403	1320
贵 州	Guizhou	358206	18838	38987	152688	132244	15450
云 南	Yunnan	642002	8779	39801	237909	353556	1957
西 藏	Tibet	126502		71732	44673	10097	
陕 西	Shaanxi	474743	4170	54435	264903	127387	23849
甘 肃	Gansu	364119	6739	80563	64701	212116	
青 海	Qinghai	81682	671	21506	13227	45877	400
宁 夏	Ningxia	179721	39	90710	13644	75328	
新 疆	Xinjiang	1069112		437775	275664	354960	713

6-28 历年分建设性质水利建设投资完成额

Completed Investment of Water Projects by Types of Construction and Years

单位：万元 unit: 10^4 yuan

年份 Year	完成投资 合计 Total Completed Investment	新建 Newly-Constructed	扩建 Expansion	改建 Rehabilitation	建造生活设施 Domestic Facilities	迁建 Relocation Construction	恢复 Restoration	单纯购置 Procurement Only	前期工作 Early-Stage Work
2000	6129331	3118348	945106	1922485	5471	30586	98502	8833	
2001	5607065	3142493	798182	1555439	1419	3808	98859	5453	
2002	8192153	4370052	985730	2583175	4554	16425	225996	6221	
2003	7434176	4612389	748559	1922749	855	16889	125502	7234	
2004	7835450	5232176	787089	1648118	1697	552	160443	5376	
2005	7468483	5169892	913465	1254193	5989	435	116656	7852	
2006	7938444	5836456	679318	1243188		13730	58633	5082	102036
2007	9448538	6622152	809702	1855168		1888	78782	10328	70518
2008	10882012	6937057	809372	2881669	12990	14725	148107	8967	69126
2009	18940321	11696786	1340636	5704611	1291	10202	54847	6191	125403

6-29 2009 年分建设性质水利建设投资完成额（按地区分）

Completed Investment of Water Projects by Types of Construction in 2009 (by Regions)

单位：万元　　unit: 10^4 yuan

地区	Region	完成投资 合计 Total Completed Investment	新建 Newly-Constructed	扩建 Expansion	改建 Rehabilitation	建造生活设施 Domestic Facilities	迁建 Relocation	恢复 Restoration	单纯购置 Procurement Only	前期工作 Early-Stage Work
合　计	**Total**	**18940321**	**11696786**	**1340636**	**5704611**	**1291**	**10202**	**54847**	**6191**	**125403**
北　京	Beijing	188285	128587	660	41905				287	16846
天　津	Tianjin	253589	172786	505	75567				392	4340
河　北	Hebei	601935	403085	326	196198				70	2256
山　西	Shanxi	869975	732272	27032	107603					3069
内蒙古	Inner Mongolia	424325	295704	9009	119612					
辽　宁	Liaoning	682484	543006	23276	109201			7000		
吉　林	Jilin	387949	292950	3307	89347				50	2295
黑龙江	Heilongjiang	288050	133597	35083	119370					
上　海	Shanghai	503894	283999		218835				50	1010
江　苏	Jiangsu	1063675	271584	400921	366740	820			2784	20828
浙　江	Zhejiang	1076766	870768	38961	162837			4200		
安　徽	Anhui	743200	410899	33688	285274	329	1165	2102	188	9555
福　建	Fujian	201286	143396	18424	37491			1976		
江　西	Jiangxi	640928	186163	26570	427512			684		
山　东	Shandong	1129908	530524	142967	455343					1074
河　南	Henan	1503933	1131583	5631	352043		6654	1816	618	5588
湖　北	Hubei	943195	453790	63790	412807			313	713	11427
湖　南	Hunan	854488	185294	16178	650238			1478	800	500
广　东	Guangdong	1044779	533926	260546	236713			1888	130	11576
广　西	Guangxi	551217	244543	30071	274476		2126			
海　南	Hainan	186612	115051	6682	64788			90		
重　庆	Chongqing	991599	749805	103574	121397		257	8719		7847
四　川	Sichuan	512161	433238	13844	55778			8587		715
贵　州	Guizhou	358206	284034	29099	38466			6204	105	299
云　南	Yunnan	642002	435616	15727	184785			571	4	5300
西　藏	Tibet	126502	119677		6825					
陕　西	Shaanxi	474743	392426	3577	71761	142		6837		
甘　肃	Gansu	364119	229391	760	131246			2383		340
青　海	Qinghai	81682	69530	1938	9714					500
宁　夏	Ningxia	179721	126080	18120	35521					
新　疆	Xinjiang	1069112	793483	10370	245219					20040

6-30 历年分建设阶段水利建设投资完成额

Completed Investment of Water Projects by Construction Stages and Years

单位：万元 unit: 10^4 yuan

年份 Year	完成投资 合计 Total Completed Investment	筹建 Preparation	当年正式施工 Start Construction of the Year	当年收尾 Completed of the Year	全部停缓建 Suspended or Cancelled	单纯购置 Procurement Only	前期工作 Early-Stage Work
2000	6129331	3460	6066009	49828	303	9731	
2001	5607065	116523	5272460	208304	650	6080	
2002	8192153	164376	7780740	240816		6221	
2003	7434176	45986	7206884	170562	3510	7234	
2004	7835450	141607	7406704	273994	7763	5384	
2005	7468483		7394937	56826	8867	7852	
2006	7938444	40716	7651806	132829	14226	5082	93784
2007	9448538	61830	9017110	259879	11690	8836	89193
2008	10882012	82697	10607800	80926	11540	8967	90082
2009	18940321	352473	18322138	112391	23122	6191	124006

6-31 2009 年分建设阶段水利建设投资完成额（按地区分）

Completed Investment of Water Projects by Construction Stages in 2009 (by Regions)

单位：万元 unit: 10^4 yuan

地区	Region	完成投资 合计 Total Completed Investment	筹建 Preparation	当年正式施工 Start Construction of the Year	当年收尾 Completed of the Year	全部停缓建 Suspended or Cancelled	单纯购置 Procurement Only	前期工作 Early-Stage Work
合 计	**Total**	**18940321**	**352473**	**18322138**	**112391**	**23122**	**6191**	**124006**
北 京	Beijing	188285	780	163315			287	23902
天 津	Tianjin	253589		248857			392	4340
河 北	Hebei	601935		599609			70	2256
山 西	Shanxi	869975	1300	844694	20913			3069
内蒙古	Inner Mongolia	424325		417940	6385			
辽 宁	Liaoning	682484	306	673026	2946			6206
吉 林	Jilin	387949	90	385314			50	2495
黑龙江	Heilongjiang	288050		288050				
上 海	Shanghai	503894		502834			50	1010
江 苏	Jiangsu	1063675	111507	939004	1355	2108	2784	6918
浙 江	Zhejiang	1076766	3670	1072741		355		
安 徽	Anhui	743200	6941	725958	558		188	9555
福 建	Fujian	201286		201286				
江 西	Jiangxi	640928	4801	633534				2594
山 东	Shandong	1129908	574	1124975		3684		675
河 南	Henan	1503933	46	1452746	44545	390	618	5588
湖 北	Hubei	943195	165405	764639			713	12438
湖 南	Hunan	854488		853188			800	500
广 东	Guangdong	1044779	10853	988031	24354	15947	130	5464
广 西	Guangxi	551217	567	549423	889	259		78
海 南	Hainan	186612		186612				
重 庆	Chongqing	991599	2591	982159				6849
四 川	Sichuan	512161	3341	507703				1117
贵 州	Guizhou	358206	3467	353575	400		105	660
云 南	Yunnan	642002	298	634914	674		4	6113
西 藏	Tibet	126502		126502				
陕 西	Shaanxi	474743	34913	429818	9002			1010
甘 肃	Gansu	364119		363515	264			340
青 海	Qinghai	81682	120	80772	106	184		500
宁 夏	Ningxia	179721		179721				
新 疆	Xinjiang	1069112	905	1047681		195		20331

6-32 历年分规模水利建设投资完成额

Completed Investment of Water Projects by Size of Project and Years

单位：万元　　unit: 10^4 yuan

年份 Year	完成投资 合计 Total Completed Investment	大中型 Large and Medium	小型 Small	其他 Others
2000	6129331	3683398	2445343	
2001	5607065	3384402	2207202	15461
2002	8192153	3035528	5088159	68465
2003	7434176	2343713	4815522	274940
2004	7835450	2259955	5365376	210120
2005	7468483	3263029	3766332	439121
2006	7938444	2961707	4451579	525158
2007	9448538	3183673	5485744	779121
2008	10882012	2539432	8179610	162970
2009	18940321	4502610	14205434	232277

6-33　2009 年分规模水利建设投资完成额（按地区分）

Completed Investment of Water Projects by Size of Project in 2009 (by Regions)

单位：万元　　unit: 10^4 yuan

地区	Region	完成投资 合计 Total Completed Investment	大中型 Large and Medium	小型 Small	其他 Others
合　计	**Total**	**18940321**	**4502610**	**14205434**	**232277**
北　京	Beijing	188285	116397	50034	21854
天　津	Tianjin	253589	120672	124719	8198
河　北	Hebei	601935	118602	480455	2878
山　西	Shanxi	869975	276345	542314	51316
内蒙古	Inner Mongolia	424325	54905	368038	1382
辽　宁	Liaoning	682484	389756	280981	11747
吉　林	Jilin	387949	173836	210530	3583
黑龙江	Heilongjiang	288050	49749	237071	1230
上　海	Shanghai	503894		502834	1060
江　苏	Jiangsu	1063675	181131	878634	3910
浙　江	Zhejiang	1076766	126844	949035	887
安　徽	Anhui	743200	162371	571086	9743
福　建	Fujian	201286	15218	186068	
江　西	Jiangxi	640928	86177	554691	60
山　东	Shandong	1129908	350911	775736	3261
河　南	Henan	1503933	940590	544199	19144
湖　北	Hubei	943195	247227	683207	12761
湖　南	Hunan	854488	42473	808854	3161
广　东	Guangdong	1044779	97756	939221	7803
广　西	Guangxi	551217	20348	530451	418
海　南	Hainan	186612	44570	142042	
重　庆	Chongqing	991599	84875	893514	13210
四　川	Sichuan	512161	69814	437659	4688
贵　州	Guizhou	358206	75894	280521	1791
云　南	Yunnan	642002	47501	589197	5304
西　藏	Tibet	126502	24544	101958	
陕　西	Shaanxi	474743	36809	436662	1272
甘　肃	Gansu	364119	79894	283314	911
青　海	Qinghai	81682	12206	68910	566
宁　夏	Ningxia	179721	9797	169885	39
新　疆	Xinjiang	1069112	445397	583612	40103

6-34 历年分构成水利建设投资完成额

Completed Investment of Water Projects by Type of Construction and Years

单位：万元 unit: 10^4 yuan

年份 Year	完成投资合计 Total Completed Investment	建筑工程 Construction Project	安装工程 Installation	设备工器具购置 Procurement of Machinery and Equipment	其他 Others
2000	6129331	4534545	268650	367051	959085
2001	5607065	4052065	197296	227128	1130576
2002	8192153	6064058	274537	416958	1436599
2003	7434176	5670323	289401	352728	1121724
2004	7835450	5526833	276530	436531	1595556
2005	7468483	5306556	269855	398472	1493600
2006	7938444	5837364	318550	384313	1398217
2007	9448538	6725242	465282	568467	1689547
2008	10882012	7815009	674188	599969	1792847
2009	18940321	12972462	1133765	1250000	3584094

6-35 2009年分构成水利建设投资完成额（按地区分）

Completed Investment of Water Projects by Type of Construction in 2009 (by Regions)

单位：万元 unit: 10^4 yuan

地区	Region	完成投资 合计 Total Completed Investment	建筑工程 Construction Project	安装工程 Installation	设备工器具购置 Procurement of Machinery and Equipment	其他 Others
合 计	**Total**	**18940321**	**12972462**	**1133765**	**1250000**	**3584094**
北 京	Beijing	188285	87800	1907	33227	65351
天 津	Tianjin	253589	159494	30087	15118	48889
河 北	Hebei	601935	381562	74985	60497	84891
山 西	Shanxi	869975	513663	13682	73423	269208
内蒙古	Inner Mongolia	424325	325604	18502	34798	45420
辽 宁	Liaoning	682484	411875	23957	70876	175776
吉 林	Jilin	387949	382530	331	537	4551
黑龙江	Heilongjiang	288050	212910	5548	55346	14246
上 海	Shanghai	503894	464647	49	1760	37438
江 苏	Jiangsu	1063675	772291	125570	24461	141353
浙 江	Zhejiang	1076766	828504	30707	13892	203663
安 徽	Anhui	743200	443123	25240	51142	223696
福 建	Fujian	201286	145730	18321	14166	23068
江 西	Jiangxi	640928	541953	22162	18092	58723
山 东	Shandong	1129908	818948	57150	61098	192712
河 南	Henan	1503933	656253	33169	57144	757367
湖 北	Hubei	943195	565720	56366	81839	239270
湖 南	Hunan	854488	532162	72465	125483	124378
广 东	Guangdong	1044779	740249	104294	51521	148715
广 西	Guangxi	551217	359977	41270	68705	81264
海 南	Hainan	186612	126049	22195	19721	18647
重 庆	Chongqing	991599	609138	92496	54136	235829
四 川	Sichuan	512161	348755	43960	63613	55833
贵 州	Guizhou	358206	280391	27697	21603	28516
云 南	Yunnan	642002	511654	24776	12985	92587
西 藏	Tibet	126502	126042		460	
陕 西	Shaanxi	474743	374933	48740	12212	38858
甘 肃	Gansu	364119	266036	43556	25169	29359
青 海	Qinghai	81682	68951	3512	1147	8072
宁 夏	Ningxia	179721	146524	7242	13406	12549
新 疆	Xinjiang	1069112	768993	63830	112424	123865

6-36 历年水利建设当年完成工程量

Completed Working Load by Years

单位：万立方米 unit: 10^4m^3

年份 Year	土方 Earth	石方 Rock	混凝土 Concrete
1953	11327	179	33
1954	17831	170	15
1955	28301	289	46
1956	56870	861	46
1957	59618	1084	125
1960	177946	15165	475
1961	19735	1809	116
1962	25287	1711	77
1963	27438	1679	104
1964	37869	2270	145
1965	64193	2881	186
1971	51085	1478	143
1972	125853	11652	370
1973	111397	13464	469
1974	115695	10671	417
1975	125712	13821	502
1976	163160	26423	712
1977	139104	15147	638
1978	139800	19600	808
1979	206100	16300	746
1980	55000	5400	506
1981	20800	2500	231
1982	19500	2100	245
1983	24300	2000	283
1984	26500	2300	268
1985	25200	2000	244
1986	24100	2000	225
1987	31000	2600	276
1988	29300	2300	298
1989	31650	2886	328
1990	33209	2712	437
1991	40143	3124	512
1992	54862	5054	583
1993	46099	5710	630
1994	41177	5127	707
1995	34955	6126	824
1996	34883	7865	807
1997	42755	5630	988
1998	101393	15023	1322
1999	104684	14022	1613
2000	129432	14456	2084
2001	92777	14716	1855
2002	139036	18178	2581
2003	94079	14677	2710
2004	132007	24057	2514
2005	138665	20718	2168
2006	201603	39847	1971
2007	140567	25099	2050
2008	170705	26686	2651
2009	198846	25333	4641

6-37 2009年水利建设当年完成工程量（按地区分）
Completed Working Load in 2009 (by Regions)

单位：万立方米 unit: 10^4m^3

地区	Region	当年计划 Planned of the Year			当年完成 Completed of the Year		
		土方 Earth	石方 Rock	混凝土 Concrete	土方 Earth	石方 Rock	混凝土 Concrete
合 计	**Total**	**207538**	**27197**	**4553**	**198846**	**25333**	**4641**
北 京	Beijing	197	5	4	191	5	4
天 津	Tianjin	2891	31	72	3174	24	74
河 北	Hebei	8784	336	68	9214	374	81
山 西	Shanxi	6665	594	111	6197	558	100
内蒙古	Inner Mongolia	13588	654	78	14018	653	77
辽 宁	Liaoning	6796	398	109	6475	477	131
吉 林	Jilin	5693	478	82	5632	449	74
黑龙江	Heilongjiang	1788	247	56	5702	283	76
上 海	Shanghai	2873	1050	57	2473	215	45
江 苏	Jiangsu	13616	388	163	12949	390	161
浙 江	Zhejiang	4583	2715	197	4410	3199	261
安 徽	Anhui	4636	404	131	5149	555	177
福 建	Fujian	985	571	38	745	478	25
江 西	Jiangxi	4150	1750	290	4174	1711	273
山 东	Shandong	19584	1229	263	20807	1168	266
河 南	Henan	13975	581	205	16347	670	226
湖 北	Hubei	15182	1760	275	7808	889	301
湖 南	Hunan	2096	325	98	4354	805	238
广 东	Guangdong	5393	874	264	5608	1417	249
广 西	Guangxi	1267	1192	183	1292	1233	173
海 南	Hainan	1269	131	78	1204	125	73
重 庆	Chongqing	4009	2236	278	3952	2291	328
四 川	Sichuan	3948	1433	207	3933	1406	222
贵 州	Guizhou	4184	1596	129	3152	978	123
云 南	Yunnan	5230	1262	151	4643	1208	135
西 藏	Tibet	809	328	37	798	321	35
陕 西	Shaanxi	14330	1849	143	13830	1908	96
甘 肃	Gansu	9098	485	319	9178	497	227
青 海	Qinghai	7660	1169	19	1681	44	17
宁 夏	Ningxia	6242	102	26	4703	83	23
新 疆	Xinjiang	16018	1023	421	15053	919	349

6-38 历年水利建设累计完成工程量

Accumulated Completed Working Load of Water Project by Years

单位：万立方米 unit: 10^4m^3

年份 Year	全部计划 Total Planned			累计完成 Total Completed		
	土方 Earth	石方 Rock	混凝土 Concrete	土方 Earth	石方 Rock	混凝土 Concrete
2000	746010	87963	31746	437914	52230	10192
2001	711388	119858	13089	427458	61541	6685
2002	651588	86461	12960	485593	57858	7886
2003	664041	87724	12965	462941	59674	8617
2004	6422138	1320016	108489	3837466	603405	68102
2005	3211069	660008	54245	1918733	301703	34051
2006	1077148	198978	17349	672085	110836	11386
2007	1083946	222242	17523	601617	91505	10944
2008	1049975	238789	19372	645032	99363	11721
2009	1060725	117890	21656	633610	77809	13828

6-39 2009年水利建设累计完成工程量（按地区分）

Accumulated Completed Working Load of Water Project in 2009 (by Regions)

单位：万立方米 unit: 10^4m^3

地区	Region	全部计划 Total Planned			累计完成 Total Completed		
		土方 Earth	石方 Rock	混凝土 Concrete	土方 Earth	石方 Rock	混凝土 Concrete
合 计	**Total**	**1060725**	**117890**	**21656**	**633610**	**77809**	**13828**
北 京	Beijing	5327	5	129	4197	5	126
天 津	Tianjin	10750	56	99	5067	37	95
河 北	Hebei	34638	7362	614	29282	750	497
山 西	Shanxi	23061	1805	491	17431	1315	347
内蒙古	Inner Mongolia	57415	4703	1754	43867	2810	1093
辽 宁	Liaoning	18719	2233	742	13896	1746	345
吉 林	Jilin	39944	2892	389	26133	2162	227
黑龙江	Heilongjiang	45208	1566	354	12870	856	166
上 海	Shanghai	6991	1274	188	4254	421	159
江 苏	Jiangsu	38298	863	453	33996	738	362
浙 江	Zhejiang	21781	16061	1100	13848	11878	661
安 徽	Anhui	41328	2613	725	35035	1840	646
福 建	Fujian	3632	1415	112	1366	771	42
江 西	Jiangxi	145721	3582	1018	19057	2548	560
山 东	Shandong	72791	3780	725	61815	2863	504
河 南	Henan	93916	2886	903	59086	1725	623
湖 北	Hubei	58124	4854	1233	30160	2206	594
湖 南	Hunan	23903	3845	667	23433	4117	569
广 东	Guangdong	44595	6429	1905	24004	3231	1008
广 西	Guangxi	6411	6992	957	4199	5700	689
海 南	Hainan	3381	525	169	3143	480	149
重 庆	Chongqing	12872	8357	1018	8103	6127	659
四 川	Sichuan	6929	3750	541	5738	2940	430
贵 州	Guizhou	7093	3199	506	3944	1446	235
云 南	Yunnan	16764	6269	565	11685	3756	345
西 藏	Tibet	1313	483	69	1194	443	57
陕 西	Shaanxi	35865	3986	446	22390	2897	190
甘 肃	Gansu	35918	3617	1115	25126	2700	768
青 海	Qinghai	10595	1332	157	3182	119	33
宁 夏	Ningxia	32936	889	260	18763	591	143
新 疆	Xinjiang	104505	10266	2254	67344	8591	1508

6-40 历年水利建设房屋建筑面积和竣工房屋价值

Areas and Cost of Buildings of Water Project by Years

年份 Year	施工房屋面积（平方米） Area of Houses Constructed (m^2)	#住宅 Living House	竣工房屋面积（平方米） Completed Area of House Construction (m^2)	#住宅 Living House	竣工房屋价值（万元） Cost of Completed Houses (10^4 yuan)	#住宅 Living House
1975	1342800	537000	904200	355000	6961	2343
1976	1200400	455100	785600	294000	6131	1970
1977	1587200	626800	876200	329000	7096	2402
1978	1802100	714100	1258700	517000	10702	4033
1979	2554800	1164400	1588700	714000	14142	5783
1980			1597000	852000	17407	9202
1981	2017000	1355000	1284000	874000	17035	
1982	2438358	1704214	1357962	994664	15533	
1983	2026442	1378578	1238982	849588	21637	
1984	1868746	1018127	1155026	643856	17836	
1985	600456	338616	1130000	730000		
1986	824363	372849	990000	618000	18909	10815
1987	834363	444384	1088000	593000		
1988	1764111	728056	746000	416000	17083	8570
1989	1544608	683320	782916	364246	26149	9365
1990	1549120	772450	804328	457422	26221	13934
1991	1857321	937048	941511	420812	30718	14388
1992	2224053	1179727	942008	443237	34764	15383
1993	2540254	1353939	1251295	691426	58823	28309
1994	2039010	1099433	923290	497640	58086	24627
1995	1909074	987599	942177	511795	88221	32738
1996	1637962	842640	750128	366766	63237	28696
1997	1661510	889611	696040	348033	65615	26740
1998	2206108	1350879	1127242	702967	97326	55954
1999	1322318	691618	721906	433053	86482	53599
2000			582635	251512	75403	29191
2001	1069177	516367	611465	280038	51789	24037
2002	1039532	320273	549871	230001	65574	35568
2003	1059248	482288	548892	196774	58799	20132
2004	555608	182444	186899	66943	19250	10427
2005	1522939	898884	1063651	733026	124465	55880
2006	1021542	374901	664862	257512	130937	52332
2007	1107854	481058	797327	293081	174412	58260
2008	641966	79279	501095	61961	65124	6233
2009	895613	133589	699639	87977	97727	11533

6-41 2009年水利建设房屋建筑面积和竣工房屋价值（按地区分）

Areas and Cost of Buildings of Water Project in 2009 (by Regions)

地区	Region	施工房屋面积（平方米）Area of Houses Constructed (m^2)	#住宅 Living House	竣工房屋面积（平方米）Completed Area of House Constrction (m^2)	#住宅 Living House	竣工房屋价值（万元）Cost of Completed Houses (10^4 yuan)	#住宅 Living House
合 计	**Total**	**895613**	**133589**	**699639**	**87977**	**97727**	**11533**
北 京	Beijing	561					
天 津	Tianjin	31186		26565		5693	
河 北	Hebei	8484		7305		1330	
山 西	Shanxi	7811	153	7811	153	471	12
内蒙古	Inner Mongolia	49375		48270		4485	
辽 宁	Liaoning	18119		14457		2960	
吉 林	Jilin						
黑龙江	Heilongjiang						
上 海	Shanghai	1369		1369		257	
江 苏	Jiangsu	25777	2617	13334	1765	2587	
浙 江	Zhejiang	64597	22123	31138	20545	4564	4320
安 徽	Anhui	14577	215	8262	215	3181	16
福 建	Fujian	12294	2100	7025	1700	568	160
江 西	Jiangxi	42125	37679	7977	3531	1421	276
山 东	Shandong	37588	1658	32031	1658	8580	139
河 南	Henan	103218	794	72286	794	11043	79
湖 北	Hubei	45895	6078	33869	4230	5326	1198
湖 南	Hunan	5000	820	5000	820	86	37
广 东	Guangdong	16365	1967	3542	1747	297	72
广 西	Guangxi	221688	23342	218062	23092	22531	2311
海 南	Hainan	1567	420	1567	420	158	42
重 庆	Chongqing	50714	11697	44346	10275	3268	771
四 川	Sichuan	35105	5040	33307	4915	2607	372
贵 州	Guizhou	4746	1637	3200	1287	228	66
云 南	Yunnan	16007	4528	12519	4022	1977	1060
西 藏	Tibet						
陕 西	Shaanxi	25625	4898	17919	984	3242	155
甘 肃	Gansu	8442	1040	8442	1040	1578	68
青 海	Qinghai	1480	980	1089	980	10	
宁 夏	Ningxia	9310	1084	8379	1084	3470	145
新 疆	Xinjiang	36587	2720	30567	2720	5810	235

6-42 历年水利建设施工规模

Completed Works of Water Project by Years

年份 Year	水库总库容（亿立方米）Total Storage Capacity of Reservoirs (10^8m^3)	农田有效灌溉面积（千公顷）Effective Irrigated Area (10^3hm^2)	除涝面积（千公顷）Drainage Area (10^3hm^2)	发电装机容量（千千瓦）Installed Capacity of Power Generation (10^3kW)	排灌装机容量（千千瓦）Installed Capacity of Irrigation and Drainage Works (10^3kW)	供水能力（万吨每日）Capacity of Water Supply ($10^4t/d$)
1989	118.95	998.69	593.27	888.80	225.50	
1990	129.09	1109.13	862.62	1170.40	329.30	
1991	125.04	1041.40	645.19	1922.60	244.90	
1992	120.41	1215.23	836.43	2443.30	200.90	
1993	152.69	1105.52	772.57	3038.20	151.20	
1994	312.91	1171.57	963.29	5294.70	231.60	
1995	342.12	1334.10	853.54	6661.80	286.00	
1996	321.66	1182.93	805.55	6523.40	250.00	860.36
1997	348.99	1056.73	1066.81	7117.20	235.30	1811.81
1998	348.65	1364.77	1095.81	5200.60	471.10	2283.35
1999	310.27	1014.89	133.59	4620.50	215.10	965.60
2000	359.15	798.07	89.79	4090.10	271.60	3961.42
2001	113.48	572.73	173.03	2080.80	114.90	5891.73
2002	250.95	485.93	183.69	1672.30	240.10	2044.47
2003	386.26	820.14	105.09	2708.90	575.50	2478.45
2004	263.05	603.68	165.83	2388.20	64.60	2345.35
2005	317.93	543.64	157.93	2292.60	63.90	1246.36
2006	411.13	556.21	143.41	2133.15	54.87	1851.47
2007	209.42	1261.63	322.64	1532.84	79.45	1734.38
2008	162.59	1189.33	577.59	1846.30	119.66	1283.14
2009	269.80	1929.17	546.46	4267.36	305.15	2311.20

6-42 续表 continued

年份 Year	改善灌溉面积（千公顷）Improved Irrigated Area (10^3hm^2)	改善除涝面积（千公顷）Drained Area (10^3hm^2)	新建及加固堤防（千米）Newly-Built & Strengthened Embankment (km)	水保治理面积（千公顷）Controlled Area of Soil Erosion (10^3hm^2)	解决饮水困难人口（万人）Population Access to Drinking Water (10^4 persons)	饮水安全达标人口（万人）Population with Safe Drinking Water (10^4 persons)	节水灌溉面积（千公顷）Water-Saving Irrigated Area (10^3hm^2)
1989							
1990	681.85	413.85					
1991	566.79	672.69					
1992	678.60	680.71					
1993	425.63	594.44					
1994	517.28	313.48					
1995							
1996							
1997	699.65	699.18					
1998	1575.13	757.59					
1999	1142.98	762.37					
2000	1720.41	578.18					
2001	2077.57	781.91	8478.08	1925.58	648.90		108.18
2002	2565.22	1381.42	8437.96	1675.12	2139.88		195.79
2003	1437.79	583.71	4695.94	1301.93	2406.42		351.48
2004	1715.70	745.15	5667.73	2579.56	1226.59		262.53
2005	1249.72	463.22	3653.70	1762.34	933.37		250.84
2006	2244.32	678.08	5111.99	854.20		1562.82	488.97
2007	1927.16	599.29	4895.22	783.51		2758.50	368.72
2008	1849.77	1334.84	4273.42	1613.73		4088.10	254.76
2009	2749.38	726.03	5002.74	2553.15		6715.80	343.85

6-43 2009年水利建设

Completed Works of Water Project

地区	Region	水库总库容（亿立方米）Total Storage Capacity of Reservoirs (10^8m^3)	农田有效灌溉面积（千公顷）Effective Irrigated Area (10^3hm^2)	除涝面积（千公顷）Drained Area (10^3hm^2)	发电装机容量（千千瓦）Installed Capacity of Power Generation (10^3kW)	排灌装机容量（千千瓦）Installed Capacity of Irrigation and Drainage Works (10^3kW)	供水能力（万吨每日）Capacity of Water Supply ($10^4t/d$)
合 计	**Total**	**269.80**	**1929.17**	**546.46**	**4267.36**	**305.15**	**2311.20**
北 京	Beijing						15.00
天 津	Tianjin						
河 北	Hebei	4.33	14.66	6.00	15.53		7.55
山 西	Shanxi	1.61	61.00	0.23	7.20	7.40	30.97
内蒙古	Inner Mongolia	13.11	9.34		2.60		319.44
辽 宁	Liaoning	9.67	4.12		75.01		113.29
吉 林	Jilin	18.95	0.30		93.16		2.58
黑龙江	Heilongjiang	13.77	603.53		55.70	49.31	
上 海	Shanghai						
江 苏	Jiangsu	0.47	11.77	22.25		2.15	
浙 江	Zhejiang	9.50	4.66	212.55	135.73	0.39	679.12
安 徽	Anhui	3.99	93.80	34.98	0.13	5.50	2.00
福 建	Fujian	1.33	2.58	0.20	28.62	1.46	9.13
江 西	Jiangxi	1.61	11.39		43.94	6.91	3.40
山 东	Shandong	0.76	69.52	68.67	0.27	0.26	23.27
河 南	Henan	5.85	79.39	7.98	9.48	0.40	5.21
湖 北	Hubei	16.72	104.04	156.02	123.08	141.16	8.87
湖 南	Hunan	14.95	5.87		132.50	16.50	3.00
广 东	Guangdong	16.06	77.96	6.48	302.48	36.19	365.94
广 西	Guangxi	1.67	16.93	25.15	341.00		
海 南	Hainan				88.89		1.36
重 庆	Chongqing	10.86	115.66		493.00	8.46	208.47
四 川	Sichuan	48.55	317.75		1299.24		75.13
贵 州	Guizhou	5.47	47.37	0.48	93.22	0.02	18.94
云 南	Yunnan	12.95	100.51	0.79	190.50		34.26
西 藏	Tibet		10.36		9.55		
陕 西	Shaanxi	0.87	114.48		55.99	7.27	265.41
甘 肃	Gansu	0.01	3.16		54.58		10.32
青 海	Qinghai	0.30	20.08		9.40		1.32
宁 夏	Ningxia	8.68	21.53	4.67		21.77	20.91
新 疆	Xinjiang	39.14	7.41		606.57		86.31

施工规模（按地区分）
in 2009 (by Regions)

改善灌溉面积（千公顷）Improved Irrigated Area (10^3hm^2)	改善除涝面积（千公顷）Drained Area (10^3hm^2)	新建及加固堤防（千米）Newly-Built & Strengthened Embankment (km)	水保治理面积（千公顷）Controlled Area of Soil Erosion (10^3hm^2)	饮水安全达标人口（万人）Population with Safe Drinking Water (10^4 persons)	节水灌溉面积（千公顷）Water-Saving Irrigated Area (10^3hm^2)
2749.38	**726.03**	**5002.74**	**2553.15**	**6715.80**	**343.85**
0.43				3.89	
		67.49		104.25	6.13
54.85	64.05	37.76	220.62	393.26	1.73
72.04		94.78	72.13	151.19	2.28
210.15		427.48	78.42	143.45	19.67
23.19		88.64	12.37	163.10	3.20
		68.69	7.81	108.84	
		163.87	5.40	142.17	
0.77	1.67				2.57
185.98	157.16	152.36	20.72	353.48	23.36
62.91	0.83	113.21	129.46	301.22	17.91
365.41	33.37	81.17	58.17	306.72	0.44
1.88	1.23	122.17	2.79	195.89	
29.35	16.10	19.25		132.25	0.84
235.55	61.90	484.12	91.38	479.23	10.49
121.31	64.29	74.52	102.51	386.15	34.29
133.37	190.08	113.26	204.48	301.67	9.85
48.86		10.88	6.99	78.18	
152.45	79.32	1847.35	106.35	715.01	0.35
57.66	25.15	51.91			
22.67	6.83	26.34	2.51	36.62	0.53
113.55		115.66	158.82	337.78	3.08
86.32		18.23	64.87	511.90	2.94
11.20	1.95	4.96	179.76	288.13	4.26
68.72	4.17	15.96	122.76	307.60	14.45
2.84		37.27	24.92	41.43	0.72
13.36		279.17	725.10	281.18	3.45
34.69		60.44	103.60	179.73	45.79
13.25		5.20	20.99	21.07	2.74
110.79	4.67	72.20	14.79	31.41	19.89
515.88	13.27	348.41	15.44	218.99	112.88

6-44 历年水利建

Newly-Increased Benefits of Water

年份 Year	水库总库容（亿立方米）Total Storage Capacity of Reservoirs (10^8m^3)	农田有效灌溉面积（千公顷）Effective Irrigated Area (10^3hm^2)	除涝面积（千公顷）Drained Area (10^3hm^2)	发电装机容量（千千瓦）Installed Capacity of Power Generation (10^3kW)	排灌装机容量（千千瓦）Installed Capacity of Irrigation and Drainage Works (10^3kW)	供水能力（万吨每日）Capacity of Water Supply ($10^4t/d$)
1989	22.79	94.09	64.29	124.10	31.40	
1990	29.64	121.17	62.21	164.30	99.50	
1991	23.34	101.25	43.77	311.10	84.10	
1992	19.13	90.53	116.67	391.00	67.40	
1993	11.48	78.48	133.89	182.50	42.90	
1994	7.61	94.09	77.23	392.90	23.80	
1995	42.23	174.89	28.30	388.20	66.80	
1996	14.95	158.03	29.43	355.30	90.60	450.44
1997	11.86	94.61	89.65	719.80	28.10	145.12
1998	28.15	187.01	57.67	749.00	102.30	456.57
1999	46.61	198.23	42.83	885.60	19.40	82.84
2000	183.62	126.86	49.69	2139.10	21.90	529.80
2001	31.96	191.41	28.51	1317.40	34.80	2939.65
2002	29.19	156.47	171.29	543.10	89.20	281.64
2003	5.83	146.99	11.67	368.60	544.00	871.31
2004	12.86	252.11	71.99	725.80	20.80	530.81
2005	112.64	98.65	74.62	794.40	47.30	398.36
2006	267.39	139.45	55.46	1146.16	28.46	349.78
2007	55.71	314.09	206.89	754.18	59.78	488.23
2008	44.37	275.44	223.66	701.04	79.39	333.69
2009	50.96	550.52	286.11	912.68	89.77	740.58

设新增效益

Project Construction by Years

改善灌溉面积（千公顷）Improved Irrigated Area (10^3hm^2)	改善除涝面积（千公顷）Drained Area (10^3hm^2)	新建及加固堤防（千米）Newly-Built & Strengthened Embankment (km)	水保治理面积（千公顷）Controlled Area of Soil Erosion (10^3hm^2)	解决饮水困难人口（万人）Population Access to Drinking Water (10^4 persons)	饮水安全达标人口（万人）Population with Safe Drinking Water (10^4 persons)	节水灌溉面积（千公顷）Water-Saving Irrigated Area (10^3hm^2)
204.49	208.73					
141.90	526.79					
341.81	226.40					
219.92	419.77					
187.43	86.12					
251.04	309.10					
330.28	161.89					
283.51	140.24					
839.09	1279.70					
956.97	163.28	4545.91	1699.45	470.38		76.49
1484.52	529.17	5772.04	1118.41	1950.07		132.73
927.62	463.75	2693.61	1011.98	1245.44		245.81
1232.00	494.73	2918.24	1681.30	985.68		155.79
467.11	129.29	2246.61	1717.64	700.92		178.87
889.95	284.08	2726.91	635.29		1321.43	287.75
1121.20	383.39	2370.23	517.35		2478.28	310.37
1055.83	1015.16	1968.95	1261.41		2967.62	175.60
1845.54	449.49	2385.49	2090.95		5896.54	298.76

6-45 2009年水利建设

Newly-Increased Benefits of Water

地区	Region	水库总库容（亿立方米）Total Storage Capacity of Reservoirs (10^8m^3)	农田有效灌溉面积（千公顷）Effective Irrigated Area (10^3hm^2)	除涝面积（千公顷）Drained Area (10^3hm^2)	发电装机容量（千千瓦）Installed Capacity of Power Generation (10^3kW)	排灌装机容量（千千瓦）Installed Capacity of Irrigation and Drainage Works (10^3kW)	供水能力（万吨每日）Capacity of Water Supply ($10^4t/d$)
合 计	**Total**	**50.96**	**550.52**	**286.11**	**912.68**	**89.77**	**740.58**
北 京	Beijing						10.00
天 津	Tianjin						
河 北	Hebei	0.13	13.67	6.00	4.00		7.55
山 西	Shanxi	1.42	61.00	0.23	4.01	7.40	30.97
内蒙古	Inner Mongolia	0.27	0.55				262.68
辽 宁	Liaoning	0.87	1.25		75.01		7.52
吉 林	Jilin	18.48			61.35		2.33
黑龙江	Heilongjiang				1.50		
上 海	Shanghai						
江 苏	Jiangsu	0.47	6.90	17.39		1.06	
浙 江	Zhejiang	4.31	1.73	4.55	87.45		149.92
安 徽	Anhui	3.57	83.08	18.31	0.13	2.98	2.00
福 建	Fujian	0.28	2.58	0.20	27.12		6.36
江 西	Jiangxi	0.04	0.73		16.76	6.90	1.33
山 东	Shandong	0.46	69.52	68.67	0.27	0.26	23.27
河 南	Henan	4.53	35.40	7.98	9.48	0.40	5.21
湖 北	Hubei	5.54	50.90	154.15	41.22	65.95	5.37
湖 南	Hunan		4.67		8.00		3.00
广 东	Guangdong	0.29	1.71	0.09	36.91	2.72	13.17
广 西	Guangxi	0.34	1.69	3.09	202.00		
海 南	Hainan				88.69		1.36
重 庆	Chongqing	0.01	11.74		46.16	0.67	87.67
四 川	Sichuan	1.18	10.02		28.87		7.73
贵 州	Guizhou	3.80	37.25	0.48	70.19	0.02	8.82
云 南	Yunnan	1.39	3.69	0.30			10.83
西 藏	Tibet		9.45		3.99		
陕 西	Shaanxi	0.87	114.48		46.49		34.20
甘 肃	Gansu	0.01	2.87		13.16		10.32
青 海	Qinghai	0.30	0.08		1.82		1.32
宁 夏	Ningxia	2.00	21.53	4.67		1.40	15.91
新 疆	Xinjiang	0.40	4.01		38.11		31.75

新增效益（按地区分）

Project Construction in 2009 (by Regions)

改善灌溉面积（千公顷）Improved Irrigated Area (10^3hm^2)	改善除涝面积（千公顷）Drained Area (10^3hm^2)	新建及加固堤防（千米）Newly-Built & Strengthened Embankment (km)	水保治理面积（千公顷）Controlled Area of Soil Erosion (10^3hm^2)	饮水安全达标人口（万人）Population with Safe Drinking Water (10^4 persons)	节水灌溉面积（千公顷）Water-Saving Irrigated Area (10^3hm^2)
1845.54	**449.49**	**2385.49**	**2090.95**	**5896.54**	**298.76**
		61.53		104.25	6.13
53.18	64.05	32.50	202.45	387.74	1.27
49.34		91.43	66.97	151.19	2.15
62.15		266.33	31.56	143.45	14.60
19.18		77.54	12.37	162.05	0.33
		65.45	7.81	108.84	
		132.83	5.40	142.17	
	1.67				2.57
141.59	77.10	63.81	10.59	353.48	21.83
61.07	0.43	39.20	18.33	203.92	2.67
353.67	33.37	35.89	57.15	296.72	0.44
1.29	1.23	70.42	2.79	173.43	
3.17	7.47	8.30		106.05	0.37
201.07	61.90	329.07	91.24	454.53	10.46
92.56	18.89	27.18	102.51	386.15	33.25
103.60	140.24	72.50	127.52	262.05	7.40
47.37		7.15	6.99	78.18	
3.52	13.57	121.26	16.39	288.64	0.22
42.99	7.75	37.18			
21.47	6.41	25.64	2.51	36.62	0.53
72.94		85.67	127.35	282.25	0.83
32.18		17.24	52.78	507.68	1.68
10.22	1.88	4.96	176.50	249.27	4.26
20.36	0.87	12.35	112.90	270.15	7.09
2.45		26.86	24.92	41.43	0.72
10.04		276.97	692.05	277.18	3.45
28.89		40.95	101.22	160.83	45.53
9.39		3.50	20.99	17.94	2.32
44.59	4.67	72.20	7.06	31.41	19.89
357.25	8.00	279.61	12.61	218.94	108.79

主要统计指标解释

水利建设投资 指水利系统固定资产投资。主要包括水利系统基本建设投资、部分更新改造投资等，防洪岁修、小农水等财政投资未包括在内。

建设项目 指按照以总体设计进行施工，由一个或若干个具有内在联系的工程组成的总体。基本建设项目指经批准在一个总体设计或初步设计范围内进行建设，经济上实行统一核算，行政上有独立的组织形式，实行统一管理的基本建设单位。

基本建设项目按规模分为大中型项目和小型项目，水利上基本建设项目大中型项目划分标准是：①水库，库容1亿立方米以上（包括1亿立方米，下同）；②灌溉面积，灌溉面积50万亩以上；③水电工程，发电装机5万千瓦以上；④其他水利工程，除国家指定外均不作为大中型项目。

建设阶段 指建设项目报告期所处的建设阶段。分为以下几个阶段。

（1）筹建项目：指正在进行前期工作尚未正式施工的项目。

（2）施工项目：指报告期内进行过建筑或安装施工活动的项目。

（3）本年正式施工项目：指本年正式进行过建筑或安装活动的建设项目。

（4）本年新开工项目：指报告期内新开工的建设项目。

（5）本年续建项目：指本年以前已经正式开工，跨入本年继续进行建筑安装和购置活动的建设项目。

（6）建成投产项目：指报告期内按设计文件规定建成主体工程和相应配套的辅助设施，形成生产能力或工程效益，经过验收合格，并且已正式投入生产或交付使用的建设项目。

（7）本年收尾项目：是指以前年度已经全部建成投入生产或交付使用，但尚有少量不影响正常生产和使用的辅助工程或生产性工程在报告期继续施工的项目。

（8）停缓建项目：指根据国民经济宏观调控及其他原因，经有关部门批准停止建设或近期内不再建设的项目。停缓建项目分为全部停缓建项目和部分停缓建项目。

1）全部停缓建项目是指经有关部门批准不再建设或短期内整个项目停止建设的项目。

2）部分停缓建项目是指建设项目仍在施工，但其中的部分单项工程经有关部门批准停止或近期内不再建设并已停止施工的项目。报告期部分停缓建项目仍应作为施工项目统计。

（9）全部竣工项目：指整个建设项目按设计文件规定的主体工程和辅助、附属工程全部建成，并已正式验收移交生产或使用部门的项目。

建设性质 基本建设项目的建设性质根据整个建设项目的情况确定，分为以下几种。

（1）新建：一般是指从无到有、"平地起家"开始建设的企业、事业和行政单位或独立的工程。现有企业、事业、行政单位一般不属于新建。但如有的单位原有基础很小，经过建设后新增的资产价值超过该企业、事业、行政单位原有固定资产价值（原值）3倍以上的也应作为新建。

（2）扩建：指在厂内或其他地点，为扩大原有产品的生产能力（或效益）或增加新的产品生产能力，而增建主要的生产车间（或主要工程）、分厂、独立的生产线的企业、事业单位。行政、事业单位在原单位增建业务用房（如学校增建教学用房、医院增建门诊部、病房等）也作为扩建。

现有企业、事业单位为扩大原有主要产品生产能力或增加新的产品生产能力，增建一个或几个主要生产车间（或主要工程）、分厂，同时进行一些更新改造工程的，也应作为扩建。

（3）改建：指对原有设施进行技术改造或更新（包括相应配套的辅助性生产、生活福利设施），没有增建主要生产车间、分厂等的企业、事业单位。

（4）单纯建造生活设施：指在不扩建、改建生产性工程和业务用房的情况下，单纯建造职工住宅、托儿所、子弟学校、医务室、浴室、食堂等生活福利设施的企业、事业及行政单位。

（5）迁建：指为改变生产力布局或由于城市环境保护和安全生产的需要等原因而搬迁到另地建设的企业、事业单位。

（6）恢复：指自然灾害、战争等原因，使原有的固定资产全部或部分报废，以后又投资恢复建设的单位。

（7）单纯购置：指现有企业、事业、行政单位单纯购置不需要安装的设备、工具、器具，而不进行工程建设的单位。

隶属关系 基本建设项目按建设单位直属或主管上级机关确定。

隶属关系分为中央、省（自治区、直辖市）、地区（州、盟、省辖市）、县（旗、县级市）和其他五大类。

（1）中央：指中共中央、人大常委会和国务院各部、委、局、总公司以及直属机构直接领导和管理的基本建设项目和企业、事业、行政单位。这些单位的固定资产投资计划由国务院各部门直接编制和下达，建设中所需要的统配物资和主要设备以及建设中的问题都由中央有关部门安排和解决。

（2）省（自治区、直辖市）：由省（自治区、直辖市）政府及业务主管部门直接领导和管理的基本建设项目和企业、事业、行政单位。

（3）地区（州、盟、省辖市）：由地区、自治州、盟、省辖市直接领导和管理的基本建设项目和企业、事业、行政单位。

（4）县（旗、县级市）：由县、自治旗、县级市直接领导和管理的基本建设项目和企业、事业、行政单位。

（5）其他：不隶属以上各级政府及主管部门的建设项目和企业、事业单位，如外商投资企业和无主管部门的企业等。

Explanatory Notes of Main Statistical Indicators

Water project construction investment Investment of fixed assets in the water sector, mainly covers the investment of basic water infrastructures and some rehabilitation projects, but excluding annual maintenance of flood control works and financial allocation to small irrigation, drainage and rural water supply schemes.

Construction project A project encloses one or more interdependent schemes and is implemented in accordance with overall design. Capital construction project refers to a construction unit that approved to be constructed under overall design or the scope of preliminary design, which is under one accounting system and unified management, and has an independent organization.

Capital construction project can be divided into large or medium project and small project according to its scale. The criteria of identifying large and medium water projects are:① reservoir, installed capacity is over 100 million m^3 (including 100 million m^3, hereinafter the same); ② irrigated area, irrigated area is over 500 thousand mu; ③ hydropower project, installed capacity is over 50,000kW; ④ other water projects, specially designated by the state.

Construction phrase The phase of project construction during the period of report. The project construction phases are divided as following:

(1) Preparation project: the project that is conducting preparatory work and has not formally been constructed.

(2) Construction project: the project that is under construction or installation during the report period.

(3) Construction project of the year: the project that has formally started construction or installation in the statistical year.

(4) Newly started project of the year: the construction project that is newly initiated in the statistical year.

(5) Continued project of the year: the project that has formally started and continued construction, installation and purchase activities in the statistical year.

(6) Completed investment project: key parts of the project and supporting facilities have passed check and acceptance and been formally put into operation or service in the statistical period.

(7) Nearly-completed project of the year: the project has completed construction and placed into operation, but several supporting facilities that do not affect the normal production and utilization continue to be constructed in the statistical period.

(8) Suspend or cancel project: the project is required to stop or suspended after the approval of relevant department, due to national macroeconomic regulation and control or other reasons. The stopped or suspended projects can be divided into completely stopped or suspended project and partially stopped or suspended project.

1) Complete stopped or suspended project refers to the project that no longer constructed or will not be constructed in a short period of time, according to the approved of the relevant department.

2) Partial stopped or suspended project refers to the project that still under construction, but part of the project is no longer constructed or will not be constructed in a short period of time, according to the approval of the relevant department. Stopped or suspended project in the statistical period is still listed as construction projects in statistics.

(9) Totally-completed project: the project that has completed the key parts and supporting facilities of the project according to the design, and has passed check and acceptance and transferred to production or user for operation.

Construction type The types of infrastructures are identified based on the feature of entire constructed project, and are divided into:

(1) Newly-constructed project: refers to enterprise, non-governmental organization and governmental department or independent project that starts from nothing. The currently existed enterprise, non-governmental organization or governmental department does not belong to newly-constructed project. However, if the original scope of unit is rather small and the newly-added assets exceeds three times of the original assets of the enterprise, non-governmental organization and governmental department after construction, it is also regarded as new-constructed project.

(2) Expanded construction: refers to enterprises and non-governmental organizations that build new workshop (or key project), branch or independent production line within the plant or other places, in order to expand the existing production capacity (or benefit) or increase production capacity of new product. The construction of office building of non-governmental organization and governmental department (for example newly-constructed teaching building of college, university or school, newly-built clinics and wards of hospitals) is also regarded as expanded construction.

Enterprises and non-governmental organizations construct one or more key workshops (or key project) or branches, in order to increase the original production capacity or add production capacity of new product, together with rehabilitation project are also listed as expanded construction projects.

(3) Rehabilitation project: Enterprises and non-governmental organizations conduct technical rehabilitation or re-modernization (including production support facilities or living and welfare facilities), but without expansion of main workshop or branch.

(4) Construction of living facilities: enterprise, non-governmental organization and governmental department build living and welfare facilities only, such as apartment building of employee, kindergarten, school for children of employee, clinic, bathroom, and canteen without expansion or rehabilitation of buildings for production or office buildings.

(5) Relocated construction: relocation of enterprise or non-governmental organizations to other places due to the change of production pattern, requirement of urban environment protection or safe production.

(6) Recovery construction: a unit with investment for recovery construction because of natural disaster or war that completely or partially destroys its fixed assets.

(7) Procurement only: Enterprise, non-governmental organization or governmental department purchases equipment, tool or instrument only, without installation or construction.

Relationship of administrative subordination Capital construction project is defined on the basis of managerial authorities that construction unit is directly under its jurisdiction or higher competent authority in-charge.

Relationship of administrative subordination is divided into five categories: Central Government, province (autonomous region, municipality directly under the central government), prefecture (autonomous district, municipality directly under the provincial government), county (autonomous county, county-level municipality) and others.

(1) Central Government: Capital construction project, enterprise, non-governmental organization or governmental department directly under administration or management of the Central Committee of Chinese Communist Party, Standing Committee of Chinese People's Congress, or ministries, commissions, bureaus under the State Council and parent companies. Investment plan of fixed assets of these entities are directly worked out and transmitted by the relevant departments under the State Council; allocated materials or equipment for construction are arranged by the relevant Central Government departments.

(2) Province (autonomous region, municipality directly under the central government): Capital construction project, enterprise, non-governmental organization or governmental department directly under administration and management of provincial governments (autonomous region, municipality directly under the central government) or competent department directly in charge.

(3) Prefecture (autonomous district, municipality directly under the provincial government): Capital construction project, enterprise, non-governmental organization or governmental department directly under administration and management of government of prefecture, autonomous district or municipality directly under the provincial government.

(4) County (autonomous county, county-level municipality): Capital construction project, enterprise, non-governmental organization or governmental department directly under administration and management of government of county, autonomous county or county-level city.

(5) Others: Capital construction project, enterprise, non-governmental organization or governmental department not in the scope of administration and management of government agencies mentioned above, such as foreign investment enterprise or enterprise without supervised agency.

7 农村水电

Rural Hydropower Development

简要说明

农村水电统计资料主要包括小水电电站和设备建设情况、水力发电设备容量和发电容量、农村水电电网、输变配电设备、电气化县建设情况等。主要按地区分组汇总。

自2008年起农村水电由以往水利系统水电变更为装机5万千瓦及5万千瓦以下水电。

2008年以前水利系统水电统计包括水利系统综合利用枢纽电站数据等，1000千瓦以下水电站均打捆上报。

Brief Introduction

Statistical data of rural hydropower development mainly includes construction of small hydropower stations and utilities, installed capacity and output of hydropower generating units, electricity network of rural hydropower, electricity transmission and distribution facilities, construction of electrification counties, etc. The data is divided into groups according to regions.

The data of rural hydropower development is collected on the basis of installed capacity of hydropower at 50,000kW and below 50,000kW since 2008.

The data collected before 2008 includes multi-purpose dam projects, and the grouped data of small hydropower stations under 1,000kW are used.

7-1 历年农村水电发电设备装机容量

Installed Capacity of Rural Hydropower by Years

年份 Year	农村水电新增发电设备装机容量（千瓦） Newly-Increased Installed Capacity of Rural Hydropower (kW)	年末农村水电发电设备装机容量（千瓦） Installed Capacity of Rural Hydropower by the End of the Year (kW)	发电设备平均利用小时（小时） Average Utilization Hours of Power Generation Equipment (h)
1949		3634	1414
1950	60	3696	1435
1951	1435	5125	1438
1952	399	5524	1428
1953	84	5608	1441
1954	895	6503	1384
1955	465	6968	1499
1956	3571	10539	1581
1957	9615	20153	1512
1958	57187	77340	1498
1959	72942	150282	1503
1960	101168	251450	1572
1961		216182	1561
1962	11238	227420	1560
1963	27538	254958	1600
1964	30040	285000	1560
1965	45000	330000	1515
1966	50000	380000	1578
1967	60000	440000	1591
1968	60000	500000	1600
1969	229522	729522	1600
1970	339440	1018963	1600
1971	567270	1536231	1935
1972	350000	1830855	1830
1973	414530	2200762	1840
1974	442740	2593500	1877
1975	539700	3083200	2169
1976	568200	3601400	1983
1977	763800	4315200	1971
1978	1001300	5266500	1893
1979	1112900	6329400	1883
1980	696100	6929500	1938
1981	748100	7573600	2006
1982	606100	8079700	2237
1983	525000	8504700	2450
1984	928400	9066400	2467
1985	644900	9521000	2650
1986	313100	10095300	2536
1987	1111200	11106300	2744
1988	784400	11792100	2820
1989	683043	12356000	2917
1990		13180300	2913
1991		13853400	2803
1992		14419100	3019
1993	800164	15167235	3255
1994	547493	10539760	
1995	948314	16646083	3475
1996	1191742	19200752	3385
1997	1413352	20519603	3512
1998	1651781	22024180	3430
1999	1588535	23480690	3231
2000	1506127	24851721	3372

7-2 历年农村水电发电量

Amount of Electricity Generation of Rural Hydropower by Years

年份 Year	农村水电年发电量 （万千瓦时） Annual Electricity Generation of Rural Hydropower (10^4 kWh)	比上年增长 （%） Increase Comparing to the Year Before (%)
1949	523	
1950	531	1.5
1951	738	39.0
1952	795	7.7
1953	808	1.6
1954	936	15.8
1955	1045	11.6
1956	1581	51.3
1957	3023	91.2
1958	11601	283.8
1959	22542	94.3
1960	39542	75.4
1961	33742	-14.7
1962	35478	5.1
1963	39773	12.1
1964	44460	11.8
1965	52800	18.8
1966	60800	15.2
1967	70400	15.8
1968	80000	13.6
1969	116742	45.9
1970	163034	39.7
1971	296000	81.6
1972	335000	13.2
1973	405000	20.9
1974	486800	20.2
1975	668600	37.3
1976	714200	6.8
1977	850700	19.1
1978	997300	17.2
1979	1192000	19.5
1980	1271900	6.7
1981	1444000	13.5
1982	1722300	19.3
1983	1992900	15.7
1984	2083600	4.6
1985	2413400	15.8
1986	2442400	1.2
1987	2790200	14.2
1988	3158000	13.2
1989	3524900	11.6
1990	3928300	11.4
1991	3732700	-5.0
1992	4420100	18.4
1993	4764661	7.8
1994	3204091	-32.8
1995	5537593	72.8
1996	6196009	11.9
1997	6834036	10.3
1998	7133922	4.4
1999	7200704	0.9
2000	7998249	11.1

7-3 历年农村水电装机容量及年发电量

Installed Capacity and Annual Generation of Rural Hydropower by Years

年份 Year	农村水电装机容量 （千瓦） Installed Capacity of Rural Hydropower (kW)	农村水电年发电量 （万千瓦时） Annual Electricity Generation of Rural Hydropower (10^4 kWh)	农村水电新增装机容量 （千瓦） Newly-Increased Installed Capacity (kW)
2001	26262406	8714102	1419454
2002	28489286	9472446	1883648
2003	30832992	9791633	2618834
2004	34661348	9779541	3591322
2005	38534445	12090340	4127272
2006	43183551	13612942	5459520
2007	47388997	14370080	4593193
2008	51274371	16275901	4194106
2009	55121211	15672470	3807072

7-4　2009 年农村水电装机容量及年发电量（按地区分）

Installed Capacity and Annual Generation of Rural Hydropower in 2009 (by Regions)

地　区	Region	农村水电装机容量（千瓦）Installed Capacity of Rural Hydropower (kW)	农村水电年发电量（万千瓦时）Annual Electricity Generation of Rural Hydropower (10^4 kWh)	农村水电新增装机容量（千瓦）Newly-Increased Installed Capacity (kW)
合　计	**Total**	**55121211**	**15672470**	**3807072**
北　京	Beijing	42920	1393	
天　津	Tianjin	5000	1400	
河　北	Hebei	370178	29127	4720
山　西	Shanxi	172600	17470	10600
内蒙古	Inner Mongolia	53460	8375	100
辽　宁	Liaoning	307333	69624	13850
吉　林	Jilin	390980	102322	20230
黑龙江	Heilongjiang	241605	61922	6500
江　苏	Jiangsu	52656	8888	1500
浙　江	Zhejiang	3610103	745235	173372
安　徽	Anhui	828404	178884	113190
福　建	Fujian	6846790	1718042	196993
江　西	Jiangxi	2588517	632077	252366
山　东	Shandong	69733	9156	2645
河　南	Henan	354291	73964	10800
湖　北	Hubei	2697835	687834	173915
湖　南	Hunan	4883357	1348895	262207
广　东	Guangdong	6526256	1450533	166366
广　西	Guangxi	3453354	887357	131615
海　南	Hainan	297036	109395	15865
重　庆	Chongqing	1381190	452907	55649
四　川	Sichuan	6571132	2424496	403054
贵　州	Guizhou	1954274	655963	144650
云　南	Yunnan	7218555	2447550	1088026
西　藏	Tibet	183996	37425	2950
陕　西	Shaanxi	827345	255989	105425
甘　肃	Gansu	1553481	613312	278719
青　海	Qinghai	593830	272987	101030
宁　夏	Ningxia	3200	800	
新　疆	Xinjiang	690015	227978	69935
新疆生产建设兵团	Xinjiang Production and Construction Corps	246485	91402	800
部直属	Organization Directly under the Ministry	105300	49769	

7-5 历年年末输变配电设备

Installed Power Transmission and Distribution Equipment at the End of the Year by Years

年份 Year	变电所总容量 （千伏安） Total Storage Capacity of Switchyard (kVA)	变压器总容量 （千伏安） Total Storage Capacity of Transformer (kVA)	高压线路 （千米） High-Pressure Transmission Line (km)	低压线路 （千米） Low-Pressure Transmission Line (km)
2002	50779480	58628453	1020018	2158102
2003	54580398	61844457	1082549	2334065
2004	63583050	67770640	1110746	2470468
2005	70161609	71325744	1119668	2490911
2006	30403474	29645661	476642	965547
2007	41942477	39162242	609663	1321037
2008	42121613	37266114	563907	1260067
2009	42465559	34629678	515040	1116782

7-6　2009 年年末输变配电设备（按地区分）

Installed Power Transmission and Distribution Equipment at the End of 2009 (by Regions)

地区	Region	变电所总容量（千伏安） Total Storage Capacity of Switchyard (kVA)	变压器总容量（千伏安） Total Storage Capacity of Transformer (kVA)	高压线路（千米） High-Pressure Transmission Line (km)	低压线路（千米） Low-Pressure Transmission Line (km)
合　计	**Total**	**42465559**	**34629678**	**515040**	**1116782**
北　京	Beijing		19175	66	34
天　津	Tianjin				
河　北	Hebei				
山　西	Shanxi	121060	88205	2899	2358
内蒙古	Inner Mongolia	63050	5045	123	47
辽　宁	Liaoning				
吉　林	Jilin	494710	609443	6357	4202
黑龙江	Heilongjiang				
江　苏	Jiangsu	2850	3580		
浙　江	Zhejiang	246000	777637	626	1148
安　徽	Anhui	326975	266104	6237	21137
福　建	Fujian				
江　西	Jiangxi				
山　东	Shandong		2890	18	4
河　南	Henan	117850	189325	6140	11798
湖　北	Hubei				
湖　南	Hunan	6058440	5377428	68934	138811
广　东	Guangdong				
广　西	Guangxi	7916440	6875376	92286	134866
海　南	Hainan				
重　庆	Chongqing				
四　川	Sichuan	15218595	12264906	178172	625439
贵　州	Guizhou	4750310	2580072	52395	85515
云　南	Yunnan	1359100	638020	12505	15534
西　藏	Tibet	39820	153555	7269	3745
陕　西	Shaanxi	506725	329189	6991	10248
甘　肃	Gansu	2596329	2494163	50330	50320
青　海	Qinghai	15170	61560	2195	1264
宁　夏	Ningxia				
新　疆	Xinjiang				
新疆生产建设兵团	Xinjiang Production and Construction Corps	2562835	1834437	21410	10242
部直属	Organization Directly under the Ministry	69300	59568	86	70

7-7 历年新增输变配电设备

Newly-Increased Power Transmission and Distribution Equipment by Years

年份 Year	变电所总容量（千伏安） Total Storage Capacity of Switchyard (kVA)	变压器总容量（千伏安） Total Storage Capacity of Transformer (kVA)	高压线路（千米） High-Pressure Transmission Line (km)	低压线路（千米） Low-Pressure Transmission Line (km)
2002	5642849	5362828	75801	260248
2003	6623092	5821911	80241	178433
2004	9819672	7682270	57380	312806
2005	8327685	6294266	43492	58650
2006	3875365	4193753	19872	77041
2007	5227365	3199561	23204	69539
2008	6051940	2195958	21749	116773
2009	5842525	2717898	26318	44557

7-8 2009年新增输变配电设备（按地区分）

Newly-Increased Power Transmission and Distribution Equipment in 2009 (by Regions)

地区	Region	变电所总容量（千伏安）Total Storage Capacity of Switchyard (kVA)	变压器总容量（千伏安）Total Storage Capacity of Transformer (kVA)	高压线路（千米）High-Pressure Transmission Line (km)	低压线路（千米）Low-Pressure Transmission Line (km)
合　计	**Total**	**5842525**	**2717898**	**26318**	**44557**
北　京	Beijing				
天　津	Tianjin				
河　北	Hebei				
山　西	Shanxi	19155	3250	35	26
内蒙古	Inner Mongolia				
辽　宁	Liaoning				
吉　林	Jilin	6950	129072	149	1
黑龙江	Heilongjiang				
江　苏	Jiangsu				
浙　江	Zhejiang		43387	70	25
安　徽	Anhui		9860	133	727
福　建	Fujian				
江　西	Jiangxi				
山　东	Shandong			16	3
河　南	Henan	3250			5
湖　北	Hubei				
湖　南	Hunan	1147750	267667	2583	4148
广　东	Guangdong				
广　西	Guangxi	1154195	635820	3152	4465
海　南	Hainan				
重　庆	Chongqing				
四　川	Sichuan	1173520	454494	7062	14295
贵　州	Guizhou	1437730	764621	5134	11441
云　南	Yunnan	192350	30585	1143	2231
西　藏	Tibet		210	7	11
陕　西	Shaanxi	209445	165322	3610	5905
甘　肃	Gansu	321230	159201	2597	938
青　海	Qinghai		7560	207	282
宁　夏	Ningxia				
新　疆	Xinjiang				
新疆生产建设兵团	Xinjiang Production and Construction Corps	176950	45559	419	55
部直属	Organization Directly under the Ministry		1290		

7-9 历年有农村水电的县通电情况

Counties with Electricity Generated by Hydropower by Years

年份 Year	乡（镇）Township (town)		居民 Residents		
	行政区划数（个）Administrative Regions (unit)	农村水电网联网乡（镇）（个）Townships Connected with Rural Electrification Network (unit)	总户数（户）Total Household (household)	户通电率（%）Percentage of Electricity Access (%)	无电人口（人）Population without Electricity (person)
2002	28630	43	192906050	97.53	10150642
2003	26704	10141	182856700	98.44	8171995
2004	25886	10269	187390297	98.85	6572018
2005	25201	8488	188151249	99.14	5356596
2006	24343		194455879	99.30	
2007	23936		198154188	99.48	
2008	24269	5793	207980548	99.60	3080048
2009	24071	5048	211655947	99.69	2265586

7-10 2009年有农村水电的县通电情况（按地区分）

Counties with Electricity Generated by Hydropower in 2009 (by Regions)

地区	Region	乡（镇）Township（town）		居民 Residents		
		行政区划数（个）Administrative Regions (unit)	农村水电网联网乡（镇）（个）Townships Connected with Rural Electrification Network (unit)	总户数（户）Total Household (household)	户通电率（%）Percentage of Electricity Access (%)	无电人口（人）Population without Electricity (person)
合　计	**Total**	**24071**	**5048**	**211655947**	**99.69**	**2265586**
北　京	Beijing	107		1296000	100.00	
天　津	Tianjin					
河　北	Hebei	712		5537240	100.00	
山　西	Shanxi	445	30	2873769	99.97	3808
内蒙古	Inner Mongolia	89		835487	99.95	2376
辽　宁	Liaoning	396		3700891	100.00	
吉　林	Jilin	280	60	3458650	100.00	
黑龙江	Heilongjiang	376		3111200	100.00	
江　苏	Jiangsu	67		1034746	100.00	
浙　江	Zhejiang	1158	8	11869674	100.00	
安　徽	Anhui	469	39	4515779	100.00	
福　建	Fujian	893		7436808	99.99	1921
江　西	Jiangxi	1415		11692579	99.96	18636
山　东	Shandong	520		9154949	100.00	
河　南	Henan	1061		10864835	99.86	56897
湖　北	Hubei	731		10500619	99.91	27124
湖　南	Hunan	2059	434	16600704	99.95	22796
广　东	Guangdong	1238		18411888	99.98	10709
广　西	Guangxi	1070	535	12606039	99.75	122550
海　南	Hainan	212		2252007	99.85	13485
重　庆	Chongqing	767		10286841	99.91	30598
四　川	Sichuan	4270	3089	25670175	99.30	683864
贵　州	Guizhou	1412	674	9329210	99.84	51596
云　南	Yunnan	1282	72	11879890	98.37	835698
西　藏	Tibet					
陕　西	Shaanxi	1156	47	6544386	99.95	12195
甘　肃	Gansu	840		3914197	99.60	61012
青　海	Qinghai	307	58	1325373	98.70	52969
宁　夏	Ningxia			60604	100.00	
新　疆	Xinjiang	737		4323140	96.68	257352
新疆生产建设兵团	Xinjiang Production and Construction Corps	2	2	568267	100.00	

7-11 各时期农村电气化县建成数（按地区分）

Number of Electrification Counties in Rural Areas by Periods (by Regions)

单位：个 unit: unit

地区	Region	农村水电初级电气化县 Number of Preliminary Electrification County in Rural Areas			"十五"期间水电农村电气化县 10th Five-Year Plan Period
		"七五"时期 7th Five-Year Plan Period	"八五"时期 8th Five-Year Plan Period	"九五"时期 9th Five-Year Plan Period	
合　计	**Total**	**109**	**209**	**335**	**409**
北　京	Beijing				
天　津	Tianjin				
河　北	Hebei		1	1	4
山　西	Shanxi	1	1	4	
内蒙古	Inner Mongolia	1	1	2	4
辽　宁	Liaoning	1	2	6	9
吉　林	Jilin	3	6	3	7
黑龙江	Heilongjiang	1	2	1	5
上　海	Shanghai				
江　苏	Jiangsu				
浙　江	Zhejiang	11	15		21
安　徽	Anhui	1	2	8	7
福　建	Fujian	11	22	20	21
江　西	Jiangxi	9	16	20	10
山　东	Shandong				
河　南	Henan		1	11	14
湖　北	Hubei	7	15	5	25
湖　南	Hunan	11	20	13	40
广　东	Guangdong	10	10	13	22
广　西	Guangxi	9	22	18	26
海　南	Hainan		1		
重　庆	Chongqing			15	19
四　川	Sichuan	15	27	68	65
贵　州	Guizhou	4	7	10	13
云　南	Yunnan	9	19	48	30
西　藏	Tibet				
陕　西	Shaanxi	1	5	25	14
甘　肃	Gansu	1	5	22	23
青　海	Qinghai	1	3	6	6
宁　夏	Ningxia				
新　疆	Xinjiang	2	5	14	19
新疆生产建设兵团	Xinjiang Production and Construction Corps		1	2	5

7-12 历年农村水电电气化县指标

Indicators of Rural Electrification Counties by Years

年份 Year	人均年用电量 （千瓦时每人） Average Annual Electricity Consumption per Capita (kWh/person)	户均年生活用电量 （千瓦时每户） Average Annual Electricity Consumption per Household (kWh/household)	乡通电率 （%） Percentage of Electricity Access (%)	村通电率 （%） Village Access to Electricity (%)	户通电率 （%） Household Access to Electricity (%)
2000	351	316	99.30	98.40	96.30
2001	368	331	99.37	98.75	97.85
2002	380	340	99.42	99.35	98.22
2003	443	379	99.83	99.66	98.76
2004	623	499	99.88	99.80	99.14
2005	700	547	99.88	99.84	99.13

主要统计指标解释

农村水电 农村水电是以小水电站为主体，直接为农村经济社会发展服务的水电站及供电网络。

发电量 指电厂（发电机组）在报告期内生产的电能量。

售电量 指电力企业出售给用户或其他电力企业的用于消费或生产的电量。

Explanatory Notes of Main Statistical Indicators

Rural hydropower Hydropower stations and supply network, taking small hydropower station as its main part, provide services to rural areas for social and economic development.

Annual Electricity generation Electricity produced by power generating plants (electricity generating units) in the report period.

Electricity sale The quantity of electricity sold by electricity enterprises to the users or other electricity enterprises for consumption.

8 水文站网

Hydrological Network

简 要 说 明

水文站网统计资料主要包括水文站、水位站、雨量站、水质站、地下水监测站等水文测站的数量及其按测站类别、观测项目、测验方法分类的数据，以及从业人员和经费等。

本部分资料按流域所属机构和地区分组。历史资料汇总 1949 年至今数据。

1. “水文测站”资料包括水文站、水位站、雨量站、水质站、地下水监测站、实验站、拍报水情站、发布预报站和固定洪调点资料等。

2. “观测项目”包括流量、水位、水质、泥沙、水温、冰情、比降、地下水、蒸发、降水、水文调查等。

3. “测验方法”包括常年驻测、汛期驻测、全年巡测、委托观测、站队结合等。

Brief Introduction

Statistical data of hydrological network mainly includes number of hydrological station, gauging station, precipitation station, water quality station, groundwater monitoring station etc, and data sorted according to the types of monitoring stations, observation items and methods, as well as working staff and expenses.

The data is divided into groups based on the organization and the region where river basin belongs to. Historical data is collected from 1949 until present.

1. The data of hydrological observation stations includes hydrological station, gauging station, precipitation station, water quality station, groundwater monitoring station, experiment station, perennial hydrologic reporting station, forecast report station, and fixed flood regulation point, etc.

2. Observation items include flow, water level, water quality, sediment, water temperature, ice condition, gradient, groundwater, evaporation, precipitation and hydrologic investigation and so on.

3. Measuring methods include perennial stationary gauging, stationary gauging in flood season, full-year tour gauging, contracting gauging, measured by both stations and mobile teams.

8-1 历年水文站网、职工人数和经费

Hydrological Network, Employees and Expenses by Years

年份 Year	水文站网（处）Hydrological Network（unit）						报汛站（处） Hydrometric Station（unit）	职工人数（人） Number of employee (person)	经费（万元） Expenses (10^4 yuan)	
	水文站 Hydrological Station	水位站 Gauging Station	雨量站 Precipitation Station	地下水监测站 Groundwater Monitoring Station	水质站 Water Quality Station	实验站 Experiment Station			事业费 Operating Expenses	基建费 Capital Investment
1949	148	203	2					756	1.9	
1950	419	425	234			1	386	1892	68.9	
1951	796	701	1145			8	685	4208	388.7	
1952	933	831	1554			3	875	5811	550.6	
1953	1059	1006	1754			8	1173	7292	813.8	
1954	1229	1132	1973			9	1652	8589	1134.5	
1955	1396	1205	2337			11	1962	10312	1581.1	
1956	1769	1449	3371			24	2251	13952	2156.8	
1957	2023	1500	3695			41	2778	14167	2304.8	
1958	2766	1308	5494			132	3548	13806	2174.6	
1959	2995	1338	5487			282	4922	16861	2322.0	
1960	3611	1404	5684			318	6013	16867	2470.3	
1961	3402	1252	5587			149	5102	17266	1740.1	
1962	2842	1199	5980			104	5049	15524	1909.4	
1963	2664	1096	6178			96	5051	16862	1881.0	
1964	2692	1116	7252			90	5058	19424	2064.7	
1965	2751	1129	7909			88		19520	2022.0	
1966	2883	1155	10280			49	4838	18369	3174.8	470.4
1967	2681	1127	9477			82	6133	18272	2881.5	269.0
1968	2559	1048	9500			67	5403	18405	2638.3	221.7
1969	2579	1101	10173			32	5390	17661	2846.8	194.9
1970	2663	1144	10154			37	5501	16866	2874.0	229.7
1971	2727	1191	10486			38	6294	17038	2837.7	343.8
1972	2674	1071	10356			62	5576	17516	3200.0	443.1
1973	2690	1329	10447	1322	134	52	6629	17902	2824.2	671.5
1974	2778	1349	11416	3702	80	31	6110	18170	2886.0	812.3

注 1. 表中 1949～1965 年间经费统计为事业费和基建费之和。
2. 1958～1964 年实验站数的统计中均包括了部分径流站。
3. 1960 年水文站数为年报统计数，偏大。经查核，水文年鉴刊布有流量资料的为 3365 站，年报数仅供参考。
4. 1957～1965 年测站数中包括水利（电）勘测部门的站。
5. 1959～1965 年水文职工数中包括水利（电）勘测部门的水文工作人员。
6. 2009 年水文站数据 3183 处含外部门管理的 203 处。

Note 1. No separate statistical data of operating expenses and capital investment are given for the data during 1949-1965.
2. The statistics of experiment stations during 1958-1964 includes parts of runoff stations.
3. Hydrological stations in 1960 is based on Annual Report. After recheck, the stations with runoff data in the Hydrology Year-Book are 3365,and the data of Annual Report is for reference only.
4. Observation stations during 1957-1965 include station under water (power) reconnaissance and design institutions.
5. Employee of hydrological stations during 1959-1965 include hydrological engineers and workers working for water (power) reconnaissance and design institutions.
6. Hydrological stations in 2009 include 203 stations under the other departments.

8-1 续表 continued

年份 Year	水文站网（处）Hydrological Network（unit）						报汛站（处） Hydrometric Station（unit）	职工人数（人） Number of employee (person)	经费（万元） Expenses (10^4 yuan)	
	水文站 Hydrological Station	水位站 Gauging Station	雨量站 Precipitation Station	地下水监测站 Groundwater Monitoring Station	水质站 Water Quality Station	实验站 Experiment Station			事业费 Operating Expenses	基建费 Capital Investment
1975	2840	1196	10738	7681	520	24	6949	19180	3193.9	869.3
1976	2882	1336	11855	6858	663	29	8563	19981	3432.3	1215.0
1977	2917	1326	12817		609	26	8369	20886	3661.5	1118.5
1978	2922	1320	13309	11326	758	33	9010	21571	4293.7	1413.4
1979	3034	1202	14424	12992	681	45	8265	22856	7432.3	1889.1
1980	3294	1320	15732	16112	747	53	8731	24374	7562.1	1701.7
1981	3341	1317	15969	13343	848	57	8646	26240	7805.1	1085.2
1982	3401	1373	16437		1209	60	8369	27076	8182.9	1374.2
1983	3418	1413	16545	12487	1024	60	8401	27744	8621.0	1677.7
1984	3396	1425	16734	12134	977	63	8418	28316	9942.0	1669.0
1985	3384	1420	16406	12188	1011	63	8381	28426	10910.9	1959.9
1986	3400	1380	16697	11893	1648	59	8583	28549	12581.9	2405.7
1987	3397	1316	16448	11880	1946	56	8539	28793	12863.8	2447.5
1988	3450	1263	16273	13648	1846	64	8843	28516	14201.0	2715.3
1989	3269	1258	15605			58	8617	28257	15583.4	2645.6
1990	3265	1178	15602			61	8604	28065	17233.2	4189.7
1991	3238	1201	15356	13523	2052	60	8482	28211	21285.0	5378.4
1992	3172	1149	15368	11400	2327	56	8525	28202	22725.8	6476
1993	3099	1156	15505			48	7485	27439	23981.0	6469.3
1994	3090	1148	14202	11807	1944	66	7423	27278	34160.9	7729.7
1995	3039	1158	14613	11518	1839	69	7165	26404	35347.0	11312
1996	3006	1107	14158	11179	2401	61	6987	26555	36321.0	12744.7
1997	3040	1093	14191	10874	2572	128	7296	26118	40386.3	14049.7
1998	3863	1084	13910	11509	2694	129	7484	25929	64311.5	15372.1
1999	3657	1079	13855	11528	2753	125	7584	25238	63628.5	15115.7
2000	3124	1093	14242	11768	2861	81	7559	25146	78514.3	24346.4
2001	3146	1084	14337	11786	3025	75	7716	25180	90125.6	30209
2002	3130	1073	14454	11620	3228	74	7893	25436	114414.0	31307
2003	3158	1135	14196	12116	3695	80	7648	25640	139392.0	26230
2004	3182	1134	14108	11757	3946	70	7595	25906	133830.0	31515
2005	3191	1160	14373	12313	4557	69	7815	26133	152446.0	22673
2006	3183	1180	13866	12598	5140	78	8220	26654	170812.0	45421
2007	3162	1221	14211	12551	5468	90	8561	26237	199286.0	43031
2008	3171	1244	14602	12683	5668	51	9678	26480	237430.0	56371
2009	3183	1407	15750	12522	6097	49	10294	26438	283268.0	59182.0

8-2 2009 年水文站网（按地区分）

Hydrological Network in 2009 (by Regions)

单位：处 unit: unit

地区	Region	水文站合计 Total Hydrological Station	河道 River Course	水库 Reservoir	湖泊 Lake	潮流量 Tide Flow	水位站合计 Total Gauging Station	河道 River Course	水库 Reservoir	湖泊 Lake	潮水 Tide
合　计	**Total**	**2980**	**2675**	**237**	**31**	**37**	**1407**	**758**	**315**	**132**	**202**
北　京	Beijing	11	11								
天　津	Tianjin	23	23				2	2			
河　北	Hebei	135	114	19	2		15	4	4	7	
山　西	Shanxi	66	58	8							
内蒙古	Inner Mongolia	143	141	2			9	4	3	2	
辽　宁	Liaoning	97	96	1			8	6			2
吉　林	Jilin	107	99	8			14	14			
黑龙江	Heilongjiang	119	109	10			47	43	2	2	
上　海	Shanghai	10				10	45				45
江　苏	Jiangsu	155	149	6			135	96	6	17	16
浙　江	Zhejiang	89	75	11		3	129	97			32
安　徽	Anhui	114	69	43		2	91	47	26	16	2
福　建	Fujian	55	54	1			43	32			11
江　西	Jiangxi	107	107				58	58			
山　东	Shandong	134	96	37	1		16	8		5	3
河　南	Henan	128	107	21			16	12	4		
湖　北	Hubei	95	82	7	6		41	10	19	12	
湖　南	Hunan	112	111	1			10	10			
广　东	Guangdong	77	71	3		3	107	38	17		52
广　西	Guangxi	13	11	2			8	5			3
海　南	Hainan	126	123	2		1	19	15			4
重　庆	Chongqing	133	133				30	29		1	
四　川	Sichuan	24	24				67	67			
贵　州	Guizhou	86	86				3	3			
云　南	Yunnan	149	142	3	4		8	4		4	
西　藏	Tibet	34	34				4	3		1	
陕　西	Shaanxi	77	77				5	5			
甘　肃	Gansu	95	83	12							
青　海	Qinghai	38	38				1			1	
宁　夏	Ningxia	28	28				8	8			
新　疆	Xinjiang	130	129		1		1			1	
新疆生产建设兵团	Xinjiang Production and Construction Corps	20	12	8			117		117		
长江委	Yangtze River Water Resources Commission	102	62	21	17	2	264	88	107	61	8
黄　委	Yellow River Water Resources Commission	117	109	8			72	42	10	2	18
珠　委	Pearl River Water Resources Commission	15				15	6				6
海　委	Haihe River Water Resources Commission	10	7	3			8	8			
松辽委	Songliao River Water Resources Commission	3	2								
淮　委	Huaihe River Water Resources Commission										
太湖局	Taihu Basin Authority	3	2			1					

注　水文站处数为水文部门管理的数量。

Note　The data of hydrological stations are under the hydrological department.

8-2　续表 continued

地区	Region	雨量站合计 Total Precipitation Station			水质站 Water Quality Station	蒸发站 Evaporation Station	地下水监测站 Groundwater Monitoring Station
			常年 Perennial	汛期 Flood Season			
合　计	**Total**	**15750**	**13126**	**2624**	**6097**	**11**	**12522**
北　京	Beijing	121	121		537		527
天　津	Tianjin	28	11	17	152		459
河　北	Hebei	838	605	233	233	1	905
山　西	Shanxi	804	722	82	129		780
内蒙古	Inner Mongolia	642	541	101	45		958
辽　宁	Liaoning	435	265	170	61	2	643
吉　林	Jilin	285	236	49	113	1	1285
黑龙江	Heilongjiang	449	399	50	50		1114
上　海	Shanghai	10	10		346		3
江　苏	Jiangsu	237	229	8	688		1070
浙　江	Zhejiang	492	492		472		10
安　徽	Anhui	626	592	34	320	1	183
福　建	Fujian	397	397		128	1	21
江　西	Jiangxi	1326	693	633	269		15
山　东	Shandong	663	346	317	176		2670
河　南	Henan	1119	463	656	120		1292
湖　北	Hubei	543	539	4	133		33
湖　南	Hunan	456	456		79		
广　东	Guangdong	868	868		294	1	10
广　西	Guangxi	175	175		10		
海　南	Hainan	960	960		128		2
重　庆	Chongqing	534	521	13	280		59
四　川	Sichuan	592	592		107		
贵　州	Guizhou	557	557		77		
云　南	Yunnan	869	869		242		
西　藏	Tibet				47		21
陕　西	Shaanxi	556	423	133	29		
甘　肃	Gansu	242	242		56		185
青　海	Qinghai	85	79	6	104		32
宁　夏	Ningxia	155	125	30	40		230
新　疆	Xinjiang	10	10		215		
新疆生产建设兵团	Xinjiang Production and Construction Corps				16	1	1
长江委	Yangtze River Water Resources Commission	24	24		112	2	2
黄　委	Yellow River Water Resources Commission	651	563	88	50	1	6
珠　委	Pearl River Water Resources Commission	1	1		103		
海　委	Haihe River Water Resources Commission						1
松辽委	Songliao River Water Resources Commission				3		
淮　委	Huaihe River Water Resources Commission						5
太湖局	Taihu Basin Authority				133		

8-2 续表 continued

地区	Region	实验站合计 Total Experiment Station	径流 Runoff	蒸发 Evaporation	测验方法 Experiment Method	水库 Reservoir	地下水 Groundwater	兼水文站 Used as Hydrological Station Despite of Other Usage
合 计	**Total**	**49**	**21**	**15**	**1**	**2**	**10**	**11**
北 京	Beijing							
天 津	Tianjin							
河 北	Hebei	2	1	1				
山 西	Shanxi	2					2	
内蒙古	Inner Mongolia							
辽 宁	Liaoning	3	2	1				
吉 林	Jilin	7	3	4				
黑龙江	Heilongjiang	4	3	1				3
上 海	Shanghai							
江 苏	Jiangsu	1	1					
浙 江	Zhejiang	1	1					
安 徽	Anhui	5	4	1				4
福 建	Fujian	1		1				
江 西	Jiangxi							
山 东	Shandong							
河 南	Henan							
湖 北	Hubei							
湖 南	Hunan							
广 东	Guangdong	1		1				
广 西	Guangxi							
海 南	Hainan							
重 庆	Chongqing							1
四 川	Sichuan							
贵 州	Guizhou	1		1				1
云 南	Yunnan	1	1					1
西 藏	Tibet	3	2	1				
陕 西	Shaanxi							
甘 肃	Gansu							
青 海	Qinghai							
宁 夏	Ningxia							
新 疆	Xinjiang	2	1				1	
新疆生产建设兵团	Xinjiang Production and Construction Corps	2		1			1	
长江委	Yangtze River Water Resources Commission	1		1				1
黄 委	Yellow River Water Resources Commission	10	1	1		2	6	
珠 委	Pearl River Water Resources Commission							
海 委	Haihe River Water Resources Commission							
松辽委	Songliao River Water Resources Commission							
淮 委	Huaihe River Water Resources Commission	1	1					
太湖局	Taihu Basin Authority	1			1			

8-2 续表 continued

地区	Region	拍报水情测站合计 Total Hydrologic Reporting Station	水文站 Hydrological Station	水位站 Gauging Station	雨量站 Precipitation Station	发布预报测站 Forecast Report Station	辅助断面 Supplementary Cross Section	固定洪调点 Fixed Flood Regulation Point	水文部门专用水文站 Hydrological Stations Only Managed by Hydrological Department	其他部门管理的水文站 Hydrological Stations Managed by Other Department
合 计	**Total**	**10294**	**3040**	**1330**	**5924**	**1110**	**1680**	**381**	**205**	**203**
北 京	Beijing	155	81		74	21			1	30
天 津	Tianjin	45	40	2	3	1				5
河 北	Hebei	478	135	7	336	50	116		21	5
山 西	Shanxi	300	70		230	2			5	13
内蒙古	Inner Mongolia	241	131		110					
辽 宁	Liaoning	250	94	7	149	31		35	6	21
吉 林	Jilin	233	88	13	132	43				
黑龙江	Heilongjiang	609	93	41	475	81				
上 海	Shanghai	57	8	35	14	3				
江 苏	Jiangsu	468	320	77	71	2	23	12		
浙 江	Zhejiang	290	66	78	146	18	81		23	12
安 徽	Anhui	513	116	201	196	19	48		4	7
福 建	Fujian	209	44	46	119	47				2
江 西	Jiangxi	381	94	44	243	91	9		5	14
山 东	Shandong	477	122	11	344	60	181		15	
河 南	Henan	1181	110	141	930	43	130	50		2
湖 北	Hubei	395	130	124	141	32	12		5	15
湖 南	Hunan	720	112	10	598	60				
广 东	Guangdong	342	62	166	114	162	37		8	5
广 西	Guangxi	21	13	8		7	12			
海 南	Hainan	603	114	16	473	41	7		7	34
重 庆	Chongqing	414	121	35	258	35			4	12
四 川	Sichuan	113	17	9	87	9	3		24	
贵 州	Guizhou	237	86	3	148	10	2			3
云 南	Yunnan	242	210	5	27	17	36			
西 藏	Tibet	24	18	2	4	2				
陕 西	Shaanxi	261	80	11	170	37			3	3
甘 肃	Gansu	80	80			25	22	207		
青 海	Qinghai	35	32	1	2	14	14	33	1	
宁 夏	Ningxia	30	14		16	7	15	44	1	10
新 疆	Xinjiang	102	101	1		67			27	10
新疆生产建设兵团	Xinjiang Production and Construction Corps	137	20	117						
长江委	Yangtze River Water Resources Commission	195	86	85	24	57			16	
黄 委	Yellow River Water Resources Commission	409	104	25	280	12	833		19	
珠 委	Pearl River Water Resources Commission	3	3				29			
海 委	Haihe River Water Resources Commission	38	20	8	10	3			10	
松辽委	Songliao River Water Resources Commission	3	3							
淮 委	Huaihe River Water Resources Commission									
太湖局	Taihu Basin Authority	3	2	1		1	70			

8-2 续表 continued

地区	Region	观测项目类别 Observation Items						
		流量 Flow	水位 Water Level	水质 Water Quality	泥沙 Sediment			
					悬移质 Suspended Load	推移质 Bed Load	河床质 Bedsand	颗粒分析 Particle Analysis
合 计	**Total**	**3822**	**5044**	**6097**	**1383**	**19**	**148**	**402**
北 京	Beijing	42	42	537	16			11
天 津	Tianjin	48	71	152				7
河 北	Hebei	222	240	233	110			54
山 西	Shanxi	66	66	129	64			34
内蒙古	Inner Mongolia	143	166	45	86			4
辽 宁	Liaoning	97	105	61	77			34
吉 林	Jilin	130	121	113	46			
黑龙江	Heilongjiang	119	166	50	17			
上 海	Shanghai	10	55	346	4			
江 苏	Jiangsu	201	354	688	21			
浙 江	Zhejiang	217	214	472	15			
安 徽	Anhui	141	261	320	31			1
福 建	Fujian	55	98	128	28			
江 西	Jiangxi	116	165	269	30			14
山 东	Shandong	139	155	176	45			3
河 南	Henan	169	276	120	42			
湖 北	Hubei	132	198	133	18			5
湖 南	Hunan	112	122	79	29			11
广 东	Guangdong	85	194	294	22			5
广 西	Guangxi	25	21	10	5			
海 南	Hainan	126	145	128	40			
重 庆	Chongqing	139	167	280	59			16
四 川	Sichuan	24	91	107	14			
贵 州	Guizhou	86	89	77	33			
云 南	Yunnan	149	157	242	57			
西 藏	Tibet	34	38	47	12			
陕 西	Shaanxi	92	96	29	65			20
甘 肃	Gansu	129	129	56	63			14
青 海	Qinghai	51	43	104	31			1
宁 夏	Ningxia	44	36	40				
新 疆	Xinjiang	160	160	215	81			
新疆生产建设兵团	Xinjiang Production and Construction Corps	137	138	16	14	2	2	2
长江委	Yangtze River Water Resources Commission	102	374	112	71	17	24	54
黄 委	Yellow River Water Resources Commission	134	189	50	78		78	66
珠 委	Pearl River Water Resources Commission	44	50	103	44		44	44
海 委	Haihe River Water Resources Commission	28	44		12			
松辽委	Songliao River Water Resources Commission	3	3	3	3			2
淮 委	Huaihe River Water Resources Commission	1						
太湖局	Taihu Basin Authority	70	5	133				

8-2 续表 continued

地区	Region	观测项目类别 Observation Items							
		水温 Water Temperature	冰情 Ice Condition	比降 Gradient	地下水 Groundwater	蒸发 Evaporation	降水 Precipitation	水文调查 Hydrological Investigation	辅助气象项目 Assistant Metrological Project
合　计	**Total**	**1296**	**1052**	**1219**	**12522**	**1283**	**18963**	**1787**	**498**
北　京	Beijing	25	32	15	527	26	121	42	14
天　津	Tianjin	10	46		459	7	49	17	11
河　北	Hebei	73	107	11	905	44	969		11
山　西	Shanxi	52	22	59	780	17	804		
内蒙古	Inner Mongolia	76	105	100	958		642	109	109
辽　宁	Liaoning	50	66	74	643	40	539	101	1
吉　林	Jilin	73	79	62	1285	27	400	74	35
黑龙江	Heilongjiang	124	129	45	1114	76	588	105	88
上　海	Shanghai	13			3	15	57	10	10
江　苏	Jiangsu	7		1	1070	36	439		
浙　江	Zhejiang	33		12	10	74	619	4	3
安　徽	Anhui	1		30	183	38	787		6
福　建	Fujian	21		41	21	27	493		1
江　西	Jiangxi	22		44	15	48	1491	41	
山　东	Shandong	2	89	40	2670	48	803	107	
河　南	Henan	35	19	45	1292	47	1262	130	46
湖　北	Hubei	18		43	33	40	664	611	
湖　南	Hunan	26		67		46	568		2
广　东	Guangdong			40	10	35	1052		
广　西	Guangxi	5		9		6	196	8	1
海　南	Hainan	43		67	2		1103		22
重　庆	Chongqing	21	3	41	59	72	695		7
四　川	Sichuan					12	683		5
贵　州	Guizhou	43					557		
云　南	Yunnan	41				138	1023		
西　藏	Tibet	34	34		21	34	34		
陕　西	Shaanxi	21	6	80		53	638	34	
甘　肃	Gansu	42	74	81	185	71	330	207	34
青　海	Qinghai	17	34	23	32	37	121	33	1
宁　夏	Ningxia	5	16	15	230	15	175	70	20
新　疆	Xinjiang	104	91	64		87	103		21
新疆生产建设兵团	Xinjiang Production and Construction Corps	20	19		1	6	8	2	5
长江委	Yangtze River Water Resources Commission	39	4	1	2	16	165	4	3
黄　委	Yellow River Water Resources Commission	57	67	104	6	36	763	75	26
珠　委	Pearl River Water Resources Commission						1		
海　委	Haihe River Water Resources Commission	7	7	2	1	6	17	3	6
松辽委	Songliao River Water Resources Commission	3	3	3		2	2		2
淮　委	Huaihe River Water Resources Commission				5				4
太湖局	Taihu Basin Authority	133				1	2		4

8-2 续表 continued

地区	Region	水文站测验方法 Observation Methods of Hydrological Stations					
		常年驻测 Perennial Stationary Gauging	汛期驻测 Stationary Gauging in Flood Season	全年巡测 Full-Year Tour Gauging	委托观测 Contracted Gauging	桥测 Bridge Gauging	站队结合 Measurement by both Stations and Mobile Teams
合 计	**Total**	**2328**	**400**	**496**	**55**	**308**	**1106**
北 京	Beijing	35	3	2	2	4	
天 津	Tianjin	23		5			
河 北	Hebei	112	19	1	3	27	83
山 西	Shanxi	63	3		3	2	
内蒙古	Inner Mongolia	115	21	1	2	26	13
辽 宁	Liaoning	86	7	4		27	72
吉 林	Jilin	54	30	23		13	107
黑龙江	Heilongjiang	76	6	28		13	
上 海	Shanghai	10					
江 苏	Jiangsu	137	16	2	2	19	131
浙 江	Zhejiang	86		3	12	6	
安 徽	Anhui	97	13	5	3	8	88
福 建	Fujian	54					
江 西	Jiangxi	90	2	13	1	9	62
山 东	Shandong	22	70	55	2	33	77
河 南	Henan	102		23	12	20	56
湖 北	Hubei	61	56	22	4	13	56
湖 南	Hunan	70	3	38	2		68
广 东	Guangdong	55	6	15		1	64
广 西	Guangxi	12	1			2	
海 南	Hainan	118	1	7			
重 庆	Chongqing	62	58	13	4		
四 川	Sichuan	24					
贵 州	Guizhou	86					
云 南	Yunnan	143		6			
西 藏	Tibet	32	6			6	3
陕 西	Shaanxi	55	22		1	3	43
甘 肃	Gansu	93					
青 海	Qinghai	32	2	4		3	
宁 夏	Ningxia	8	11	3			22
新 疆	Xinjiang	119	3	9	1	3	4
新疆生产建设兵团	Xinjiang Production and Construction Corps	20					
长江委	Yangtze River Water Resources Commission	65	1	51			94
黄 委	Yellow River Water Resources Commission	90	40	6			46
珠 委	Pearl River Water Resources Commission	1		14			14
海 委	Haihe River Water Resources Commission	17		10	1		
松辽委	Songliao River Water Resources Commission						3
淮 委	Huaihe River Water Resources Commission						
太湖局	Taihu Basin Authority	3		133		70	

8-2 续表 continued

地区	Region	水位站测验方法 Observation Methods of Hydrological Stations				雨量站测验方法 Observation Methods of Precipitation Stations			
		委托观测 Contracted Gauging	普通自记 Self-Recording	固态存储 Solid-State Storage	自动测报 Automatic Reporting	委托观测 Contracted Gauging	普通自记 Self-Recording	固态存储 Solid-State Storage	自动测报 Automatic Reporting
合 计	**Total**	**744**	**1155**	**960**	**1740**	**15091**	**4671**	**7323**	**8235**
北 京	Beijing					79	41	121	121
天 津	Tianjin	2				28		28	
河 北	Hebei	15	2	3	7	838	410	290	500
山 西	Shanxi					735	189	358	
内蒙古	Inner Mongolia	2				537	147	84	
辽 宁	Liaoning	6	2			435	369	250	250
吉 林	Jilin	14	14			285	245	40	
黑龙江	Heilongjiang	24		123	123	449	10	579	472
上 海	Shanghai	8	19	45	57	8	14	38	36
江 苏	Jiangsu	77	90	18	190	232	128	94	125
浙 江	Zhejiang	84	76	60	99	516	341	320	351
安 徽	Anhui	103	148	38	150	672	392	13	423
福 建	Fujian	29	26			397	67	330	119
江 西	Jiangxi	26	109	115	115	1326	486	807	782
山 东	Shandong	13		1		663	175	124	253
河 南	Henan	8	33	143	143	1119	360	930	930
湖 北	Hubei	36	4	37	18	530	80	400	380
湖 南	Hunan		31	1	220	456	205	35	378
广 东	Guangdong	65	4	9	169	939	1	92	1055
广 西	Guangxi		8			175	31	144	
海 南	Hainan	2	131	131	130	960	143	1103	1103
重 庆	Chongqing	18	8		66	534	79	111	81
四 川	Sichuan				67				592
贵 州	Guizhou		3			557	187	86	66
云 南	Yunnan	5	133	19	17	871	272	93	17
西 藏	Tibet					27		10	4
陕 西	Shaanxi	2		2		556	2	132	
甘 肃	Gansu					242	69	19	
青 海	Qinghai				1	85	33	61	
宁 夏	Ningxia	2			6	155	22	96	
新 疆	Xinjiang	1	87	26	34	10	10	66	
新疆生产建设兵团	Xinjiang Production and Construction Corps		117						
长江委	Yangtze River Water Resources Commission	188	52	165	50	24		24	24
黄 委	Yellow River Water Resources Commission	12	31	12		651	158	440	113
珠 委	Pearl River Water Resources Commission	1		6			1	1	
海 委	Haihe River Water Resources Commission	1	27	1	16		4	2	11
松辽委	Songliao River Water Resources Commission								
淮 委	Huaihe River Water Resources Commission								
太湖局	Taihu Basin Authority			5	62			2	49

主要统计指标解释

水文测站 为经常收集水文数据而在河、渠、湖、库上或流域内设立的各种水文观测场所的总称。

基本站 为公用目的，经统一规划设立，能获取基本水文要素值多年变化资料的水文测站。它应进行较长期的连续观测，资料长期存贮。

水文站 设在河、渠、湖、库上以测定水位和流量为主的水文测站，根据需要还可兼测降水、水面蒸发、泥沙、水质等有关项目。

水位站 以观测水位为主，可兼测降水量等项目的水文测站。

雨量站（降水量站） 观测降水量的水文测站。

水面蒸发站 观测水面蒸发量的水文测站。

水质站（水质监测站） 为掌握水质动态，收集和积累水质基本资料而设置的水文测站。

地下水监测站 为探求地下水运动规律，进行地下水动态观测的水文测站。

水文实验站 在天然和人为特定实验条件下，由一个或一组水文观测试验项目站点组成的专门场所。

巡测站 对部分或全部水文要素视其变化定时或不定时到现场进行测验的水文测站。

Explanatory Notes of Main Statistical Indicators

Hydrological station Hydrological station is the general term of hydrological observation places located in rivers, canals, lakes, reservoirs or inside river basins for gathering hydrological data.

Basic station Basic station is built for public purposes and designed according to unified plans to gather multi-years long series hydrological data. This kind of station carries out long time and continuous observation and stores gathered data for a long-term usage.

Hydrological station Hydrometric stations are placed in rivers, canals, lakes or reservoirs to mainly observe water level and water flow. When necessary, they are also used to observe precipitation, evaporation, sediment, water quality and other related elements.

Stage gauging station Hydrometric stations mainly observe water level, and can observe precipitation and other related data at the same time.

Rainfall station (Precipitation station) Rainfall station is used to observe the amount of precipitation.

Evaporation station Stations used to observe evaporation of water surface.

Water quality station (Water quality monitoring station) Water quality station is used to gather and accumulate basic data of water quality and dynamic condition of water quality.

Groundwater monitoring station Groundwater monitoring station is used to observe principle of groundwater movement and carry out dynamic observation of aquifer.

Hydrologic experimental station Hydrologic experimental station is specially formed by one or a series of experimental stations for hydrological observation under natural or artificial experimental conditions.

Tour hydrological station On-the-spot hydrometric stations observe all or part hydrological elements on the regular or irregular basis according to their changing situations.

9　从业人员情况

Employees

简要说明

从业人员情况统计资料主要包括水利部机关、直属单位、各省（自治区、直辖市）和计划单列市水利（水务）厅局的从业人员和技术工人情况等。

本部分资料分水利部机关和流域委员会、水利部在京直属单位、其他京外直属单位和地方水利部门。

Brief Introduction

Statistical data of this chapter presents the situation of employees of water sector, including staff and workers employed by the Ministry of Water Resources and organizations under the ministry, provinces (autonomous region and municipality) as well as planned separate cities.

The data is divided into groups of Ministry of Water Resources and river basin commission under the Ministry, affiliate organizations of the Ministry in Beijing and affiliate organizations of the Ministry out of Beijing and local water departments.

9-1 2009年水利部直属单位从业人员

Employees of Affiliate Organizations of the Ministry of Water Resources in 2009

单 位	Institution	单位个数（个）Number of Institutions (unit)	年末人数 Number at the End of the Year					离开本单位仍保留劳动关系的职工人数（人）Number of Staff Who are Temporarily Absent Because of Study, Disease, and Other Reasons (person)
			单位从业人员（人）Employees (person)	在岗职工 Fully Employed Staff	其他从业人员 Other Employees	女性（人）Female (person)	非全日制（人）Part-Time Workers (person)	
水利部直属单位	**Affiliate Organizations Directly of the Ministry of Water Resources**	**633**	**73455**	**71994**	**1461**	**20986**	**543**	**3944**
水利部机关和流域委员会	The Ministry and River Basin Commissions	533	55157	54505	652	15529	312	3383
水利部在京直属单位	Affiliate Organizations of the Ministry in Beijing	89	13619	12958	661	4361	226	476
其他京外直属单位	Affiliate Organizations of the Ministry out of Beijing	11	4679	4531	148	1096	5	85

9-1 续表 continued

单　位	Institution	平均人数 Average Number			
		单位从业人员（人）Employees（person）			离开本单位仍保留劳动关系的职工（人）Staff Who are Temporarily Absent Because of Study, Disease, and Other Reasons (person)
			在岗职工 Fully Employed Staff	其他从业人员 Other Employees	
水利部直属单位	**Affiliate Organizations Directly of the Ministry of Water Resources**	**73371**	**72069**	**1302**	**4008**
水利部机关和流域委员会	The Ministry and River Besin Commissions	55269	54720	549	3457
水利部在京直属单位	Affiliate Organizations of the Ministry in Beijing	13576	12970	606	469
其他京外直属单位	Affiliate Organizations of the Ministry out of Beijing	4526	4379	147	82

9-1 续表 continued

单　位	Institution	单位劳务派遣用工情况 Labor Dispatching Employment		
		本单位使用的劳务派遣工年末人数（人）Number of Dispatched Probationary Employee（person）	#已统计在本单位从业人员中的人数 Number of Employee Included in the Statistics	本单位试用的劳务派遣工全年平均人数（人）Average Number of Probationary Employee Dispatching to Other Organization（person）
水利部直属单位	**Affiliate Organizations Directly of the Ministry of Water Resources**	**2285**	**481**	**2105**
水利部机关和流域委员会	The Ministry and River Basin Commissions	1827	231	1673
水利部在京直属单位	Affiliate Organizations of the Ministry in Beijing	36	21	27
其他京外直属单位	Affiliate Organizations of the Ministry out of Beijing	422	229	405

9-2 2009年地方水利部门从业人员

Employees of Local Water Departments in 2009

单 位	Institution	单位个数（个） Number of Institutions (unit)	单位从业人员年末人数（人） Employees at the End of the Year (person)	#女性 Female	在岗职工 Fully Employed Staff	其他从业人员 Other Employees	离开本单位仍保留劳动关系的职工（人） Staff Who are Temporarily Absent because of Study, Disease, and Other Reasons (person)
地方水利部门	**Local water departments**	**40368**	**992762**	**288338**	**965452**	**27310**	**54101**
北京市水务局	Beijing Water Authority	276	11460	3679	11195	265	137
天津市水务局	Tianjin Water Authority	144	4425	1008	4341	84	17
河北省水利厅	Hebei Provincial Water Resources Department	226	8175	2315	8106	69	16
山西省水利厅	Shanxi Provincial Water Resources Department	716	16578	5323	16327	251	219
内蒙古自治区水利厅	Water Resources Department of Inner Mongolia Autonomous Region	1665	52420	16336	52249	171	2136
辽宁省水利厅	Liaoning Provincial Water Resources Department	1912	38765	11528	38305	460	642
吉林省水利厅	Jilin Provincial Water Resources Department	928	30910	9821	30817	93	782
黑龙江省水利厅	Heilongjiang Provincial Water Resources Department	1357	30716	9266	29944	772	1851
上海市水务局	Shanghai Water Authority	1388	32123	9353	32110	13	3914
江苏省水利厅	Jiangsu Provincial Water Resources Department	1380	39839	11463	38149	1690	2457
浙江省水利厅	Zhejiang Provincial Water Resources Department	2357	39940	9303	39819	121	89
安徽省水利厅	Anhui Provincial Water Resources Department	1412	21165	4969	21003	162	395
福建省水利厅	Fujian Provincial Water Resources Department	1531	36884	9436	36234	650	998
江西省水利厅	Jiangxi Provincial Water Resources Department	913	18963	5141	18958	5	259
山东省水利厅	Shandong Provincial Water Resources Department	1301	24983	5910	24095	888	1505
河南省水利厅	Henan Provincial Water Resources Department	2628	53941	14909	53221	720	2641
湖北省水利厅	Hubei Provincial Water Resources Department	1823	65430	20811	64740	690	3182
湖南省水利厅	Hunan Provincial Water Resources Department	1779	47656	14872	45802	1854	7394
广东省水利厅	Guangdong Provincial Water Resources Department	2319	61262	17816	57520	3742	13192
广西壮族自治区水利厅	Water Resources Department of Guangxi Zhuang Autonomous Region	2048	55386	14749	54575	811	3113
海南省水务厅	Hainan Water Authority	1660	57152	16305	47784	9368	3895
重庆市水利局	Chongqing Water Resources Bureau	204	10174	3230	9770	404	966
四川省水利厅	Sichuan Provincial Water Resources Department	2151	46844	14426	45633	1211	1822
贵州省水利厅	Guizhou Provincial Water Resources Department	1477	16237	4707	15780	457	444
云南省水利厅	Yunnan Provincial Water Resources Department	2103	24050	6619	23783	267	126
西藏自治区水利厅	Water Resources Department of Tibet Autonomous Region	139	2137	529	2012	125	13
陕西省水利厅	Shaanxi Provincial Water Resources Department	1665	48590	16110	48590		475
甘肃省水利厅	Gansu Provincial Water Resources Department	1019	32482	9511	32105	377	458
青海省水利厅	Qinghai Provincial Water Resources Department	249	9750	2780	9733	17	45
宁夏回族自治区水利厅	Water Resources Department of Ningxia Hui Autonomous Region	360	8297	2378	7746	551	201
新疆维吾尔自治区水利厅	Water Resources Department of Xinjiang Uygur Autonomous Region	683	30235	9568	29608	627	81
大连市水务局	Dalian Water Authority	116	6862	1948	6833	29	371
宁波市水利局	Ningbo Water Resources Bureau	146	2155	437	2008	147	127
厦门市水利局	Xiamen Water Resources Bureau	36	433	81	433		
青岛市水利局	Qingdao Water Resources Bureau	189	4375	1241	4366	9	138
深圳市水务局	Shenzhen Water Authority	68	1968	460	1758	210	

9-2 续表 continued

单 位	Institution	单位从业人员平均人数（人） Average of Employees of Each Institution (person)	#在岗职工 Fully Employed Staff	离开本单位仍保留劳动关系的职工平均人数（人） Average Number of Staff Who are Temporarily Absent because of Study, Disease, and Other Reasons (person)
地方水利部门	**Local water departments**	**995906**	**960771**	**55045**
北京市水务局	Beijing Water Authority	12318	12030	136
天津市水务局	Tianjin Water Authority	4416	4336	21
河北省水利厅	Hebei Provincial Water Resources Department	8155	8132	17
山西省水利厅	Shanxi Provincial Water Resources Department	16448	16039	238
内蒙古自治区水利厅	Water Resources Department of Inner Mongolia Autonomous Region	51162	50893	1956
辽宁省水利厅	Liaoning Provincial Water Resources Department	38815	38314	647
吉林省水利厅	Jilin Provincial Water Resources Department	30817	30817	802
黑龙江省水利厅	Heilongjiang Provincial Water Resources Department	30880	29638	1862
上海市水务局	Shanghai Water Authority	32461	32448	3901
江苏省水利厅	Jiangsu Provincial Water Resources Department	40668	38279	2433
浙江省水利厅	Zhejiang Provincial Water Resources Department	40003	39815	108
安徽省水利厅	Anhui Provincial Water Resources Department	20605	20327	385
福建省水利厅	Fujian Provincial Water Resources Department	37087	36416	1008
江西省水利厅	Jiangxi Provincial Water Resources Department	18943	18802	295
山东省水利厅	Shandong Provincial Water Resources Department	24218	22733	1163
河南省水利厅	Henan Provincial Water Resources Department	54305	53436	2920
湖北省水利厅	Hubei Provincial Water Resources Department	65684	64261	3182
湖南省水利厅	Hunan Provincial Water Resources Department	48115	46404	7281
广东省水利厅	Guangdong Provincial Water Resources Department	60593	55251	12689
广西壮族自治区水利厅	Water Resources Department of Guangxi Zhuang Autonomous Region	55426	53421	3073
海南省水务厅	Hainan Water Authority	56965	47706	5911
重庆市水利局	Chongqing Water Resources Bureau	9784	9501	661
四川省水利厅	Sichuan Provincial Water Resources Department	51112	47836	1908
贵州省水利厅	Guizhou Provincial Water Resources Department	16251	15789	415
云南省水利厅	Yunnan Provincial Water Resources Department	24004	23748	129
西藏自治区水利厅	Water Resources Department of Tibet Autonomous Region	2073	2011	13
陕西省水利厅	Shaanxi Provincial Water Resources Department	48400	48400	474
甘肃省水利厅	Gansu Provincial Water Resources Department	32390	31802	426
青海省水利厅	Qinghai Provincial Water Resources Department	9692	9660	49
宁夏回族自治区水利厅	Water Resources Department of Ningxia Hui Autonomous Region	8292	7640	218
新疆维吾尔自治区水利厅	Water Resources Department of Xinjiang Uygur Autonomous Region	30104	29552	86
大连市水务局	Dalian Water Authority	6811	6772	371
宁波市水利局	Ningbo Water Resources Bureau	2157	2006	129
厦门市水利局	Xiamen Water Resources Bureau	438	438	
青岛市水利局	Qingdao Water Resources Bureau	4382	4362	138
深圳市水务局	Shenzhen Water Authority	1934	1758	

9-3 2009 年水利部直属单位技术工人结构

Statistics of Skilled Workers of Affiliate Organizations of the Ministry of Water Resources in 2009

单 位	Institution	合计（人） Total (person)	无等级（人） Non-Graded Workers (person)	初级工（人） Elementary Workers (person)	#获证人数 with Certificate	#当年获证 Getting Certificate of the Year
水利部直属单位	**Affiliate Organizations Directly of the Ministry of Water Resources**	**34916**	**4740**	**3642**	**3101**	**234**
水利部机关和流域委员会	The Ministry and River Basin Commissions	27121	2128	2423	2385	201
水利部在京直属单位	Affiliate Organizations of the Ministry in Beijing	5857	1528	1085	599	30
其他京外直属单位	Affiliate Organizations of the Ministry out of Beijing	1938	1084	134	117	3

9-3 续表 continued

单 位	Institution	中级工（人） Intermediate Workers (person)	#获证人数（人） with Certificate (person)	#当年获证 Getting Certificate of the Year	高级工（人） Senior Workers (person)	#获证人数 with Certificate	#当年获证 Getting Certificate of the Year
水利部直属单位	**Affiliate Organizations Directly of the Ministry of Water Resources**	**5923**	**5344**	**182**	**15417**	**15156**	**599**
水利部机关和流域委员会	The Ministry and River Basin Commissions	3976	3975	145	14050	14049	467
水利部在京直属单位	Affiliate Organizations of the Ministry in Beijing	1587	1169	33	1053	815	115
其他京外直属单位	Affiliate Organizations of the Ministry out of Beijing	360	200	4	314	292	17

9-3　续表 continued

单　　位	Institution	技师（人）Technician (person)	#获证人数 with Certificate	#当年获证 Getting Certificate of the Year	高级技师（人）Senior Technician (person)	#获证人数 with Certificate	#当年获证 Getting Certificate of the Year
水利部直属单位	**Affiliate Organizations Directly of the Ministry of Water Resources**	**4771**	**4712**	**871**	**423**	**418**	**68**
水利部机关和流域委员会	The Ministry and River Basin Commissions	4215	4212	837	329	329	46
水利部在京直属单位	Affiliate Organizations of the Ministry in Beijing	521	465	34	83	78	21
其他京外直属单位	Affiliate Organizations of the Ministry out of Beijing	35	35		11	11	1

9-4 2009年地方水利部门技术工人结构

Statistics of Skilled Workers of Local Water Departments in 2009

单位	Institution	合计（人）Total (person)	无等级（人）Non-Graded Workers (person)	初级工（人）Elementary Workers (person)	#获证人数 with Certificate	#当年获证 Getting Certificate of the Year
地方水利部门	**Local water departments**	**558611**	**128308**	**101974**	**89283**	**3671**
北京市水务局	Beijing Water Authority	3706	548	510	433	24
天津市水务局	Tianjin Water Authority	1848	437	455	450	5
河北省水利厅	Hebei Provincial Water Resources Department	3845	76	423	414	12
山西省水利厅	Shanxi Provincial Water Resources Department	5318	898	1165	1113	64
内蒙古自治区水利厅	Water Resources Department of Inner Mongolia Autonomous Region	31535	4987	5093	4657	345
辽宁省水利厅	Liaoning Provincial Water Resources Department	21255	3301	6904	4486	123
吉林省水利厅	Jilin Provincial Water Resources Department	20166	8728	1316	1214	105
黑龙江省水利厅	Heilongjiang Provincial Water Resources Department	15461	3192	2371	2348	17
上海市水务局	Shanghai Water Authority	17803	7353	5026	3225	186
江苏省水利厅	Jiangsu Provincial Water Resources Department	17293	8998	1499	1437	30
浙江省水利厅	Zhejiang Provincial Water Resources Department	20166	2373	3681	2948	177
安徽省水利厅	Anhui Provincial Water Resources Department	11861	6988	440	430	39
福建省水利厅	Fujian Provincial Water Resources Department	22646	3353	4772	3553	24
江西省水利厅	Jiangxi Provincial Water Resources Department	11056	3079	2178	2077	16
山东省水利厅	Shandong Provincial Water Resources Department	15023	2562	2923	2401	62
河南省水利厅	Henan Provincial Water Resources Department	22156	7425	3168	2983	223
湖北省水利厅	Hubei Provincial Water Resources Department	42774	2590	7931	7501	563
湖南省水利厅	Hunan Provincial Water Resources Department	28812	2972	6402	6042	68
广东省水利厅	Guangdong Provincial Water Resources Department	44595	7411	9686	8802	284
广西壮族自治区水利厅	Water Resources Department of Guangxi Zhuang Autonomous Region	38859	17261	6467	6287	170
海南省水务厅	Hainan Water Authority	36570	7836	6684	5587	100
重庆市水利局	Chongqing Water Resources Bureau	8566	5409	1632	1438	97
四川省水利厅	Sichuan Provincial Water Resources Department	23948	4449	3527	3324	179
贵州省水利厅	Guizhou Provincial Water Resources Department	5730	2099	1045	942	18
云南省水利厅	Yunnan Provincial Water Resources Department	10309	278	1705	978	61
西藏自治区水利厅	Water Resources Department of Tibet Autonomous Region	516	167	68	60	2
陕西省水利厅	Shaanxi Provincial Water Resources Department	28173	2567	5360	5175	395
甘肃省水利厅	Gansu Provincial Water Resources Department	17025	2727	3680	3537	138
青海省水利厅	Qinghai Provincial Water Resources Department	4753	995	598	573	35
宁夏回族自治区水利厅	Water Resources Department of Ningxia Hui Autonomous Region	3249	254	914	903	27
新疆维吾尔自治区水利厅	Water Resources Department of Xinjiang Uygur Autonomous Region	14965	2644	3368	3122	55
大连市水务局	Dalian Water Authority	4836	3228	168	162	
宁波市水利局	Ningbo Water Resources Bureau	743	256	74	57	2
厦门市水利局	Xiamen Water Resources Bureau	219	1	9	9	
青岛市水利局	Qingdao Water Resources Bureau	2023	690	452	424	16
深圳市水务局	Shenzhen Water Authority	808	176	280	191	9

9-4 续表 continued

单 位	Institution	中级工（人）Intermediate Workers (person)	#获证人数（人）with Certificate（person）	#当年获证 Getting Certificate of the Year	高级工（人）Senior Workers (person)	#获证人数 with Certificate	#当年获证 Getting Certificate of the Year
地方水利部门	**Local water departments**	**145034**	**136946**	**7934**	**159618**	**152012**	**10361**
北京市水务局	Beijing Water Authority	1570	1541	48	1078	1071	26
天津市水务局	Tianjin Water Authority	759	759	3	179	176	16
河北省水利厅	Hebei Provincial Water Resources Department	805	783	46	2524	2317	71
山西省水利厅	Shanxi Provincial Water Resources Department	1937	1914	128	1125	969	116
内蒙古自治区水利厅	Water Resources Department of Inner Mongolia Autonomous Region	6925	6620	1117	11365	11282	1873
辽宁省水利厅	Liaoning Provincial Water Resources Department	5755	4579	343	3626	3037	233
吉林省水利厅	Jilin Provincial Water Resources Department	1333	1324	113	4935	4935	241
黑龙江省水利厅	Heilongjiang Provincial Water Resources Department	4296	4278	62	5370	5332	116
上海市水务局	Shanghai Water Authority	3381	3052	320	1640	1635	188
江苏省水利厅	Jiangsu Provincial Water Resources Department	2246	1951	89	2782	2531	179
浙江省水利厅	Zhejiang Provincial Water Resources Department	6241	5799	342	7364	7121	528
安徽省水利厅	Anhui Provincial Water Resources Department	953	938	28	2352	2225	193
福建省水利厅	Fujian Provincial Water Resources Department	6309	5955	82	8068	7694	43
江西省水利厅	Jiangxi Provincial Water Resources Department	2893	2824	33	2668	2547	16
山东省水利厅	Shandong Provincial Water Resources Department	4156	4114	296	4473	4366	183
河南省水利厅	Henan Provincial Water Resources Department	5207	5067	237	6115	5919	224
湖北省水利厅	Hubei Provincial Water Resources Department	13188	12667	1058	18460	17595	1657
湖南省水利厅	Hunan Provincial Water Resources Department	6689	6456	355	9216	8932	614
广东省水利厅	Guangdong Provincial Water Resources Department	14596	13524	779	12350	11358	700
广西壮族自治区水利厅	Water Resources Department of Guangxi Zhuang Autonomous Region	8062	7734	201	6923	6593	191
海南省水务厅	Hainan Water Authority	11704	10312	527	9585	8154	641
重庆市水利局	Chongqing Water Resources Bureau	1130	1018	41	374	335	86
四川省水利厅	Sichuan Provincial Water Resources Department	6749	6618	156	7947	7780	521
贵州省水利厅	Guizhou Provincial Water Resources Department	1445	1368	45	1107	966	24
云南省水利厅	Yunnan Provincial Water Resources Department	3019	2714	189	4942	4680	427
西藏自治区水利厅	Water Resources Department of Tibet Autonomous Region	99	95	7	176	176	2
陕西省水利厅	Shaanxi Provincial Water Resources Department	9767	9468	752	9649	9298	631
甘肃省水利厅	Gansu Provincial Water Resources Department	5736	5677	245	4827	4779	179
青海省水利厅	Qinghai Provincial Water Resources Department	1826	1719	100	1047	951	277
宁夏回族自治区水利厅	Water Resources Department of Ningxia Hui Autonomous Region	937	929	19	1063	1053	12
新疆维吾尔自治区水利厅	Water Resources Department of Xinjiang Uygur Autonomous Region	3741	3693	116	4810	4770	113
大连市水务局	Dalian Water Authority	588	588	3	777	777	5
宁波市水利局	Ningbo Water Resources Bureau	84	77	3	207	197	9
厦门市水利局	Xiamen Water Resources Bureau	50	49	1	147	147	
青岛市水利局	Qingdao Water Resources Bureau	597	581	41	273	265	24
深圳市水务局	Shenzhen Water Authority	261	161	9	74	49	2

9-4 续表 continued

单 位	Institution	技师（人）Technician (person)	#获证人数 with Certificate	#当年获证 Getting Certificate of the Year	高级技师（人）Senior Technician (person)	#获证人数 with Certificate	#当年获证 Getting Certificate of the Year
地方水利部门	**Local water departments**	**22936**	**21959**	**3292**	**741**	**697**	**60**
北京市水务局	Beijing Water Authority						
天津市水务局	Tianjin Water Authority	17	17		1	1	
河北省水利厅	Hebei Provincial Water Resources Department	17	17	1			
山西省水利厅	Shanxi Provincial Water Resources Department	154	153	20	39	10	3
内蒙古自治区水利厅	Water Resources Department of Inner Mongolia Autonomous Region	3159	3128	1209	6	6	
辽宁省水利厅	Liaoning Provincial Water Resources Department	1669	1563	334			
吉林省水利厅	Jilin Provincial Water Resources Department	3489	3489	26	365	365	18
黑龙江省水利厅	Heilongjiang Provincial Water Resources Department	230	195	3	2	2	
上海市水务局	Shanghai Water Authority	394	394	54	9	9	3
江苏省水利厅	Jiangsu Provincial Water Resources Department	1757	1587	210	11	10	2
浙江省水利厅	Zhejiang Provincial Water Resources Department	489	479	55	18	18	
安徽省水利厅	Anhui Provincial Water Resources Department	1086	928	163	42	42	5
福建省水利厅	Fujian Provincial Water Resources Department	144	105	3			
江西省水利厅	Jiangxi Provincial Water Resources Department	237	231	21	1	1	1
山东省水利厅	Shandong Provincial Water Resources Department	906	892	28	3	3	
河南省水利厅	Henan Provincial Water Resources Department	226	217	1	15	15	2
湖北省水利厅	Hubei Provincial Water Resources Department	605	573	56			
湖南省水利厅	Hunan Provincial Water Resources Department	3408	3325	487	125	125	11
广东省水利厅	Guangdong Provincial Water Resources Department	543	514	1	9	9	
广西壮族自治区水利厅	Water Resources Department of Guangxi Zhuang Autonomous Region	137	130	5	9	3	
海南省水务厅	Hainan Water Authority	732	583	85	29	25	2
重庆市水利局	Chongqing Water Resources Bureau	21	20				
四川省水利厅	Sichuan Provincial Water Resources Department	1262	1242	76	14	14	3
贵州省水利厅	Guizhou Provincial Water Resources Department	34	34	14			
云南省水利厅	Yunnan Provincial Water Resources Department	365	354	96			
西藏自治区水利厅	Water Resources Department of Tibet Autonomous Region	6	6				
陕西省水利厅	Shaanxi Provincial Water Resources Department	830	791	18			
甘肃省水利厅	Gansu Provincial Water Resources Department	55	50				
青海省水利厅	Qinghai Provincial Water Resources Department	285	278	233	2	2	
宁夏回族自治区水利厅	Water Resources Department of Ningxia Hui Autonomous Region	81	81	2			
新疆维吾尔自治区水利厅	Water Resources Department of Xinjiang Uygur Autonomous Region	379	376	62	23	22	3
大连市水务局	Dalian Water Authority	70	70		5	5	2
宁波市水利局	Ningbo Water Resources Bureau	115	109	24	7	7	5
厦门市水利局	Xiamen Water Resources Bureau	11	11	5	1	1	
青岛市水利局	Qingdao Water Resources Bureau	11	11				
深圳市水务局	Shenzhen Water Authority	12	6		5	2	

主要统计指标解释

从业人员 指在各级国家机关、政党、社会团体及企业、事业单位中工作，取得工资或其他形式的劳动报酬的全部人员，包括：在岗职工、再就业的离退休人员、民办教师以及在各单位中工作的外方人员和港澳台方人员、兼职人员、借用的外单位人员和第二职业者。不包括离开本单位仍保留劳动关系的职工。

Explanatory Notes of Main Statistical Indicators

Employees Total staff work in governmental agencies, party and administration organizations, social groups, enterprises and non-governmental organizations at all levels, and obtain paid salaries or other types of labor remuneration, who are on-post employment, re-employed retirees, rural school teachers, hired staff and workers from other countries, Hong Kong, Macao and Taiwan, part-time staff and workers, borrowed staff and second-job staff and workers, and staff and workers who are temporarily absent because of study, disease, and other reasons are excluded.